POSITIVISMO JURÍDICO E JUSTIÇA CONSTITUCIONAL NO SÉCULO XXI

COLEÇÃO CLÁSSICOS DO DIREITO

inter
saberes

Otto Pfersmann

POSITIVISMO JURÍDICO E JUSTIÇA CONSTITUCIONAL NO SÉCULO XXI

Tradução e organização **Alexandre Coutinho Pagliarini**
Prefácio **Jorge Miranda**
Apresentação **Francisco Rezek**

2ª edição
revista e ampliada

intersaberes

Rua Clara Vendramin, 58 ■ Mossunguê
CEP 81200-170 ■ Curitiba ■ PR ■ Brasil
Fone: (41) 2106-4170
www.intersaberes.com
editora@intersaberes.com

Conselho editorial Dr. Alexandre Coutinho Pagliarini ■ Dr.ª Elena Godoy ■ Dr. Neri dos Santos ■ M.ª Maria Lúcia Prado Sabatella
Editora-chefe Lindsay Azambuja
Gerente editorial Ariadne Nunes Wenger
Assistente editorial Daniela Viroli Pereira Pinto
Edição de texto Letra & Língua Ltda. - ME ■ Tiago Krelling Marinaska
Capa e projeto gráfico Sílvio Gabriel Spannenberg
Fotografia do autor Alexandre Coutinho Pagliarini
Designer **responsável** Sílvio Gabriel Spannenberg
Diagramação Estúdio Nótua
Iconografia Regina Claudia Cruz Prestes

Dados Internacionais de Catalogação na Publicação (CIP)
(Câmara Brasileira do Livro, SP, Brasil)

Pfersmann, Otto
  Positivismo jurídico e justiça constitucional no século XXI / Otto Pfersmann ; tradução e organização Alexandre Coutinho Pagliarini ; prefácio Jorge Miranda ; apresentação Francisco Rezek. — 2. ed. — Curitiba, PR : Intersaberes, 2024. — (Série clássicos do direito)
  Bibliografia.
  ISBN 978-85-227-1324-0

  1. Democracia 2. Direito constitucional 3. Positivismo jurídico I. Pagliarini, Alexandre Coutinho. II. Miranda, Jorge. III. Rezek, Francisco. IV. Título. V. Série.

24-192767   CDU-340.114:342

Índices para catálogo sistemático:
1. Positivismo jurídico e justiça constitucional no direito comparado : Direito 340.114:342

Cibele Maria Dias - Bibliotecária - CRB-8/9427

2ª edição - revista e ampliada, 2024.
Foi feito o depósito legal.
Informamos que é de inteira responsabilidade do autor a emissão de conceitos.
Nenhuma parte desta publicação poderá ser reproduzida por qualquer meio ou forma sem a prévia autorização da Editora InterSaberes.
A violação dos direitos autorais é crime estabelecido na Lei n. 9.610/1998 e punido pelo art. 184 do Código Penal.

Sumário

Nota à segunda edição – Segundo Prefácio   9
Apresentação   11
Prefácio   13
Introdução   17

Título I
Positivismo jurídico   29

Capítulo 1
Norma de segredo, normas secretas e Estado moderno   31

Capítulo 2
O estatuto da vontade na definição positivista da norma jurídica   43
2.1 A crítica do psicologismo   48
2.2 A crítica do idealismo   51
2.3 A crítica do realismo   54
2.4 A interpretação linguística da teoria bulética   56

Capítulo 3
Prolegômenos para uma Teoria Normativista do Estado de Direito   59
3.1 A ordem jurídica como Estado de Direito Formal   62
3.2 A construção do Estado de Direito no sentido material   68

Título II
Democracia e Estado de Direito   89

Capítulo 4
Princípio majoritário e democracia jurídica: a propósito de um argumento de Kelsen revisto por Michel Troper   91
4.1 A oligarquia oculta   92
4.2 A democracia juridicamente estabilizada   96
4.3 A democracia empírica   99

Capítulo 5
Não há governo dos juízes   105
5.1 O uso retórico: a conotação do impossível   107
5.2 O uso científico: a classificação das compêtencias   112

Título III
Justiça constitucional no Direito Comparado   123

Capítulo 6
O recurso direto: entre proteção jurídica e constitucionalidade objetiva   125

6.1 O polilema da justiça constitucional   127
6.2 O alargamento aleatório do recurso contra atos individuais   132
6.3 O enfraquecimento do Estado de Direito compreensivo   135
6.4 Especificar as preferências   138

Capítulo 7
O reenvio prejudicial sobre exceção de inconstitucionalidade: o novo procedimento de controle concreto a posteriori – os arts. 61-1 e 62 da Constituição francesa   141

7.1 Para um estado de direito seletivo compreensivo   144
7.3 A natureza do novo controle *a posteriori*   147
7.4 A estrutura do processo constitucional   152
7.5 Destaque: arts. 61-1 e 62   159

Capítulo 8
Classificações organocêntricas e classificações normocêntricas da justiça constitucional em Direito Comparado   161

8.1 Critérios orgânicos contingentes   164
8.3 A estrutura necessária dos conflitos de normas   169

Título IV
Direito Internacional e Direito Comunitário   175

Capítulo 9
O primado do Direito Comunitário: duplo, parcialmente direto, organicamente indeterminado e provisoriamente fechado   177

9.1 Duplo primado   180
9.2 O primado direto   181
9.3 Indeterminação orgânica   182
9.4 Primado fechado   183

Capítulo 10
Contra o pluralismo mundializante: por um monismo jurídico aberto e diferenciado 185

10.1 Monismo e pluralismo como quantificação da ligação jurídica 189
10.2 O mal-entendido pluralista 194
10.3 Apologia monista para um pluralismo aberto 200

Título V
Segunda edição: textos acrescidos em línguas estrangeiras 203

Capítulo 11
Legal Globalisation as a Municipal American Problem 205

Capítulo 12
Un programme de recherche ouvert, contesté, inachevé 229

Sobre o autor 257

Nota à segunda edição – Segundo Prefácio

Otto Pfersmann[1]
Alexandre Coutinho Pagliarini[2]

Muito nos surpreende o fato de este livro estar em sua segunda edição, desta vez sob os cuidados da Editora Intersaberes, de Curitiba, estado do Paraná, Brasil. As tiragens da primeira edição se esgotaram, principalmente em razão da demanda dos programas brasileiros de Pós-Graduação em Direito (doutorados e mestrados). Também temos a notícia de que o livro foi citado em decisões judiciais brasileiras, inclusive do Supremo Tribunal Federal, o que muito nos satisfaz.

Nesta segunda edição, o Professor Catedrático Jorge Miranda e o Ministro Francisco Rezek adaptaram o que escreveram no Prefácio e na Apresentação à primeira edição, com pequenas supressões e inclusões referentemente ao que constou no primeiro livro. No mesmo sentido, o segundo signatário desta nota também se viu obrigado a reescrever parcialmente a Introdução. Logo, o que há de novo nesta segunda edição é a presente "Nota à segunda edição", além dos dois textos incluídos ao final – adições que tornaram esta edição mais volumosa do que a anterior.

Logo que foi assinado o novo contrato com a Editora Intersaberes, em fevereiro de 2023, obtivemos da Capes (Coordenação de Aperfeiçoamento de Pessoal de Nível Superior) a seguinte informação: a de que seria pertinente incluir nesta derradeira edição novos textos escritos **em outras línguas**, com a justificativa do que a Capes chama de *internacionalização* dos livros científicos de Direito, ou, melhor dizendo, "Qualis" internacional para livros, ou, ainda, simplesmente Qualis-livros. Por isso, resolveu o primeiro signatário deste livro incluir, de fato,

---

1   Professor Catedrático da École des Hautes Études en Sciences Sociales (EHESS) e da Université Paris 1 Panthéon-Sorbonne. Professor Convidado nas seguintes Universidades: Jean Molin Lyon III (França), Aix Marseille III (França), Siena (Itália), Degli Studi Suor Orsola Benincasa (Nápoles, Itália), Tel Aviv (Israel), Haifa (Israel), Trieste (Itália), Brescia (Itália), Central Europeia (Budapeste), Cardozo Law School (Nova Iorque), Saint Louis (Bruxelas), Fribourg (Suíça) Salzburg (Áustria) e Ferrara (Itália).
2   Tradutor e organizador deste livro. Pós-Doutor em Direito Constitucional pela Universidade de Lisboa (Jorge Miranda). Pós-Doutorando em Direito Constitucional pela Universidade de León (Juan Antonio García Amado). Doutor e Mestre em Direito do Estado pela Pontifícia Universidade Católica de São Paulo (PUC-SP). Professor Titular dos Cursos de Mestrado e Graduação em Direito do Centro Universitário Internacional Uninter. Advogado.

dois textos inéditos, em línguas estrangeiras (inglês e francês), que são os Capítulos 11 e 12 do novo "Título V – Segunda edição: textos acrescidos em línguas estrangeiras", intitulados respectivamente "Legal Globalisation as a Municipal American Problem" e "Un programme de recherche ouvert, contesté, inachevé".

O último esclarecimento que se presta é o seguinte: **este é um livro estrangeiro!** Por isso, as notas de rodapé desta segunda edição são idênticas às da primeira. Tais notas seguem os métodos francês, austríaco e português de referenciação e citação, similares ao brasileiro, mas não idênticos. E no cenário editorial brasileiro, desde que haja esclarecimento prévio – como este que aqui se faz neste ponto do texto –, as metodologias estrangeiras podem ser aplicadas porque são aceitas pela ABNT no caso de publicação de obras de autores estrangeiros, e foi por isso que, na primeira edição, as notas de rodapé seguiram a lógica das deste livro, sem a inserção, ao final desta obra, de uma seção intitulada *Referências*.

Honrados, declaramo-nos esperançosos de que esta nova publicação seja um marco em favor do **Direito positivo brasileiro** e da lógica hermenêutica correta, que é a das normas gerais e abstratas inspirando a positivação das normas individuais e concretas.

De Paris para Curitiba, abril de 2023

Apresentação

Francisco Rezek[1]

Os escritos de Otto Pfersmann me chegaram pelas mãos de colegas da Sorbonne já nos últimos anos do século XX, quando integrei em Haia a Corte das Nações Unidas. Mais adiante, em agosto de 2013, tive o prazer de conhecer o Professor Pfersmann no Congresso Nacional de Direito reunido em Aracaju, quando com ele dividi a mesa das palestras de encerramento no Teatro Tobias Barreto. Pouco tempo depois, pediu-me o Professor Alexandre Pagliarini, tradutor e organizador deste livro, que escrevesse a Apresentação desta obra, publicada agora pela Editora Intersaberes.

Sabendo que o Prefácio fora feito pelo notável Jorge Miranda, desejei lê-lo para não incorrer em redundância. Naturalmente, também tive acesso aos originais e à tradução brasileira da obra. Observo, de início, que a tradução é fidelíssima: o tradutor capturou a essência de palavras e frases escritas em francês por um autor que não deixou de pensar na língua materna, assimilada em Viena, e cujo estilo é afiado de tão lógico. Pagliarini é também positivista e não deve ter encontrado dificuldade para levar a bom termo esse trabalho. Ainda naquelas passagens em que Pfersmann emprega a técnica do autoquestionamento – estabelecendo uma dialética consigo mesmo às vezes com refinada ironia – a tradução o acompanha, de modo que o leitor saberá sempre o que o autor quis dizer.

Os doze textos têm no estilo do autor seu traço comum. Esta Apresentação não há de ser, entretanto, uma súmula da obra de Otto Pfersmann: ela pretende apenas atiçar no leitor de língua portuguesa o interesse nos sistemas normativos positivos de justiça constitucional, para que compreenda que, tanto quanto o autor se autoquestiona, ele o faz com igual energia na crítica dos vários sistemas nacionais de jurisdição constitucional e de outros publicistas. O autor é um *expert* do Direito Comparado no que tange à história e à situação atual do Conselho Constitucional francês e dos Tribunais Constitucionais de nações como Áustria, Alemanha, Itália, Espanha, Portugal, Polônia e Japão.

---

[1] Ministro aposentado do Supremo Tribunal Federal (1983-1990/1992-1997). Juiz da Corte Internacional de Justiça (Nações Unidas, Haia, 1997-2006). Ministro de Estado das Relações Exteriores do Brasil (1990-1992). Graduado em Direito pela Universidade Federal de Minas Gerais (1966). Doutor em Direito Internacional Público pela Universidade de Paris (Sorbonne, 1970). *Diploma in Law* da Universidade de Oxford (1979). *Honorary Fellow* do Wolfson College. Professor Titular na Universidade de Brasília (1971-2001) e no Instituto Rio Branco (1976-1996). Advogado no Distrito Federal, em São Paulo e em Minas Gerais.

Shakespeare e Maquiavel ilustram a obra de Otto Pfersmann – algo incomum entre juristas de matriz germânica, a demonstrar sua vocação universal fundada na melhor literatura extrajurídica. Um dos textos parece propor aos juízes constitucionais brasileiros sua tese favorável ao emprego puro e simples do Direito positivo buscado em outras ordens jurídicas.

Pfersmann é um democrata que atua de modo responsável e lógico em prol desse princípio de governo e dos direitos fundamentais. De algum modo, retoma-se a inspiração da doutrina francesa no Brasil com a publicação deste livro do eminente Catedrático da EHESS e da Sorbonne. O autor tem em alta estima o Direito Internacional e o Direito Comunitário europeu; ele os trabalha de modo próprio – e na vanguarda –, à luz da teoria monista do direito, na trilha de pensamento aberta outrora por seu compatriota Hans Kelsen.

O que mais impressiona nesta obra é sua magnitude, sua colossalidade na seleção dos temas e no respectivo trato. É uma obra jurídica *macro*, a destacar-se em um cenário editorial hoje abarrotado de miudezas – honestas e úteis, sem dúvida –, mas nem por isso menos miúdas. Creio que os integrantes dos mais altos tribunais deste país onde a Justiça é, como em raríssimos outros, um Poder verdadeiro, lerão com proveito e prazer esta obra, de interesse, no entanto, de toda a vasta comunidade dos que entre nós pensam, produzem e operam o Direito.

Actualizado em São Paulo, sob as águas de Março de 2023

Prefácio

Jorge Miranda[1]

I. O Instituto Louis Favoreu (ILF) e o Groupe d'Etudes et de Recherches Comparées sur la Justice Constitutionnelle (Grupo de Estudos e Investigações Comparadas sobre a Justiça Constitucional – GERJC)

1] Há mais de 40 anos, o Reitor e dileto amigo de saudosa memória **Professor Louis Favoreu** criou em Aix-en-Provence (França) o Grupo de Estudos e Investigações Comparadas sobre a Justiça Constitucional (GERJC), cujas reuniões científicas com juristas de vários países ocorrem normalmente no mês de setembro de cada ano. Com o precoce passamento de seu idealizador, referido grupo foi refinado com seu nome e se tornou o Instituto Louis Favoreu (ILF-GERJC). **Otto Pfersmann** – autor deste magnífico livro – e eu temos a honra de anualmente nos encontrarmos para debates, juntamente a outros participantes, no ILF-GERJC.

2] Nessas quatro décadas de trabalhos científicos ininterruptos, o ILF-GERJC desenvolveu uma rede única de relações com universidades internacionalmente reconhecidas em similares campos de excelência, tanto na Europa quanto em outros continentes, tais como: Universidade Paris 1 Panthéon – Sorbonne (França); Universidade Católica de Louvain (Bélgica); Universidade de Tübingen (Alemanha); Universidade La Sapienza (Roma); Universidade de Lisboa (Portugal); Universidade Complutense de Madrid (Espanha); Cardozo Law School (Nova Iorque); Universidade de São Paulo (Brasil); e Universidade Western Cape & Pretoria (África do Sul), assim como a rede se expandiu em relações com o Conselho Constitucional francês e outras Cortes Constitucionais estrangeiras.

---

1 Professor Catedrático de Direito Constitucional da Universidade de Lisboa e da Universidade Católica Portuguesa. Membro do Institut Louis Favoreu (Groupe d'Études et de Recherches Comparées sur la Justice Constituttionnelle), em Aix-em-Provence, França. Deputado Constituinte (Portugal, 1975-1976). Deputado à Assembleia da República (Portugal, 1980-1983).

3] Os trabalhos e publicações do ILF-GERJC estão igual e fortemente ligados às atividades da Association Française de Droit Constitutionnel (AFDC), tanto em termos científicos quanto no que se refere às instâncias dirigentes da AFDC. O mesmo prestígio o ILF-GERJC goza no órgão francês de fomento à investigação científica, o Comité National de la Recherche Scientifique (CNRS). Ainda em França, o ILF-GERJC é largamente reconhecido pelas publicações periódicas acerca das Grandes Décisions Du Conseil Constitutionnel e das Grandes Délibérations du Conseil Constitutionnel. O ILF-GERJC faz parte também do Comitê de Redação e de Coordenação da *Revue Française de Droit Constitutionnel*, publicada pela Presses Universitaires de France (PUF).
4] No cenário internacional, o ILF-GERJC prosseguiu com trabalhos coletivos juntamente a seus parceiros em torno da hoje célebre "Table Ronde Internationale de Justice Constitutionnelle Comparée", assim como no Curso de Justiça Internacional Comparada, cujos resultados são regularmente publicados – em várias línguas – no *Annuaire International de Justice Constitutionnelle*.
5] Meu amigo Otto Pfersmann sempre foi um dos juristas mais ativos e brilhantes nos âmbitos de todas as instruções aqui mencionadas, e seu *curriculum vitae* é notável; aliás, é único!

II. O Professor Otto Pfersmann

Este jurista austríaco de peso científico singular, radicado há muitos anos na França na qualidade de Professor Catedrático da quase milenar Université Paris 1 Panthéon Sorbonne – bem como da École des Hautes Études en Sciences Sociales (EHESS) –, tem protagonizado uma atuação pessoal ímpar tanto na Universidade que o acolheu na capital dos gauleses quanto na EHESS e no ILF-GERJC (Aix-en-Provence) e, desde 2012, também no ICJP-FDUL (Instituto de Ciências Jurídico-Políticas da Faculdade de Direito da Universidade de Lisboa), neste último caso na ocorrência da **Semana Franco-Lusófona de Direito Constitucional**, presidida por mim e secretariada por Alexandre Coutinho Pagliarini.

Tanto em seus escritos quanto em suas intervenções orais, o jurista Otto Pfersmann defende seu ponto de vista de maneira firme, veemente; trata-se ele de um adepto – e renovador, **talvez o maior na contemporaneidade** – da Teoria Positivista do Direito, sempre observador das inovações introduzidas mais recentemente pela Teoria dos Sistemas, pela Lógica Jurídica e pelas novas Teorias da Linguagem.

Nestes quatro campos (positivismo jurídico; teoria dos sistemas; lógica jurídica e teoria da linguagem), Otto Pfersmann não é um simples reprodutor do que seus antecessores austríacos, alemães ou mesmo franceses escreveram e ensinaram. De fato, Pfersmann vai muito além disso, pois é jurista vivo, democrata, jovem e atento aos acontecimentos que (re)constitucionalizaram e (re)democratizaram os países europeus após sangrentos anos de guerra, ditadura e perseguição, assim como o Sr. Prof. Dr. Otto Pfersmann inclui, em sua Teoria dos Sistemas (e das Hierarquias), o Direito Internacional renovado pelas Organizações Internacionais e pelo Direito Comunitário europeu.

O que faz Otto Pfersmann neste seu livro[2] publicado na língua de Camões pode ser resumido em uma frase só: **ele privilegia o Direito** como objeto cultural prescritor de condutas e que se comunica pelas linguagens **da obrigação, da proibição e da permissão**, e, não fosse seu peculiar talento de exímio e cultíssimo escritor, só o fato de privilegiar o Direito já lhe proporcionaria grande destaque em um mundo em que os Tribunais Constitucionais se dobram diante de pressões políticas, em que o Direito Internacional se vê maculado por características nada saudáveis como o unilateralismo das grandes potências e o sufocamento dos pequenos países pelos grandes em uma União Europeia que não tem primado pelo respeito ao princípio constitucional da soberania e ao princípio internacional da igualdade entre os Estados soberanos.

Recomendo altamente este livro de Otto Pfersmann, intitulado *Positivismo jurídico e justiça constitucional no século XXI*, aos juízes que lidam com a fiscalização de constitucionalidade em Portugal, no Brasil e em todos os países de língua portuguesa, assim como o indico aos juízes de Luxemburgo e aos de Estrasburgo neste momento em que o Direito – tanto o Constitucional quanto o Internacional – encontra-se em fase de desprestígio agudo.

Por fim, a mim não apetece difundir alguém como sucessor de outrem. Digo isso porque tem sido comum ouvir nos meios acadêmicos de França, Alemanha, Áustria e Portugal a frase segundo a qual "Otto Pfersmann seria o sucessor de Hans Kelsen". Pois, peço licença para reformar esta frase: Otto Pfersmann não é o sucessor nem de Kelsen, nem de ninguém, mas é, sim e com muito merecimento, um dos mais coerentes juristas que se utilizam da **lógica da teoria dos sistemas jurídicos positivos** na atualidade e em todo o mundo, de modo que Pfersmann não é a reencarnação intelectual kelseniana: **Otto Pfersmann é Otto Pfersmann!**

Actualizado em Lisboa, março de 2023

---

2   Espera-se que, após a publicação desta segunda edição brasileira (pela Editora Intersaberes), Otto Pfersmann o publique também em Portugal.

Introdução

Alexandre Coutinho Pagliarini

I. Otto Pfersmann, Hans Kelsen e Edmund Bernatzik

Em espaço próprio neste livro, os leitores poderão checar o impressionante *curriculum vitae* do autor ora apresentado aos brasileiros e aos lusófonos em geral, o Professor Otto Pfersmann.

Quando passamos a conhecer alguém, queremos quase que instintivamente saber de sua história, de seu passado e de suas ligações. Com a devida permissão do autor, assim farei: a história de Otto Pfersmann na Universidade de Viena não começa consigo próprio, mas sim com seu bisavô Edmund Bernatzik, Reitor dessa prestigiada Universidade em 1911 e seu Professor Titular de Direito do Estado por longos anos.

Edmund Bernatzik foi um daqueles intelectuais que, na Viena da passagem do século XIX ao XX – a alegre e linda Viena de todas as artes e ciências –, tocava piano com Gustav Mahler. No campo específico do Direito, foi uma das maiores autoridades em toda a Europa na cátedra que lecionava, tendo escrito obras clássicas até hoje comercializadas, tais como Republik Und Monarchie[1], Die Zulassung der Frauen Zu den juristischen Studien[2] e Rechtsprechung und materielle Rechtskraft[3] (este último, certamente seu livro mais importante e até hoje estudado).

Foi na Universidade de Viena que o bisavô de Otto Pfersmann descobriu um aluno chamado Hans Kelsen, a quem passou a tutelar academicamente e que recebeu de seu Professor a honraria de publicar seu primeiro trabalho em uma prestigiadíssima revista dirigida por seu orientador, publicação que chamou a atenção de todos porque àquela época era um feito excepcional um simples estudante conseguir publicar no periódico que veiculava escritos dos mais importantes professores e cientistas do Direito em língua germânica.

---

1   Freiburg im Breisgau Mohr, 1892.
2   Verein für erweiterte Frauenbildung, Viena, 1900. Nesse pequeno estudo de 16 páginas – mas grande em significado e ousadia –, Edmund Bernatzik se posiciona vigorosamente em favor da admissão de mulheres nos estudos jurídicos universitários.
3   Vienne Manz, 1886.

Investindo no talento de Hans Kelsen, Edmund Bernatzik obteve junto a Georg Jellinek uma bolsa de estudos para que Kelsen estudasse na Universidade de Heidelberg. Foi quando o estudante escreveu sua tese de habilitação, sob a orientação de Edmund Bernatzik, tendo-a defendido em 1910 e publicado em 1911.

Depois da morte de Edmund Bernatzik no começo de 1919, Hans Kelsen sucedeu o bisavô de Otto Pfersmann como Professor Ordinário da Universidade de Viena e lá lecionou até 1929.

Em conversas com Otto Pfersmann sobre sua vida acadêmica como estudante, disse-me o autor que, durante sua formação na Universidade de Viena, seja quando do doutorado em Direito, seja quando do doutorado em Filosofia, o pensamento de Hans Kelsen não era a influência dominante, de modo que Otto Pfersmann se tornou um kelseniano por opção – e apesar da Universidade de Viena –, e não graças à Universidade de Viena. Revelou-me ainda Otto Pfersmann que é um membro de uma comissão internacional (o Hans Kelsen-Institut) que não apenas detém os originais das obras de Hans Kelsen (e até manuscritos), mas também cuida da publicação e divulgação de sua obra em todo o mundo; por isso, Otto Pfersmann tinha notícia de que a versão brasileira da *Autobiografia de Hans Kelsen* (Forense Universitária) já estava em sua quinta edição (desde 2018).

Otto Pfersmann se radicou na capital francesa há muitos anos e é destacado Professor da quase milenar Université Paris 1 Panthéon-Sorbonne, e tem sido na Sorbonne que esse notável jurista e filósofo aproximou as ricas Escolas da França e Áustria para renovar a Ciência do Direito com opiniões muito suas, não sendo por outra razão que Jorge Miranda considera que "Otto Pfersmann não é o sucessor nem de Kelsen, nem de ninguém, mas é, sim e com muito merecimento, um dos mais coerentes juristas que se utilizam da lógica da teoria dos sistemas jurídicos positivos na actualidade em todo o mundo, de modo que Pfersmann não é a reencarnação intelectual kelseniana: Otto Pfersmann é Otto Pfersmann!".

II. De como foi criada a Semana Franco-Lusófona de Direito Constitucional

Em fevereiro de 2012, integrei uma mesa redonda organizada nas dependências da Universidade Paris 1 (Sorbonne), no Centre Malher. Participaram do evento Francesco Rubino, Alessia Magliacane (organizadora), esta última orientanda (doutoranda) de Otto Pfersmann. Fizeram-se também presentes, entre outros, Pasquale Pasquino, Éric Millard, Adrien Evangelista e um grupo de brasileiros da Região Sul do país; eram, portanto, muitos os utentes das línguas francesa e portuguesa. Foi nessa ocasião que comecei a idealizar um evento bilíngue, em francês e em português, que ocorresse numa só semana em um país francófono e em um lusófono.

Em abril do mesmo ano, eu levei a Aracaju os Professores Francesco Rubino e Adrien Evangelista para discutirmos cientificamente as temáticas interligadas dos Direitos Humanos, da Economia e do Meio Ambiente. Foram cinco dias de intensos debates e palestras. Desse modo, arraigava-se ainda mais em mim o desejo de criar um evento – e registrá-lo – que agregasse pensadores francófonos e lusófonos de qualquer país que praticasse essas línguas, o qual estaria aberto a todo e qualquer falante de francês ou português, independentemente de nacionalidade, do local de natalidade ou de residência: bastaria falar francês ou português para fazer parte do grupo que imaginava. Nem do evento em fevereiro, nem daquele de abril participou Otto Pfersmann por conta de sua agenda. Contudo, sua ausência não privou os participantes de discutir suas ideias.

Graças a uma ponte feita por Alessia Magliacane, o Professor Otto Pfersmann e eu iniciamos já em fevereiro de 2012 uma intensa (quase diária) troca de *e-mails* e de telefonemas para discutirmos sobre Direito e Ciência do Direito. Criou-se uma amizade propriamente dita e uma admiração intelectual mútua.

As conversações entre mim e o Dr. Otto Pfersmann avançaram de fevereiro a outubro de 2012. Foi neste último mês que organizei, em Paris (na Sorbonne, dias 8 e 9 de outubro de 2012) e em Portugal (na Universidade de Lisboa, dias 11 e 12 de outubro de 2012), a **Primeira Semana Franco-Lusófona de Direito Constitucional**, da qual participaram, além de Otto Pfersmann e eu, Francesco Rubino e Alessia Magliacane (fundamentais na organização francesa desse evento), o Catedrático Jorge Miranda (que presidiu a Semana na capital lusitana e lhe emprestou seu Instituto de Ciências Jurídico-Políticas da Faculdade de Direito da Universidade de Lisboa), e Anne Lévade, Krafft Kosta, Vasco Pereira da Silva, Miguel Assis Raimundo, Luiz Pereira Coutinho, Nils Anderson, Adrien Evangelista, Artan Kroto, Simon Ridley, Flávia Coelho, Irmã Carcò, Spyridon Flogaitis e Jana Engelhard, todos eles evidentemente francófonos e/ou lusófonos (por nascimento ou adoção).

Foi em Paris, no dia 9 de outubro de 2012, que pedi ao professor Otto Pfersmann seus textos mais significativos escritos em francês para que eu os traduzisse em português e os publicasse primeiramente no Brasil e, em seguida, em Portugal e nos demais países lusófonos de África e Ásia. A minha petulância ao pedir os textos do autor foi antes muito encorajada por Francesco Rubino, que, em suas conversas particulares comigo, insistia: "Alexandre, você tem que traduzir Otto Pfersmann, ele é o maior constitucionalista do mundo!". Pois bem, foi assim que Otto Pfersmann disponibilizou-me, para tradução, cerca de 40 de seus mais significativos textos escritos em francês. Ao me deparar com tamanha responsabilidade, intensificaram-se ainda mais meus contatos com o estudioso, ora por telefone, ora via *e-mail*; eram nesses contatos que as dúvidas eram sanadas, o que custava caro, pois naquela época ainda não havia WhatsApp.

Em agosto de 2013, Otto Pfersmann e eu pudemos discutir – mais uma vez pessoalmente – sobre a tradução já feita quando o trouxe para participar, em Aracaju, do XII Congresso Nacional de Direito, que organizei no Teatro Tobias Barreto e que contou com as presenças relevantes dos Ministros Francisco Rezek e Carlos Velloso, entre outros juristas. De certo modo, esse evento representou uma espécie de "Segunda" Semana Franco-Lusófona de Direito Constitucional.

Assim nasceu a Semana Franco-Lusófona de Direito Constitucional[4], e os eventos em Paris, Lisboa e Aracaju representam metaforicamente as sementes que se traduzem nas páginas que compõem este primeiro livro de Otto Pfersmann em língua portuguesa, intitulado *Positivismo jurídico e justiça constitucional no século XXI*, agora em sua segunda edição – e fazendo parte integrante da Coleção Clássicos do Direito, da Editora Intersaberes, de Curitiba –, tendo a primeira edição sido lançada na capital paranaense no dia 29 de agosto de 2014 com a presença do autor austríaco.

III. De como foi feita a tradução

Algo que sempre quis evitar foi a contratação de tradutor pela Editora. Fiz questão de eu mesmo fazê-lo, por duas razões básicas: (i) tenho dupla nacionalidade (brasileira e francesa) e, também por ter residido na França (Paris e Rennes) e estudado o idioma em profundidade, conheço perfeitamente a língua francesa, inclusive – e principalmente – as nuances da linguagem jurídica; (ii) sou adepto da mesma linha jusfilosófica que Otto Pfersmann adota e ensina, incluindo-se aí não só o positivismo jurídico renovado, mas também a teoria dos sistemas, a teoria da linguagem e a lógica jurídica.

Para a tradução, logo que recebi os textos originais, pensei que seria eu sozinho o tradutor, o revisor do francês, o revisor bilíngue e o revisor final do português. Era o frio de Paris que me fez pensar tamanho absurdo. Mas não, não sou Paulo Leminski (gênio paranaense da tradução e poeta), por isso montei uma equipe que assim trabalhou sistematicamente:

- **Primeira tradução francês-português**: feita e revisada por mim de outubro de 2012 até abril de 2013.

---

4 Registrada em Tabelionado do Poder Judiciário do estado de Minas Gerais.

- **Primeira revisão francês-português**: por Mme. Karine Pascale Frédérique Le Cam, francesa nata de Rennes, professora da Aliança Francesa de Curitiba com experiência de mais de 33 anos no ensino da língua e da literatura francesas. Seu magnífico trabalho durou de abril até julho de 2013.
- **Revisão bilíngue português-francês**: leitura crítica e de revisão feita no mês de agosto de 2013 por Carolina Santana Souza Botto de Barros, da Aliança Francesa de Aracaju.
- **Revisão final do português**: levada a cabo por Luciana Coutinho Pagliarini de Souza, Professora de Português e de Semiótica da Universidade de Sorocaba, Pós-Doutora em Semiótica e Comunicação pela Universidade de Kassel (Alemanha), Doutora e Mestre em Semiótica e Comunicação pela Pontifícia Universidade Católica de São Paulo (PUC-SP). Seu monumental trabalho de fechamento do texto durou de setembro a novembro de 2013.
- **Leitura crítica final**: sem querer que sequer uma vírgula estivesse fora do lugar, de novembro até 15 de dezembro de 2013 fiz a leitura crítica final, oportunidade em que pude notar que os trabalhos dos colegas que compuseram a equipe foram perfeitos, impecáveis.
- **Revisão para a segunda edição**: de fevereiro a maio de 2023, com a adição de dois textos ao livro, um em inglês e outro em francês, fator que representa aquilo que a Capes chama de *internacionalização de livros*.

É chegada a hora de lançá-lo e de trazer de volta aos países de língua portuguesa – principalmente ao Brasil – as tradições do pensamento francês![5]

IV. Do estilo de Otto Pfersmann e da base científica de seu pensamento

1] Logo nas primeiras leituras dos textos que compõem este livro – e mesmo antes, nos estudos que procedera dos textos que Otto Pfersmann publicara em livros franceses anteriores que organizara, por exemplo, com Louis

---

5 Otto Pfersmann nasceu e criou-se na Áustria. Contudo, seus anos ininterruptos de trabalho em Paris na Sorbonne e na EHESS fazem dele um jurista que sabe como nenhum outro descrever o sistema francês de fiscalização de constitucionalidade e os percalços que tal sistema encontrou e até hoje enfrenta no País de Rousseau. Portanto, não seria errôneo afirmar que Otto Pfersmann representa o amálgama da rica doutrina francesa à filosofia jurídica austríaca. Em resumo: Otto Pfersmann traz de volta a França e a Áustria ao Brasil, a Portugal e aos demais países de língua portuguesa, e isso é muito bom!

Favoreu[6] – notei uma aproximação estilística entre ele e José Saramago[7]. Isso é um elogio ao escritor Otto Pfersmann e o coloca estilisticamente entre os melhores, pois Saramago é nosso Nobel de Literatura. A aproximação de estilos é evidente por conta de alguns fatores:

- **A vírgula:** tanto Otto Pfersmann quanto Saramago usam-na como a vírgula dos brasileiros – e da maioria dos portugueses –, mas também se utilizam dela como se fosse um ponto e vírgula (;) e até um ponto final (.). E, ao contrário dos escritores brasileiros, o autor austríaco escreve frases inteiras sem o uso da vírgula, característica esta que só não respeitei quando em português a vírgula se impunha.
- **A questão cronológica:** é comum em Otto Pfersmann e Saramago o uso do verbo no presente para relatar fatos no passado ou períodos históricos pretéritos.
- **A fina ironia:** é marca fundamental de seus textos que, apesar de incisivamente científicos, não abrem mão, principalmente quando o autor se utiliza de discurso contestador, de termos que, além de amenizar a natural sisudez de um texto fruto de séria investigação científica, provam, por mais essa razão, o alcance da inteligência do Professor Otto Pfersmann, visto que o talento para escrever vez ou outra com fina ironia é de poucos e para poucos.
- **Parágrafos enormes:** tanto o Nobel de Literatura (Saramago) quanto Otto Pfersmann às vezes produzem parágrafos de páginas inteiras. Nesse sentido, Saramago abusa (e assim conduz seus textos com maestria). Os parágrafos de Otto Pfersmann são bem menores que os de Saramago, ainda que grandes para os padrões gerais lusófonos. Por essa razão, na qualidade e na liberdade (fiel) de tradutor, algumas vezes fiz a quebra de continuidade de sentenças, desde que o assunto posto em parágrafo novo fosse outro ou que ele se reportasse a outro sistema jurídico ou a outra dimensão histórica.

2] Otto Pfersmann enriquece seus textos com citações – poucas – de autores da literatura universal não jurídica. Menciono aqui os exemplos do uso de Shakespeare e Maquiavel no Capítulo 1 deste livro *Positivismo jurídico e justiça constitucional*, "Norma de segredo, normas secretas e Estado moderno". O interessante – e é bom que aprendamos com isso – é que Otto Pfersmann usa

---

6 PFERSMANN, Otto; FAVOREU, Louis et al. Droit constitutionnel. 12. ed. Paris: Dalloz, 2009. PFERSMANN, Otto; FAVOREU, Louis et al. Droit des libertés fondamentales. 5. ed. Paris: Dalloz, 2009. V. ainda, além deste livro, o outro único texto de Otto Pfersmann impresso no Brasil, intitulado Contre la confusion logonomique, publicado em francês, in: PAGLIARINI, Alexandre Coutinho. Direito econômico e socioambiental. Rio de Janeiro: Editora GZ, 2014.
7 V. por exemplo: SARAMAGO, José. Ensaio sobre a cegueira. São Paulo: Companhia das Letras, 1995.

passagens desses dois gênios da Inglaterra e da Itália (e do mundo, em todos os tempos), não para se mostrar erudito e/ou "antenado" com o que se passa fora do estrito universo do Direito posto. Tanto a passagem de Shakespeare quanto a de Maquiavel são citadas justamente para a explicação do que Otto Pfersmann entende como *norma de segredo e normas secretas*.

Nas palavras de Otto Pfersmann e de Maquiavel (este, na nota): "Desde o início da reflexão moderna, o segredo é concebido como ambíguo e instrumental. Conhecemos muito bem uma das faces que consideramos, frequentemente, como vergonhosa: a artimanha é um dos meios necessários à manutenção ou à aquisição do Estado, e a artimanha está ligada ao segredo[8]. A fundação do Estado moderno se torna impossível sem o recurso ao segredo, a menos que reconheça a natureza dos homens".

Agora, nas palavras de Otto Pfersmann e de Shakespeare:

> convém primeiro apresentar uma categoria de normas para as quais o segredo não seria simplesmente um elemento contingente. Tal caso foi estudado por Shakespeare. Na obra Ricardo III, provocando uma das intrigas que levarão seu candidato ao poder, íntimo a Sir William Catesby, a ordem de sondar as intenções favoráveis ou desfavoráveis de Lord Hastings, relativamente à usurpação do trono por aquele que ainda é somente o Duque de Gloucester:
>
> [...] *Come hither, Catesby.*
>
> *Thou art sworn as deeply to effect what we intend as closely to conceal what we impart...*[9]

3] Otto Pfersmann *versus* Michel Troper: com muita veemência, o segundo é criticado pelo primeiro. Ocorre no caso algo parecido com o embate que houve no passado quando Carl Schmitt (o jurista do "Guardião da Constituição", Adolf Hitler) era duramente – e por escrito – contestado por Hans Kelsen.

---

8   "Nem nunca faltaram a um príncipe razões para colorir a sua falta à palavra. Disto se poderiam dar infinitos exemplos modernos e mostrar quantas pazes, quantas promessas ficaram írritas e nulas pela falta de palavra dos príncipes; aquele que melhor soube proceder como a raposa, melhor se houve. Mas é necessário saber bem colorir esta natureza e ser grande simulador e dissimulador: os homens são tão simples e obedecem tanto às necessidades presentes que quem engana achará sempre quem se deixe enganar. [...] Faça, pois um príncipe por vencer e por manter o seu Estado; os meios serão sempre julgados honrosos e de todos louvados [...]. Há presentemente um príncipe, que não quero nomear (Fernando, o católico, rei de Aragão), que só prega paz e boa-fé e é inimicíssimo duma e doutra; e se fosse a observar uma e outra, muitas vezes lhe teria prejudicado a reputação ou o Estado" (Maquiavel, *O príncipe*, Cap. XVIII).

9   "Vem aqui, Catesby. Hás jurado cumprir nossos intentos assim como guardar o que te confiamos" (William Shakespeare, "Ricardo III", ato III, cena 1. Versão francesa: *Trad. française par Victor Hugo, Theatre complet*. Paris: Garnier, 1961, x. 1, p. 380-381, grifo do original).

Conheci o Professor Michel Troper pessoalmente quando, após algumas trocas de correspondências, ele aceitou ser meu orientador em Estágio de Pós-Doutoramento na Universidade Paris 10 (Nanterre), oportunidade que não aproveitei porque a minha linha de pesquisa mais se aproximava – e ainda com a dele se coaduna – com a de Jorge Miranda. Dois traços marcantes da filosofia jurídica de Michel Troper são: (i) por conta dos poderes conferidos pelas Constituições da segunda metade do século XX aos Tribunais Constitucionais, o autor crê em um já existente **governo dos juízes**; (ii) ele defende com afinco o **Realismo Jurídico**. Como se sabe, o Realismo Jurídico (*Legal Realism*) é uma corrente doutrinária surgida nos Estados Unidos na primeira metade do século XX que centraliza o estudo do Direito na atuação **do juiz**, considerando o **direito aplicado concretamente**, e não a moral, a justiça **ou as normas jurídicas**, o objeto central de pesquisa do jurista. Fora os fatores expostos em (i) e (ii), Michel Troper é um crítico da concepção ideológica comum da democracia constitucional (includente do instrumento da fiscalização de constitucionalidade). Por isso, Troper tem-se mostrado feroz crítico de Hans Kelsen, e em defesa do austríaco veio outro – Otto Pfersmann –, não por reverência ao seu compatriota, mas sim por coerência com sua própria lógica normativista de pensamento. As razões de Otto Pfersmann defender Hans Kelsen e atacar Michel Troper são simples, pois o primeiro é: (a) favorável aos sistemas de fiscalização de constitucionalidade; (b) contrário à tese de que no século XX petrificou-se um "governo de juízes"[10]; (c) visceralmente contra o **Realismo Jurídico** que despreza as normas gerais e abstratas do sistema de Direito positivo.

4] Otto Pfersmann é autoquestionador (um hamletiano) e autoexplicativo: não são poucos os textos dos 12 publicados nesta segunda edição – que terminam com uma interrogação(?). Contudo, não há interrogações somente nos finais dos capítulos. Praticamente em todos os textos e em todos os parágrafos que não sejam meramente descritivos – mas argumentativos –, Otto Pfersmann questiona a si próprio (autoquestionador, portanto hamletiano) e oferece respostas (autoexplicativo).

---

10 A crítica à concepção ideológica comum da democracia constitucional é um tema recorrente nos trabalhos de Michel Troper. Ver principalmente os seguintes artigos: *Justice constitutionnelle et démocratie*, in: *Pour une théorie juridique de l'État*. Paris: Presses Universitaires de France, p. 329-346; *Kelsen et le contrôle de constitutionnalité*, in: Carlos-Miguel Herrera. *Le droit et la politique autour de Max Weber, Hans Kelsen, Carl Schmitt*. Paris: L'Harmattan, 1995, p. 157-182, tema retomado in: *La théorie du droit, le droit, l'État*. Paris: Presses Universitaires de France, 2001, p. 173-193; *Le bon usage des spectres. Du gouvernement des juges au gouvernemen par les juges*, in: Op. cit., p. 231-247.

O autoquestionamento é uma técnica explorada até as últimas consequências pelo *gênio* de Hamlet. Sim, o personagem de Shakespeare tem vida própria e um dos maiores conhecedores do autor de *Stratford-upon-Avon* (Inglaterra) – Harold Bloom[11] – assim afirma:

> O desenvolvimento de Hamlet, de aluno assustado a mestre do teatralismo, não é muito diverso do shakespeariano [...]. De maior peso para a arte de Shakespeare foi a influência de Falstaff em Shakespeare, que ensejou Hamlet. Ainda mais importante foi a influência de Hamlet em Shakespeare, que ensejou tudo.

Hamlet é a todo instante filósofo, e filósofos questionam-se; do mesmo modo, Otto Pfersmann é filósofo, por isso ele próprio questiona-se; e responde. Daí sua aproximação com Hamlet, e quem é classificado na literatura e nos estudos de semiótica e comunicação como *hamletiano* é aquele que é autoquestionador. É sem dúvida dessa peculiar característica pfersmanniana que vem a fina ironia de seus escritos, pois quem se autoquestiona sempre é irônico consigo próprio porque foge de respostas prontas e esquematizadas.

Nesse sentido – no da ironia refinada –, ensina Bloom[12] que

> Kierkegaard, que desejava aprender a trabalhar a ironia a partir da dificuldade em se tornar cristão, na verdade absorveu a noção de ironia junto aos métodos de Hamlet [...]. Proust, outro mestre da ironia, escreveu um ensaio extraordinário a respeito da leitura como processo de autoescuta, no prefácio à sua própria tradução de *Sesame and Lilies*, de John Ruskin. Ler, diz Proust, não é conversar com terceiros.

No caso de Otto Pfersmann, no uso natural de sua técnica de autoquestionamento quando escreve, o mestre da Sorbonne conversa claramente consigo próprio; e toma posição!

Fica então a escrita de Otto Pfersmann aproximada, por tudo o que se disse nos parágrafos anteriores deste tópico, à de Shakespeare, à técnica hamletiana (Otto Pfersmann é hamletiano), à de Kierkegaard e à de Proust – sem nos esquecermos que em tópico próprio o escritor Otto Pfersmann também foi equiparado a Saramago porque usa a vírgula (ou deixa de usá-la) de modo propositado e muito peculiar, em parágrafos que, não fossem pela intervenção deste tradutor, tomariam páginas inteiras. Contudo, quando o autor pergunta a si próprio – por exemplo – a respeito da possibilidade de existência de governo de juízes, ele faz

---

11 BLOOM, Harold. Gênio: os 100 autores mais criativos da história da literatura. Tradução de José Roberto O'Shea. Rio de Janeiro: Objetiva, 2003. p. 51.
12 Op. cit., p. 53.

uma digressão sobre as razões pelas quais seriam os juízes de hoje governantes, bem como apresenta suas ideias contrapostas para explicar o porquê de os juízes não poderem sê-los, chegando sempre a uma conclusão que mais lhe apetece, segundo sua ciência, sendo evidente que, **no caso do governo dos juízes, Otto Pfersmann conclui que não!**[13] Ser ou não ser o juiz um governante? Ser ou não ser democrático o fato de Tribunais Constitucionais poderem anular leis votadas e aprovadas por representantes eleitos pelo povo? Ser ou não ser... não é isso hamletiano?[14]

---

13 Que ouçam isso os magistrados brasileiros!
14 "Ser ou não ser, eis a questão: será mais nobre
Em nosso espírito sofrer pedras e setas
Com que a Fortuna, enfurecida, nos alveja,
Ou insurgir-nos contra um mar de provocações
E em luta pôr-lhes fim? Morrer... dormir: não mais.
Dizer que rematamos com um sono a angústia
E as mil pelejas naturais-herança do homem:
Morrer para dormir... é uma consumação
Que bem merece e desejamos com fervor.
Dormir... Talvez sonhar: eis onde surge o obstáculo:
Pois quando livres do tumulto da existência,
No repouso da morte o sonho que tenhamos
Devem fazer-nos hesitar: eis a suspeita
Que impõe tão longa vida aos nossos infortúnios.
Quem sofreria os relhos e a irrisão do mundo,
O agravo do opressor, a afronta do orgulhoso,
Toda a lancinação do mal-prezado amor,
A insolência oficial, as dilações da lei,
Os doestos que dos nulos têm de suportar
O mérito paciente, quem o sofreria,
Quando alcançasse a mais perfeita quitação
Com a ponta de um punhal? Quem levaria fardos,
Gemendo e suando sob a vida fatigante,
Se o receio de alguma coisa após a morte,
– Essa região desconhecida cujas raias
Jamais viajante algum atravessou de volta –
Não nos pusesse a voar para outros, não sabidos?
O pensamento assim nos acovarda, e assim
É que se cobre a tez normal da decisão
Com o tom pálido e enfermo da melancolia;
E desde que nos prendam tais cogitações,
Empresas de alto escopo e que bem alto planam
Desviam-se de rumo e cessam até mesmo
De se chamar ação."
(SHAKESPEARE, William. *Hamlet*: príncipe da Dinamarca. Tradução de Péricles Eugênio da Silva Ramos. São Paulo: Abril, 1976.)

Título
Positivismo jurídico

Capítulo 1
Norma de segredo, normas secretas e Estado moderno

Desde o início da reflexão moderna, o segredo é concebido como ambíguo e instrumental. Conhecemos muito bem uma das faces que consideramos, frequentemente, como vergonhosa: a artimanha é um dos meios necessários à manutenção ou à aquisição do Estado e está ligada ao segredo[1]. A fundação do Estado moderno se torna impossível sem o recurso a esse instrumento, a menos que reconheça a natureza dos homens.

O segredo intriga imensamente os juristas, mas pouco os teóricos do Direito; ele preocupou a Filosofia Moral e a Política, mas pouco a Filosofia Analítica das Normas. A razão, pode-se afirmar, parece simples: é um problema moral saber se o segredo deve ser admitido, requerido ou reprovado por tal ou tais tipos de ação; não é um problema que levanta dificuldades quanto à explicação da estrutura normativa em questão. Ser autorizado ou até mesmo obrigado a não dizer certas coisas, conduzindo sozinho ou com outras ações, constitui o conteúdo material de uma permissão ou de obrigação, bem como pode ser exigido para qualquer ação possível. A pergunta que pode ser proposta pelo jurista consiste em saber quais são exatamente os limites dessa permissão, a maneira como ela se articula com outras permissões, obrigações ou proibições. O problema do filósofo moral consiste em apontar se a introdução de tal permissão é desejável ou não, eventualmente, sob quais condições e para quais fins. O problema tecnológico para o legislador refere-se ao de traduzir essas exigências em textos compreensivos, precisos e racionais, isto é, livres de contradições. O problema do juiz ou de outros órgãos de aplicação é o de justificar, exatamente, a concretização da regra em relação ao caso concreto.

Então, o segredo é realmente uma questão jurídica, isto é, depende do estudo do Direito positivo ou da Moral, ou seja, é condicionada pela Filosofia Normativa da Ação e, principalmente, pela Filosofia Normativa do que deveria ser o conteúdo do sistema jurídico.

Eis já um belo programa, ainda que não seja um programa de teoria das normas. Trata-se da concepção que parece muito largamente prevalecer na literatura contemporânea, que procura moralizar a análise do Direito. Chamemos esse complexo de *Teoria Material do Segredo*. Obviamente, é somente uma abreviação para "teorias morais da justificação de normas, autorizando ou exigindo dos

---

1 "Nem nunca faltaram a um príncipe razões para colorir a sua falta à palavra. Disto se poderiam dar infinitos exemplos modernos e mostrar quantas pazes, quantas promessas ficaram írritas e nulas pela falta de palavra dos príncipes; aquele que melhor soube proceder como a raposa, melhor se houve. Mas é necessário saber bem colorir esta natureza e ser grande simulador e dissimulador: os homens são tão simples e obedecem tanto às necessidades presentes que quem engana achará sempre quem se deixe enganar. [...]. Faça, pois um príncipe por vencer e por manter o seu Estado; os meios serão sempre julgados honrosos e de todos louvados [...]. Há presentemente um príncipe, que não quero nomear (Fernando, o católico, rei de Aragão), que só prega paz e boa-fé e é inimicíssimo duma e doutra; e se fosse a observar uma e outra, muitas vezes lhe teria prejudicado a reputação ou o Estado" (Maquiavel, *O príncipe*, Cap. XVIII).

comportamentos secretos e das análises jurídicas dos textos, traduzindo tais autorizações ou obrigações em normas jurídicas"[2].

A Teoria Material do Segredo parece ser então muito especificamente ligada à emergência do Estado moderno e do Estado democrático liberal. O Estado que se constrói pode e deve usar a dissimulação. O Estado que age no sentido da razão não pode recorrer ao segredo. "Uma disposição secreta nas negociações do Direito Público é objetivamente, ou seja, considerada no seu conteúdo, uma contradição"[3].

Essa concepção é plenamente desenvolvida na Teoria Política do Estado de Direito, que tem entre seus elementos constitutivos a conjunção da obrigação de elaborar, publicamente, e de publicar, oficialmente, as normas gerais aplicáveis com a interdição de produzir normas retroativas, principalmente em assunto penal.

Mas, ao mesmo tempo, a Teoria do Estado democrático liberal pede um mínimo de segredo para certas ações para as quais ninguém deveria ser obrigado a prestar contas, considerando a garantia dessas permissões como um elemento constitutivo da liberdade dos modernos.

Podemos, de fato, perguntar onde estão, exatamente, os limites dessa liberdade e se são eles, de fato, que animam a discussão cotidiana. Entretanto, o princípio proveniente de uma esfera incompreensível de permissões para agir sem dever prestar contas a ninguém e a possibilidade conjunta, dirigida aos órgãos do Estado, de intervir nessa área, como também a existência de controle eficaz dos atos que teriam, eventualmente, violado essa proibição, parecem mesmo ser concebidos como tais; senão, uma democracia moderna não mereceria seu nome. Poderemos, até mesmo, afirmar que o princípio de publicidade e o princípio de segredo são ligados de tal maneira que a elaboração de normas gerais será sempre pública e que é nesses termos gerais que atribuímos aos indivíduos o direito a uma esfera de segredo como parte de sua liberdade. Não há, então, nenhuma contradição, mas uma complementaridade estrita.

A questão colocada é de saber se essa concepção política da democracia moderna é baseada, efetivamente, em uma análise correta de estruturas normativas que permitiriam chegar a tal resultado. Seria necessário, em outras palavras, que o que diz respeito ao segredo não contivesse elementos relativos à estrutura, mas, unicamente, ao conteúdo das normas em questão. Ora, o que parece, à primeira vista, como uma simples evidência poderia ser relativamente delicado para os seguidores da concepção material do segredo e da concepção liberal da democracia constitucional.

---

2 Maquiavel, op. cit.
3 Immanuel Kant, *Zum ewigen Frieden*, B 67.

A primeira – e uma das mais óbvias dificuldades – surge imediatamente quando observamos a maneira como a Teoria Liberal articula suas próprias exigências. Segundo nosso ponto de partida, seria preciso admitir que a questão do segredo é uma questão puramente política e, então, extrajurídica. No entanto, a Teoria do Estado de Direito constitucional liberal recusa tradicionalmente esse resultado, visto que ela é a tese positivista de acordo com a qual o Direito pode ter qualquer conteúdo e que ela se volta, precisamente, a uma reflexão de natureza diferente, explicitamente normativa e externa à descrição do que o Direito pode conter, de dizer o que ele deveria conter. De acordo com muitas variantes da Teoria do Estado e conforme uma das mais discutidas no assunto, aquela proposta por Lon Fuller em *The Morality of Law*, seria inconcebível considerar como Direito um sistema que não contivesse os princípios da publicidade da elaboração, da publicação das regras e da proibição de regras retroativas, principalmente em assunto penal.

Sob sua forma simples e ingênua, esse argumento é somente outra maneira de apresentar uma Teoria do Direito Natural, da qual deriva a natureza jurídica de uma regra de sua qualidade moral. Isso realmente mostra até que ponto é difícil para um seguidor do moralismo jurídico renunciar a uma concepção que faz do conteúdo da regra o critério de sua natureza; enquanto isso, só torna mais opaco o problema da ausência no que toca à estrutura do segredo. Contudo, poderíamos tentar lhe dar uma forma mais interessante e dizer que tal relação existe, mesmo que admitamos a concepção positivista do Direito ou, pelo menos, um de seus elementos. De acordo com essa concepção, o Direito é um sistema de normas que se distingue de outros sistemas normativos pelo seu caráter globalmente eficaz e sancionado. Essa definição parece um pouco curta e esquemática (simplificada), e, de fato, cada um de seus elementos se torna objeto de vivas controvérsias. Sem entrar nesses debates, podemos admitir que existe uma diferença entre ordens normativas que apresentam essas propriedades e aquelas que não têm. Em segundo lugar, admitimos que uma norma traduz o significado de um enunciado prescritivo, tornando obrigatório, permitido ou proibido um conjunto de comportamentos humanos. Para que haja norma e, *a fortiori*, norma jurídica, é preciso, portanto, que esse enunciado exista antes que a conduta em questão não possa ser realizada.

Uma norma retroativa não apresenta, em princípio, nenhum problema desse ponto de vista. E, obviamente, impossível a prescrição, por uma norma, de algo que aconteceu no passado e a afirmação de que a violação dessa obrigação já tenha acontecido no passado.

Tal enunciado não teria, simplesmente, nenhum significado normativo. E não é disso que se trata quando falamos de retroatividade. No entanto, se a área condicional se localiza antes do momento da elaboração da regra, isso quer simplesmente dizer que certos indivíduos, tendo realizado certos atos, devem ser tratados de tal ou tais maneiras agora ou em um momento futuro. Esse caso não apresenta, então, nenhuma dificuldade.

O caso interessante é outro. De fato, a norma retroativa comanda, como toda norma, um conjunto de comportamentos para o futuro. Simplesmente, ela obtém esse resultado modificando os destinatários. Se ela afirma que certos eventos aconteceram no passado, então certas ações são obrigatórias, permitidas ou proibidas. Essas obrigações se impõem enquanto os destinatários em questão não puderem agir no momento em que acontecerem os eventos condicionadores. Mas, além disso, o fato de os destinatários respeitarem, ou não, essas obrigações, constitui, de novo, a condição de outra obrigação, nem um pouco retroativa, aquela de sancionar as eventuais violações da norma retroativa. Um sistema jurídico pode, muito facilmente, ser suscetível de retroatividade, simplesmente porque ele está sempre inscrito em um contexto de normas condicionais não retroativas.

Admitamos agora que todas as normas do sistema em questão foram elaboradas de tal maneira que ninguém poderia saber o que era conveniente fazer no momento em que aconteceram os eventos condicionadores; precisaríamos, em outras palavras, saber somente depois o que devia ter sido feito, mas sem que esse tipo de situação acontecesse de maneira simplesmente seletiva e, então, de tal maneira que houvesse sempre ao menos certos destinatários de normas condicionais não retroativas. Toda obrigação, uma vez formulada, tornar-se-ia, assim, uma condição desconhecida de outra obrigação ainda não elaborada, e assim por diante. Tal sistema se constituiria num curto-circuito normativo. Um sistema estritamente retroativo é um sistema que nunca vai existir.

Contudo, a retroatividade não é, como tal, secreta. Pode-se estar certo de que a preparação da norma retroativa se faz em segredo e que seu sucesso é medido justamente em termos de surpresa; por exemplo, para contribuintes que alegremente fizeram certos investimentos para se beneficiar de uma bela diminuição de imposto, mas que não terão esse benefício prometido quando o legislador atribuir o fundo não aos destinatários previstos, mas ao fisco. Talvez a lei, visando a esses investimentos, de longa data premeditada, fosse editada em razão de uma forte crise nas finanças do Estado, publicamente discutida no Parlamento. E poderia ser também que projetos perfeitamente secretos surgissem veladamente na produção normativa sem que a estrutura da norma em questão fosse nem um pouco retroativa.

Para testar o argumento do curto-circuito por generalização, convém primeiro apresentar uma categoria de normas para as quais o segredo não seria simplesmente um elemento contingente.

Tal caso foi estudado por Shakespeare, na obra *Ricardo III*, provocando uma das intrigas que levarão seu candidato ao poder, íntimo a Sir William Catesby, a ordem de sondar as intenções favoráveis ou desfavoráveis de Lord Hastings, relativamente à usurpação do trono por aquele que ainda é somente o Duque de Gloucester:

> Come hither, Catesby.
>
> Thou art sworn as deeply to effect what we intend
>
> as closely to conceal what we impart.[4]

Shakespeare resume assim a estrutura da intriga moderna: a eficácia da execução das ordens com obrigação de jamais revelá-las para ninguém. Contudo, se o tema da intriga é obviamente muito mais antigo, Shakespeare mostra as molas normativas. Catesby jurou aos duques: ele fará tudo o que lhe pedem e não dirá nada do que sabe.

Consideraremos como a variante mais elementar do segredo qualquer relação que contenha ao menos os seguintes elementos: dados de conhecimento, um número limitado de pessoas dividindo o acesso a esses dados, a exclusão do acesso a esses dados a outras pessoas. A simples restrição do número daqueles que conhecem este ou aquele estado das coisas no mundo é, puramente, contingente; o segredo requer – se não for a ação de manter essa restrição –, pelo menos, a intenção, eventualmente conjunta, de não divulgar um saber. O segredo é, portanto, uma estrutura teleológica de ação: prevenir a difusão de certos dados de conhecimento. Ele pode ser obrigatório, permitido ou proibido; ele pode então ser objeto de normas e, portanto, de normas jurídicas. Vamos chamá-las *normas de segredo*.

Por oposição, as *normas secretas* são aquelas que, qualquer que seja seu conteúdo, constituem elas próprias objeto do segredo. Catesby é submetido a obrigações porque ele fez juramento. Podemos imaginar que essa promessa solene não faça parte de uma cerimônia pública, mas principalmente as obrigações contratadas são secretas, daí a qualificação de *normas secretas*. Além do mais, as ações realizadas em execução a essas normas são sujeitas à obrigação do segredo. Uma norma não secreta será qualificada como *pública*. Uma norma de segredo pode ser uma norma secreta e uma norma de segredo pode implicar a autorização de produzir normas secretas.

Essas duas estruturas causam problemas de natureza diferente, mas que em parte se correspondem. As normas de segredo dividem, primeiramente, o destino de todas as normas jurídicas. Elas devem dar todas as indicações, permitindo aos destinatários a ciência no que toca à identificação dos fatos pertinentes, dos

---

4 "Vem aqui, Catesby. Hás jurado cumprir nossos intentos assim como guardar o que te confiamos". (William Shakespeare, "Ricardo III", ato III, cena 1. Versão francesa: *Trad. française par Victor Hugo, Theatre complet*, Paris: Garnier, 1961, v. 1, p. 380-381.)

limites do segredo em tempo e espaço, dos procedimentos a serem seguidos para a comunicação entre as pessoas, constituindo o círculo. As regras que dizem respeito a essas questões podem ser de grande complexidade e podem causar dificuldades ao intérprete, que deverá, eventualmente, dizer se o segredo pode ou deve ser revelado. Mas essas normas causam, principalmente, um problema especificamente ligado a seu conteúdo, a saber, uma norma de segredo "Ns" e, a saber, o órgão "O" competente em termos de controle pela sua aplicação. Se existir tal controle, o segredo não pode permanecer secreto, salvo quando o controle for, ele próprio, secreto. Entretanto, quando o controle é secreto, não se trata, no sentido estrito, de um controle, pois isso supõe que os fatos pertinentes possam ser objeto de exame por uma ou várias pessoas que não estavam envolvidas, isto é, as normas de segredo absorvem seu controle, de modo que o controle dissolve o segredo. Introduzindo o princípio do Estado de Direito como norma estruturante da ordem jurídica e exigindo que a aplicação de toda norma possa ser objeto de um controle, não podem existir, então, normas de segredo num Estado de Direito. Entretanto, partamos da premissa de que exista, num sistema jurídico, um princípio segundo o qual convém proteger certa esfera de ação dos indivíduos contra toda intrusão de órgãos da Potência Pública. Estritamente entendido, trata-se de uma exigência de normas de segredo. Ora, quando introduzimos tais normas, por exemplo, protegendo a vida privada, a correspondência ou as telecomunicações, exigimos também o controle das eventuais violações desses direitos. Contudo, se houver procedimentos de controle, então, tal sistema não pode ser um Estado de Direito estritamente entendido.

A norma secreta causa um problema de tipo diferente. Até agora, admitimos que a regra pertinente fosse concebível de acordo com métodos apropriados. Entretanto, a norma é uma estrutura em que somente o produtor e/ou seus destinatários diretos a conhecem. Ainda é necessário distinguir, pois é possível que a faculdade de produzir normas secretas esteja ela própria consignada numa norma pública; dessa maneira, teremos normas secretas derivadas de normas de segredo públicas. Nesse caso, existirá um conjunto de normas desrespeitando a produção de normas secretas; suas condições de validade e de conformidade serão enunciadas explicitamente. Mas pode ser, como na intriga shakespeariana, que a norma secreta não seja objeto de uma habilitação explícita e pública, sendo chamada, nesse caso, de *norma secreta originária*.

Contudo, a situação de Catesby parece muito precária. Suponhamos que a ele seja feito o pedido de cometer um assassinato (como é pedido a Tyrel quanto às crianças do falecido rei) e que ele o cometa. Ele sabe que não será possível se beneficiar de seu juramento diante de um juiz. E, além do mais, todos os assassinos, obedecendo a Ricardo, querem se distanciar.

Teria sido diferente se tais hipóteses não fossem completamente inúteis como em outro caso mais recente. De acordo com uma carta secreta de Hitler, datada do dia 1º de setembro de 1939, o *Führer* ordenava a eliminação de doentes mentais:

> Berlim, dia 1º de setembro de 1939:
>
> O diretor pelo Reich Boulher e o Dr. Brandt estão encarregados, sob sua responsabilidade, de ampliar as competências de médicos, especificamente designados, de maneira que, de acordo com todas as considerações humanas, a morte concedida por piedade possa ser dada a doentes incuráveis após a avaliação mais crítica de seus estados de saúde.
>
> Assinado: **Adolf Hitler**.[5]

A ação foi cancelada por Hitler no dia 24 de agosto de 1941, depois de inúmeros protestos e da morte de 70.000 a 93.521 pessoas. Ela continuou, de fato, de maneira mais discreta (mas não de modo menos brutal) até o fim da guerra.

Tanto como para o caso Catesby, podemos imaginar nesse exemplo a possibilidade de que sejam, realmente, a carta de Hitler ou a injunção de Buckingham normas jurídicas. Elas, obviamente, não as são se agregarmos um critério moral, mas a análise moral dessas situações não é o que interessa aqui. O problema é saber em qual medida um sistema jurídico, independentemente de suas eventuais qualidades morais, é capaz de gerar situações tais como aquelas mencionadas nos dois exemplos.

Com a ordem das competências no Terceiro *Reich*, após a Lei de Habilitação do dia 24 de março de 1933, a qual atribuiu a competência legislativa ao governo, mesmo se afastando da Constituição, a lei sobre a reconstrução do *Reich*, do dia 30 de janeiro de 1934, autorizando a elaboração de normas até mesmo constitucionais, a Lei do dia 14 de fevereiro de 1934, abolindo o *Reichstag* como Parlamento representativo, e a Lei sobre o Chefe de Estado, do dia 1º de agosto de 1934, reunindo as funções de Presidente e de Chanceler, Hitler dispunha, incontestavelmente, da competência de elaborar toda norma que ele achasse melhor, visto que esses atos miravam, precisamente, a atribuição de todas as competências unicamente ao *Führer*.

O artigo 3º da Lei de Habilitação tinha, contudo, mantido a exigência da publicação na *Gazeta das Leis do Reich* como condição de validade. De acordo com a hipótese, tratava-se de uma carta secreta; portanto, segundo os critérios do

---

5 **Nota do tradutor (NT)**: a fonte primária que leva a informações como esta se encontra In: FRIEDLANDER, Henry. **The Origins of Nazi Genocide**: From Euthanasia to the Final Solution. 3rd ed. Raleigh: University of North Carolina Press, 1997. p. 67.

sistema jurídico alemão da época, não dispunha de nenhuma forma de validade[6]. Contudo, levando em consideração que esse sistema se inspirava igualmente no princípio da vontade do Führer e da "sã consciência jurídica popular", podemos pensar que, em relação aos atos secretos, dependendo da vontade autêntica do Führer, poderia ser reconhecida uma validade nesse sistema. Por outro lado – obviamente fora de toda consideração histórico-política, de todo jeito perfeitamente inverificável –, poderá parecer problemático que a vontade autêntica do Chefe de Estado deva se expressar para uma questão tão grave por meio de uma carta estritamente secreta.

Suponhamos, agora, que Ricardo III ou Hitler teriam, de acordo com os critérios de validade em vigor (então, por exemplo, respeitando o procedimento do artigo 3º da Lei de Habilitação do dia 24 de março de 1933), modificado as regras de tal modo que normas secretas seriam autorizadas e válidas se elas proviessem, autenticamente, do órgão competente. Tal disposição teria legalizado a carta secreta (admitindo que a carta fosse efetivamente autêntica); ela deixaria, provavelmente, pendente a legalidade dos atos de Catesby cujas condições de elaboração são bem mais vagas, até mesmo quando os termos dessas obrigações são bem mais precisos. Contudo, nos dois casos e em muitos outros, as normas secretas originárias ou não originárias permanecem dados residuais, de acordo com a estratégia definida por Maquiavel.

Imaginemos agora um sistema jurídico em que todas as normas sejam secretas. Na primeira variante, existiria pelo menos uma norma pública instituindo o Estado de Direito secreto; na segunda, haveria somente normas secretas, inclusive a primeira. Mas se a corrente normativa formal parece mais claramente estabelecida no primeiro caso, os dois sistemas enfrentariam logo sérias dificuldades, pois, por hipótese, só poderia haver, fora da habilitação inicial, apenas normas individuais, e nenhuma norma individual poderia considerar nenhuma outra norma individual, com a exceção daquela que a precede imediatamente na corrente de atos. A carta secreta mostra apropriadamente essas dificuldades, pois ela somente atribui a competência de delegar competências por uma sequência de atos individuais de natureza perfeitamente opaca e por uma autorização de agir, implicando, de fato, não só um poder discricionário, mas também uma cláusula de proporcionalidade relativamente estrita e, nesse caso, perfeitamente inaplicável. Além disso, por hipótese, não poderia haver nenhuma contestação, nenhum procedimento de controle, nenhum procedimento geral de modificação. No segundo caso, não poderia nem haver norma de identificação de normas; em outras palavras, não haveria nenhum critério normativo de validade. No

---

6 Nossa análise se baseia no estudo muito interessante de Walter Ott, Der Euthanasie-Befehl Hitlers vom 1. September, 1939, in: *Festschrift Robert Walter*, Wien, Manz, p. 519-533. Cf. principalmente Klee, "Euthanasie" im NS Staat. Die "Vernichtung lebensunwerten Lebens", 1983.

primeiro caso, existiria, pelo menos, uma tentativa de defini-lo. Mas seria impossível aplicá-lo, visto que toda nova norma poderia introduzir outra sem que nenhuma coordenação fosse possível.

O curto-circuito se produz lá onde cada norma individual secreta pode ser objeto de outra norma individual secreta, indo em sentido oposto. Seria um universo, tecnicamente, muito arbitrário, não somente desprovido de regulação geral, mas de onde nenhum conjunto de regulações individuais poderia emergir.

Mesmo se todos os problemas factuais de coordenação pudessem encontrar uma solução (por exemplo, segundo um modelo da "mão invisível"), o Estado de Direito secreto só poderia funcionar em uma sociedade de anjos ou de demônios que, justamente, respeitariam regras gerais de confiança absoluta em seus chefes imediatos, como vindo de outros chefes mediatos e todos validados por uma mesma legitimidade intrassistemática. E os sistemas concebidos no modelo do Estado de Direito secreto não são mais que subconjuntos de sistemas públicos ou de organizações criminosas (no sentido do sistema jurídico no qual elas inscrevem sua ação, podendo se tratar tanto de uma nobre organização de resistência quanto de terrorismo muito pouco recomendável), que se baseiam em regras públicas que as servem e de regras gerais que constituem um código de pertinência. Os sistemas secretos são sistemas de segredo interno, e não de segredo estrito. O segredo interno reforça a coordenação e permite a passagem do "hiperarbitrário" ao arbitrário.

As normas secretas podem estar, então, ao contrário do que pensam os naturalistas do Estado de Direito, num sistema jurídico, mas não podem constituir sozinhas tal sistema. Por isso, é mesmo uma questão política e moral saber se, e em qual medida, uma ordem jurídica deve proceder à integração de normas secretas como normas de segredo.

Sem dúvida, existe uma diferença importante em seu modo de construção. Elas podem estar situadas em algum lugar mais ou menos elevado na hierarquia das normas; elas podem constituir permissões para conjuntos de ações individuais estritamente definidos sem outro grau de concretização ou, ao contrário, admitir tal concretização ulterior e, até mesmo, um caráter derrogatório em relação a outras regras públicas. A tradução jurídica do princípio político do Estado de Direito liberal no qual as normas de segredo são permissões constitucionais ou convencionais fazendo parte dos direitos fundamentais, ou normas legislativas concretizando esses direitos sob o controle de um juiz constitucional ou convencional, ou, ainda, normas legislativas abrindo novos espaços de liberdade (isto é, permissões) estritamente regulamentados como aqueles que discutimos em termos de direito da filiação ou de comunicação de dados medicais. A única concretização normativa que admitimos nessa área permanece sendo o acesso que o beneficiário do segredo pode, mas não é obrigado a dar para ninguém. É essa autorização que delimita as ações permitidas e as ações repreensíveis por parte daquele ou daquela que não é o beneficiário imediato. Em contrapartida, esse mesmo princípio torna extremamente problemática a produção de normas secretas em caráter derrogatório, até mesmo quando poderíamos invocar um interesse superior, eventualmente dedutível de regras constitucionais.

Eventualmente, normas de segredo tem um caráter obrigatório; elas fazem, então, parte de procedimentos de concretização de regras públicas gerais.

A justificação intrajurídica parece sempre se situar no plano da mais estrita aplicação dessas regras gerais e da proteção das pessoas visadas por esses procedimentos ou implicadas em sua implementação, como para o segredo da instrução ou para o segredo da deliberação de um órgão colegial.

As normas de segredo que não admitem concretização jurídica ulterior, mas cuja violação é sujeita a um controle, são em princípio compatíveis com a coerência do sistema. A autorização de normas secretas, qualquer que seja o grau de precisão e, portanto, de limitação das competências dos órgãos encarregados, está sempre sujeita a produzir incoerências, visto que ela não permite fechar estritamente a evolução para um sistema de segredo interno desenvolvendo sua própria autonomia e se baseando de maneira parasitária no quadro geral do sistema público.

O problema da evolução do Direito atual parece resultar da multiplicação e da complexidade das normas do segredo, por um lado, e do caráter moralmente controvertido da sua justificação, por outro. Mesmo que exista incontestavelmente um consenso liberal includente do princípio de que certos conjuntos de ações devem poder se beneficiar de uma exclusão do saber em relação a toda pessoa externa não autorizada e em relação a toda autoridade, o conteúdo concreto e a extensão dessas permissões são, cada vez mais, dificilmente discutidos. Isso não diz respeito, somente, a casos de segredo obrigatório como a instrução ou a deliberação. Os progressos tecnológicos e as ameaças reais ou imaginárias sobre a segurança poderiam assim tornar cada vez mais indeterminado o consenso liberal mínimo. O segredo da correspondência foi uma das conquistas constitutivas dos direitos fundamentais. A correspondência contemporânea, **cada vez mais eletrônica**, está sendo excluída progressivamente do benefício jurídico do segredo (a questão da falsidade do segredo informático é uma questão informática).

Se o filósofo político tiver de dizer qual parte do segredo constitui a condição necessária de uma sociedade livre, o jurista deve se interrogar sobre o grau de coerência do sistema para o qual nós evoluímos. Quanto mais forte for a exigência de segurança, mais dispostos apelaremos para o Catesby a fim de desenvolver sistemas de segredo interno.

Capítulo 2
O estatuto da vontade na definição positivista da norma jurídica

Segundo a famosa fórmula de Kelsen, "*a norma é a significação (Sinn) de um ato de vontade*"[1]. Pergunta-se imediatamente: essa é mesmo uma definição positivista e se ela deixa transparecer a "vontade" como elemento constitutivo da norma jurídica? Se for, qual é a vontade cuja norma é a significação?

De qualquer maneira, essa vontade não tem, como tal, nada em comum com a vontade considerada e, com razão, como um dado elementar do direito. Admitindo, provisoriamente, um uso ingênuo do termo *positivo*, a vontade aparece, incontestavelmente, como um dos objetos primeiros de nossos sistemas jurídicos positivos, sendo ela o objeto de normas constitutivas, por exemplo, do chamado *Direito privado*. Contudo, a questão que nos interessa não vem do Direito positivo, já que se trata de saber em que a vontade poderia ser constitutiva no que toca às próprias normas jurídicas, em outros termos: por qual razão ela constitui um objeto teórico?

Chamarei *positivismo jurídico* uma teoria que admite como "jurídicos" somente objetos que têm suportes observáveis originados de fatos humanos. O positivismo jurídico normativista será, no entanto, uma teoria positivista que considera como jurídica somente uma categoria ou certo conjunto de categorias de normas. Essas concepções enfrentam, geralmente, uma grande dificuldade, pois a mensagem de uma norma não depende da observação – pelo fato de ela fazer referência ao "dever-ser" –, sendo, então, algo que não pode ser percebida como tal. Se não reduzir o normativo ao factual e, portanto, abandonar sua especificidade, uma posição positivista normativista vai ter que encontrar um suporte factual observável por uma mensagem que não é. Entre vários candidatos possíveis, uma boa estratégia científica procurará por esse suporte factual de tal maneira que ele seja mais facilmente identificável, a fim de que ele permita o acesso mais direto à análise dos dados normativos propriamente ditos.

Essa escolha se vê logo confrontada com o seguinte dilema: ou escolhemos um suporte em certas classes de atividades humanas, ou nos baseamos em resultados ou, mais exatamente, em uma classe de objetos considerados como resultados de tal atividade. A primeira estratégia terá a vantagem de voltar à origem causal da normatividade e o inconveniente de mobilizar um conjunto de fatos de uma imensa complexidade na qual o controle científico estará longe de ser alcançado; a segunda evitará, de fato, essas dificuldades, mas ela não poderá dizer mais nada em relação à atividade humana cuja norma procede e deverá consequentemente integrar essa dimensão causal com ajuda de postulados.

---

1   Hans Kelsen, *Reine Rechtslehre* (2. ed.), Vienne Deutickre, 1960 (Tradução do francês, Charles Eisenmann, Paris, Dalloz, 1961, grifo do original).

Duas teorias ilustram essas escolhas opostas. Uma se baseia na "vontade" – chamaremos de *bulética*[2] –, a outra sobre "fatos de linguagem" – chamaremos de *linguística*. Aceitando nossa terminologia, a teoria de Kelsen é mesmo positivista e bulética; a vontade é mesmo, aqui, constitutiva na definição da norma. Porém, certos argumentos podem ser avançados em favor da tese segundo a qual a vontade se trata, na verdade, de um elemento secundário da norma. Não só a teoria analítica pós-kelseniana perdeu o interesse pela vontade, mas a própria teoria kelseniana não precisaria "mais" dela.

Na concepção "bulética" que Kelsen desenvolve na segunda edição de *Teoria Pura do Direito*, a vontade é introduzida como um dado que não tem nada de problemático. Nos escritos tardios e, especificamente, em *Teoria Geral das Normas*[3], ela é mantida e, até mesmo, reforçada, entretanto são outros elementos que chamam não só a atenção do autor, mas também a atenção dos críticos. As considerações sobre a relação entre normas e lógica e, portanto, sobre o estatuto do raciocínio provocam importantes controvérsias, mas não tanto no que tange à questão da vontade[4].

Além do mais, a concepção bulética estrita parece não ser usada mais na Teoria do Direito e tampouco pelos que reclamam de Kelsen[5]. Os autores que se interrogam sobre a natureza da norma têm menos interesse em seu suporte causal do que em seu espírito linguístico, e o próprio Kelsen parece estar mais ligado à análise de sua formulação (o *Rechtssatz* ou *Normsatz*: o enunciado normativo[6]) e de sua função (tornar obrigatório, permitir ou proibir certo comportamento humano)[7] do que sobre a natureza exata dos fatos dos quais ela provém.

---

2   **Nota do Tradutor (NT):** em francês, "*boulétique*". A origem dessa palavra vem do grego "βουλειν" e quer dizer "querer" ("vouloir", em francês). Bulética é um termo técnico da lógica deôntica, largamente usado nos trabalhos de Carlos Alchourrón e Eugenio Bulygin (1981), e em outros. Por exemplo: "The Expressive Conception of Norms", in: New Studies in Deontic Logic. Norms, Actions, and the Foundations of Ethics, ed. por R. Hilpinen, pp. 95-124. Dordrecht-Boston: D. Reidel, Carlos Alchourrón e Eugenio Bulygin (1993). "On the Logic of Normative Systems", in: Pragmatik Handbuch pragmatischen Denkens. Band IV. Sprachphilosophie, Sprachpragmatik und formative Pragmatik, ed. por Herbert Stachowiak, p. 273-294. Hamburg Felix Meiner Verlag. Perífrases (palavras relacionadas): vontade; temor; lamento. Para os fins desta tradução, assume-se como bulética a teoria de Kelsen – explicada por Pfersmann – baseada na **vontade**, no **querer**.
3   Hans Kelsen, *Allgemeine Theorie der Normen, Im Auftrag, des Hans-Kelsen-Instituts aus dem Nachlaß herausgegeben von Kurt Ringhofer und Robert Walter*, Wien, Manz, 1979, Trad. francês: Oliver Beaud e Fabrice Malkani, PUF "Leviathan", 1996 (Otto Pfersmann, sumário, Droits, 26 (1997), p. 197-207).
4   Otto Pfersmann, op. cit.
5   V. p. ex. Rudolf Thienel, "Der Rechtsbegriff der Reinen Rechtslehre. Eine Standortbestimmung", in: Heinz Schäffer et al. (Ed.) *Staat-Verfassung-Verwaltung Festschrift für Friedrich Koja*, Wien, New York, springer, 1997, p. 161-200, especialmente p. 177 e ss.
6   Essa preocupação aparece, claramente, ainda em seus primeiros livros, como se percebe, por exemplo, no título da tese de habilitação: *Hauptprobleme der Staatsrechtslehre entwickelt aus der Lehre wom Rechtssatz*, Tübingen, 1911 (2. ed., 1993).
7   P. ex. *Reine Rechtslehre*, op. cit., p. 15.

Talvez não seja surpreendente tratar o protagonista da Teoria Bulética como defensor de uma variante da Teoria Linguística. De fato, as classificações, em termos de ontologia das normas, desenvolvem uma tipologia das funções do enunciado normativo, e não das concepções alternativas do suporte. Aquela mais discutida é, obviamente, a da clássica distinção avançada por Alchourrón e Bulygin, segundo a qual se deveria opor, por um lado, uma concepção **material** – considerando as normas como entidades ideias – e, por outro lado, uma concepção **expressiva**, imaginando as normas como mandamentos, como resultados do uso prescritivo da linguagem[8]. Essas duas concepções têm em comum o fato de partirem de circunstâncias linguísticas dadas. Para o materialista, que é, de fato, um idealista, as normas são de fato os significados de expressões; para o expressionista, o caráter normativo de um fato linguístico provém de seu contexto pragmático. A expressão "é proibido fumar" será para uma ou para outra o suporte de uma norma; no primeiro caso, esse enunciado normativo terá um significado de que é proibido fumar; no segundo, a expressão é uma ordem que deve ser distinta da proposta que afirma a existência.

A concepção linguística apresenta, incontestavelmente, importantes vantagens, pois ela parece neutralizar a problemática ontológica e a substituir a questão da vontade por uma problemática de análise do discurso. Mas é por essa própria razão que ela contém, também, inconvenientes. Pois, justamente, o que gostaríamos de saber é como conseguimos identificar os fatos linguísticos que serão interpretados em seguida, de acordo com concepções diferentes. Ora, se a concepção expressiva invoca, aqui, o conceito pragmático, ela apela, por hipótese, a dados extralinguísticos e quando a concepção material se aproveita de significados que são entidades ideais, não é, tampouco, o fato linguístico bruto que permitirá determiná-la com exatidão.

Além do mais, a concepção linguística da ontologia das normas não permite, por definição, o registro de procedimentos para os quais o suporte empírico originário da norma não seja um fato de linguagem. De fato, a classificação argentina reivindica a integralidade e tem a finalidade de dar conta de duas

---

8   Carlos Alchourrón e Eugenio Bulygin, The expressive conception of norms, in: Risto Hilpinen (Dir.). **New Studies in deontic Logic**. Dordrecht, Reidel, 1981. p. 95-125; Eugenio Bulygin, Norms and logic: Kelsen and Weinberger on the Ontology of Norms, *Law and Philosophy*, v. 4, (1985), p. 145-163; Michel Troper, Les thèses volontaristes du droit: ontologie et théorie de la science du droit, in: do mesmo autor, *Pour une théorie juridique de l'État*, Paris, PUF, "Léviathan", 1994, p. 57 e ss.

ontologias consideradas como complementares e conjuntamente exclusivas, e a concepção que Alchourrón e Bulygin chamam de *expressiva* é atribuída a Kelsen[9].

A definição kelseniana deixa intervir em outros dados que aqueles que lhe dão Alchourrón-Bulygin. De fato, a definição "a norma é a significação de um ato de vontade" está incompleta. É preciso, também, que essa definição tenha por objeto tornar para outro, obrigatório, proibido, permitido ou habilitado certo comportamento[10]; também, que o ato (de vontade) seja, por sua vez, qualificado por outra norma[11] e, enfim, para que se trate de uma norma jurídica, é preciso que ela faça parte de um sistema normativo geralmente eficaz e sancionado[12], sendo a sanção última um ato de obrigação.

O fato linguístico não desapareceu. Primeiro, a norma "tem como expressão linguística um imperativo ou um enunciado normativo (sollsatz)"[13]. Kelsen usa, em seguida, esse mesmo termo *Sollsatz* para designar o enunciado que tem como **objeto** uma norma, que constitui a descrição. Ainda que terminologicamente confundidas, a expressão linguística do ato de vontade e a descrição da significação do ato de vontade não são a mesma coisa.

Assim, vários fatos de linguagem são ligados à norma, e podemos até afirmar que a Teoria Pura, como teoria, é, principalmente, uma teoria do *Rechtssatz*, uma metateoria da doutrina como fenômeno discursivo, tendo, por objeto, normas.

A tese implícita da teoria linguística poderia, então, conduzir à crença de que o problema da causa seja destacável daquele da função da norma e que somente este merece um verdadeiro exame. Se a teoria linguística dominadora parece, assim, poder dispensar e, até mesmo, proibir a reflexão sobre o ato de vontade, qual seria então a função da Teoria Bulética? Paradoxalmente, ela (a Teoria Bulética) poderia demonstrar o interesse da teoria linguística. É a tese que procuraremos apoiar: **a procura de uma concepção positivista normativista se desenha por meio da eliminação sucessiva de três escolhas: o psicologismo, o idealismo, o realismo.**

---

9 Admitimos, para simplificar, que se trata do Kelsen do terceiro e do quarto períodos correspondentes, respectivamente, à publicação da segunda edição da *Théorie Pure du Droit* e da *Théorie Générale des Normes*. Adotaremos, aqui, a classificação seguinte: o primeiro período é aquele que começa com a publicação da tese de habilitação e termina no momento em que Kelsen é obrigado a revisar seu sistema para incluir a dimensão dinâmica. O segundo período chega à maturidade com a publicação da primeira edição da *Théorie Pure du Droit* (1934), mas inclui o início da emigração americana.
10 P. ex. Kelsen, *Reine Rechtslehre*, p. 10: Allgemeine Theorie der Normen, p. 76 e ss.
11 *Reine Rechtslehre*, p. 7 e ss.
12 Sobre a relação entre eficácia, sanção e validade, Otto Pfersmann, "Pour une typologie modale de classes de validité normative", in: Jean-Luc Petit (Dir.), *La querelle des normes. Hommage à Georg Henrik von Wright*, Cahiers de Philosophie Politique et Juridique de l'Université de Caen, n. 27 (1995), p. 69-113.
13 *Théorie Générale des Normes*, p. 2 (Trad. Otto Pfersmann – **OP**). Outros tradutores colocam "proposta normative" para Sollsatz; proposta como sendo o significado do enunciado. Parece-me que a expressão *enunciado* é a mais precisa para marcar uma "expressão linguística" (OP).

2.1 A crítica do psicologismo

Kelsen não é, obviamente, nem o primeiro nem o único a definir a norma e, mais especificamente, a norma jurídica com ajuda da vontade[14]. É, sobretudo, comparando Kelsen com os autores que o influenciaram que encontramos semelhanças surpreendentes. Ernst Rudolf Bierling, por exemplo, definia a norma jurídica, em 1894, em um livro que o Kelsen do primeiro período consultou amplamente[15], como "a expressão de um querer que espera sua realização por outros, é a expressão da posição de um objetivo tal como aquele que quer ou que é pensado como querendo, coloca o objetivo, não para ele próprio, mas para um outro, e isto sem consideração da pessoa que quer, ela mesma, nem sem consideração do ato da vontade como tal". Na verdade, é a semelhança com o Kelsen do último período que é chocante. Segundo a Teoria Geral das Normas, de fato, o *Sollen* está sempre destinado a outro, até mesmo quando uma ordem é imposta a si própria, pois então o eu destinatário é considerado como outro (um *alter ego*)[16], o que o jurista alemão denomina "querer", parecendo ser, na verdade, o fato de querer, concretamente, a realização de um comportamento, trazido por Kelsen como ato de vontade. Enfim, se Bierling exige a não consideração de si mesmo e do ato de vontade, o imperativo pode ser, assim, distinto do julgamento que o descreve, ou seja, para Kelsen, do *Sollsatz*.

No entanto, essa afinidade é altamente problemática, como seria problemático, de modo geral, interpretar a teoria kelseniana com a única luz dos textos dos anos sessenta. De fato, no período durante o qual Kelsen estuda as tradições alemã e austríaca, ele se opõe à Teoria da Vontade, que é predominante[17], e se junta a outra, amplamente estrangeira ao pensamento jurídico. Se Zitelmann[18],

---

14 Ela não está ausente da tradição filosófica. Definindo o Direito em uma perspectiva naturalista, Kant percebe o conceito das condições sob as quais a livre vontade de alguns pode ser unida àquela de outros sob uma lei geral da liberdade (*Méta-physique des mœurs, doctrine du droit*, A 33). Para Hegel (*Philosoplie der Religion*, Frankfurt am Main, Suhramp, 1969, Werkausgabe. v. 16, p. 17), é a vontade que dá a si própria objetivos absolutos, ou seja, o Direito. Contudo, é a definição positivista da norma que nos interessa.
15 Ernst Rudolf Bierling, *Juristische Prinzipienlehre*, v. 1. Freiburg im Breisgau e Leipzig, Mohr, 1894, p. 29. Kelsen entende esse livro como "o exame mais profundo e vasto sobre o conceito de norma jurídica" (*Haupt probleme*, p. 210).
16 *Allgemeine Theorie der Norme*, p. 121.
17 V. a crítica de Bierling, in: *Hauptprobleme* (op. cit., n. 2, p. 85), p. 210.
18 *Irrtum und Rechtsgeschäft*, Leipzig, 1897.

Wundt[19], Bierling, Gierke[20] ou Stammler[21] e muitos outros insistem na relação – expressiva – entre normas e vontade, eles consideram essa relação como integrante da área da causalidade. Ora, isso é impossível em relação a uma teoria do direito que distingue, estritamente, ser e dever-ser, e isso por razões próprias que invoca a teoria psicológica empírica do fim do século. Segundo seus dados, a vontade é, empiricamente, acessível por via introspectiva. Ela escapa, então, integralmente, da observação externa que permitiria fazer dela a causa conhecível de um evento determinado. Em segundo lugar, mesmo sendo impossível descrever fatos de vontade constitutivos da emergência da norma, esses dados não teriam nenhum valor explicativo, visto que ela depende das ciências da natureza, operando com ajuda da causalidade, isto é, do ser, e não do dever-ser. A "vontade" é, na verdade, uma forma de pensamento que a Psicologia emprestou ao Direito. Segundo o Kelsen de 1911, a vontade é somente um esquema normativo de imputação, ela existe desde que o Direito construiu, assim, a relação entre um evento e seu autor[22].

Mas isso só diz respeito à vontade, de maneira geral, e não ensina nada (ainda) sobre a maneira na qual esse esquema poderia intervir na definição da norma. Ora, **a norma é imputável ao Estado**. Para ela, o Estado manifesta sua vontade. Se a vontade é, genericamente, apenas um esquema de imputação, essa vontade do Estado não saberia ser, ainda menos que esta, um dado psicológico. Ela se confunde, na verdade, pura e simplesmente com a norma que obriga os órgãos do Estado a sancionar as infrações dos indivíduos; em outros termos, a vontade do Estado obriga somente ele próprio[23]. O que é, então, exatamente o Estado? Kelsen dá duas respostas diferentes – para não dizer antagônicas – das quais uma responde à exigência de identificar um suporte último sem, no entanto, resolver o problema de sua natureza ontológica; a outra, ao contrário, visa à eliminação do dualismo, opondo Estado e sistema jurídico. Por um lado, ele considera que **o Estado é o suporte do Direito**. Por outro, ele o identifica na ordem jurídica (*Rechtsordnung*)[24].

---

19 Wilhelm Wundt, Ethik, *Eine Untersuchung der Tatsachen und Gesetze des sittlichen Lebens*, Stuttgart, Ferdinand Enke, 1924 (5. ed.).
20 Otto von Gierke, "Die Grundbegriffe des Staatsrechtes und die neuesten Staatsrechtstheorien", in: *Zeitschrift für die gesainte Staatswissenschaft*, 30, (1874).
21 Rudolf Stammler, *Theorie der Rechtswissenschaft*, Halle an der Saale, Buchhandlung des Waisenhauses, 1911, p. 92: "Als ein solches verbindendes Wollen ist num das Recht zu nehmen". Ele considera, no entanto, esse querer como algo específico, que deve ser destacado dos conteúdos de vontade dos indivíduos (p. 93).
22 *Hauptprobleme*, p. 145: "essa construção, pensada no interior do homem como ponto final da imputação e nada mais, é o que a terminologia da ética ou da doutrina jurídica designa como a 'vontade'".
23 *Hauptprobleme*, p. 207.
24 *Hauptprobleme*, p. 233.

Kelsen encontra, assim, algumas tendências do neokantismo[25], frutos da fenomenologia[26] nascente, procurando extirpar o psicologismo da teoria do conhecimento como teorias explicativas. Ele próprio está retrospectivamente impressionado pelo parentesco de seu pensamento com certos aspectos daqueles de Hermann Cohen[27], em seu *Ética da vontade pura*[28] (vontade que não exatamente uma vontade psicológica). Contudo, seguindo o procedimento de erradicação da vontade psicológica da área propriamente normativa, podemos fazer a pergunta de saber em que consiste, então, o suporte da norma. Kelsen dá como resposta o *Rechtssatz*, o enunciado normativo do qual a teoria constitui o fundamento de toda a Ciência do Direito e do Estado, conforme lembra, explicitamente, o título de sua tese de habilitação.

A erradicação do psicologismo transforma a vontade em estrutura (esquema de imputação) ou em entidade normativa (a "vontade" do Estado); ela **não intervém em nenhum nível pouco na definição da norma**, ela é o eventual objeto. A Teoria da Norma Jurídica se baseia, então, aqui, em uma variante precoce (bem anterior ao Ludwig Wittgenstein da primeira fase) da Teoria Linguística, que considera, implicitamente, os enunciados normativos como dados primitivos, diretamente identificáveis e, principalmente, como os únicos elementos pertinentes da Ciência do Direito. Ela subsiste em uma hesitação, já que o Estado pode ser concebido como o suporte último inexplicável ou como ordem normativa, em seu geral, mas, nesse caso, não será possível continuar a pesquisa da positividade além do *Rechtssatz*, que é testemunho. No entanto, a primeira versão da Teoria da Vontade contém outro aspecto cuja generalização pode, por sua vez, levar a uma teoria derivada.

---

25 Stanley Paulson, "Zur neukantianischen Diemension der Reinen Rechtslehre", in: Stanley Paulson (Dir.), *Fritz Sander, Hans Kelsen, die Rolle des Neukantianischen in der Reinen Rechtslehre*, Aalen Scientia, 1988, p. 7-22; Helmut Holzhey, "Kelsen Rechts-und Staatslehre in ihrem Verhältnis zum Neukantianismus", in: Stanley Paulson e Robert Walter (Eds.). *Untersuchungen zur Reinen Rechtslehre*, Wien, Manz, 1986, p. 167-192.
26 **Nota do tradutor (NT):** a Fenomenologia [com] Psicologia alcançaria(m) seu ápice com os estudos desenvolvidos por Edmund Husserl e pela sua assistente, a Santa Edith Stein.
27 *Hauptprobleme*, p. XVII: "é graças à interpretação que Cohen dá a Kant, especialmente no seu *Éthique de la volonté pure*, que pude adotar o ponto de vista decisivo em termos de teoria do conhecimento, com a ajuda do qual, unicamente, era possível ajustar corretamente os conceitos de Estado e de Direito" (Trad. Otto Pfersmann).
28 Hermann Cohen, *Ethik des reinen Willens*, Berlin, Bruno Cassirer, 1907 (2. ed.): sobre a contribuição de Cohen à Teoria do Direito, v. o excelente estudo de *Eggert Winter, Ethik und Rechtwinssenschaft*, Berlin, Duncher & Humblot, 1979.

2.2 A crítica do idealismo

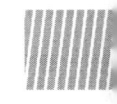

O desenvolvimento da Teoria Pura levará Kelsen a abandonar, ao mesmo tempo, a visão estática do universo normativo e certos aspectos da Teoria Linguística que devia justificá-lo; ela o levará a uma crítica radical de toda idealização do sistema jurídico.

O suporte da norma enquanto suporte da hierarquia das normas: voltemos um instante para a primeira crítica kelseniana do psicologismo. A vontade, no sentido jurídico, é somente uma construção. É, assim, completamente inapropriado falar da vontade do Parlamento, falar da vontade do Estado num sentido outro, figurado ou jurídico, como também é impróprio falar da vontade, ainda que de um indivíduo, como se ela fosse um dado natural e, ao mesmo tempo, juridicamente pertinente. A **Teoria Jurídica da Vontade** permite, então, separar, estritamente, a construção normativa da realidade casual, ao passo que a Teoria Tradicional deveria, necessariamente, confundi-las e, até mesmo, identificá-las. Lembramos, assim, dos esforços consideráveis que a doutrina alemã, tanto jurídica quanto psicológica, desenvolveu para compreender a vontade coletiva como uma coisa jurídica e real[29]. Se aceitarmos a distinção kelseniana, concluiremos que o legislador, o Estado ou os contratantes não querem nada, mas que a norma os faz querer, ao passo que outros querem sem que a norma não assim determine.

A teoria da vontade se inscreverá, assim, em uma crítica das ideologias[30], isto é, o fato de fazer passar o normativo por um causal ou, ao inverso, de contaminar os modos de explicação.

Agora, vamos generalizar. Sempre há uma sequência causal entre os fenômenos e sempre há, então, atos de conduta humana real e concreta por trás de toda construção normativa. Os atos de conduta humana não existem independentemente da realidade causal, até mesmo quando não podemos, intrinsecamente, explicá-los a partir dos dados desta. Convém, portanto, operar uma revisão fundamental da teoria nesse sentido de que é preciso integrar o aspecto dinâmico mais conhecido sob a denominação frequentemente problemática de hierárquica[31]. Essa modificação permite adstringir a concepção positivista, visto

---

29 V. principalmente Gierke e Wundt, n. 5 e 6, p. 88.
30 V. as contribuições in: Krawietz, Topitsch, Koller (Dir.), *Ideologiekrink and Demokratietheorie bei Hans Keslen*, Rechtstheorie, Beiheft 4, 1982, especialmente Clemens Jabloner, "Bemerkungen zu Kelsens Vergeltung und Kausalisät, besonders zur Naturdeutung der Primitiven", p. 47 e ss. Assim como a obra do mesmo autor, "Ideologiekritik bei Kelsen", in: Robert Walter (Dir.), *Schwerpunkte der Reinen Rechtslehre*, Wien, Manz, 1992, p. 97-106.
31 V. Otto Pfersmann, "Carré de Malberg et la 'hiérarchie des normes'", *Revue Française de Droit Constitutionnel*, n. 31, (1997), p. 481-509; do mesmo autor, "Das problem des normativen Empirismus, Aspekte des Rezeption der Reinen Rechtslehre in Frankreich" (*Aspects de la réception de la Théorie pure du droit en France*), France-Autriche (Dir. Friedrich Koja, Otto Pfersmann), *Analyse des perceptions et influences mutuelles depuis 1918*, Vienne, Cologne, Weimar, 1994, p. 159-181.

que ela nos obriga a considerar o sistema jurídico como um conjunto de atos de estabelecimento, ou de destruição normativos, que seguem e se condicionam em cascata. Não pode, então, haver norma sem ato concreto e real que a coloque, que a estabeleça. É a partir deste momento que recorremos à vontade como faculdade intencional de exigir a realização de certo estado das coisas no mundo[32]. Não haverá norma sem ato de vontade. Ora, assim, abandonamos a Teoria Linguística.

O que mira, aqui, a crítica implícita de Kelsen é uma concepção idealista da norma que apresenta certas semelhanças com o que Alchourrón e Bulygin chamarão, de modo paradoxal, de **materialismo**. A crítica ao idealismo nunca é articulada, como tal, por Kelsen[33], mas é óbvio que, com o abandono da Teoria Linguística, torna-se impossível manter as normas na concepção de um universo ideal e inteiramente autônomo, desde que existam enunciados que o expressem. As normas não podem existir independentemente de um fato de conduta humana que as coloca, elas não existem por si próprias, de modo que o espírito poderia se contentar em descobri-las. Elas não existem, obviamente, "nas coisas", conforme o afirmam tanto o jusnaturalismo quanto o sociologismo, o que não implica dizer que se encontrem tampouco "no espírito".

Ora, seguindo esse caminho, somos obrigados a procurar um suporte de positividade. É preciso que um evento real possa ser identificado como suporte. O objeto da norma é o fato de tornar obrigatório, proibido, permitido ou habilitado certo comportamento humano. Daqui em diante, um ato humano que tenha isso como objeto só pode ser um ato de vontade, já que a vontade é, precisamente, essa faculdade pela qual se articula a exigência de um objetivo.

Assim, lentamente, a partir de seu segundo período, mas principalmente durante o terceiro e o quarto períodos, Kelsen parece não só renunciar à precaução explícita da crítica do psicologismo, mas até mesmo assumir, por sua vez, uma concepção psicológica, pelo menos concreta, da vontade. Em 1911, Kelsen dedica centenas de páginas à contradição da "Teoria da Vontade 'não jurídica'", na segunda edição de *Teoria Pura do Direito* ou de *Teoria Geral das Normas*, afirmando que a vontade é uma condição necessária da norma, mas que não existe nenhuma explicação relativa à natureza da vontade, a não ser que se trate do que tem intencionalmente por objeto a realização de uma certa ação humana[34]. Comparativamente ao que desenvolveu em *Teoria Pura do Direito*, Kelsen ainda vai radicalizar essa relação na obra *Teoria Geral das Normas*, quando aduz que uma norma não saberia existir sem ato de vontade, pois não existe – diz Kelsen

---

32 *Reine Rechtslehre*, p. 4: "Tal é o sentido de certos atos humanos cuja operação intencional diz respeito ao comportamento do outro": "vontade" é, então, implicitamente, definida como ato cognitivo desrespeitando o comportamento de outro.

33 V. Michael Thaler, "Erzeugungrregeln und juristische Auslegung", *Österreichische Furistenzeitung*, 37 (1982), p. 85-92.

34 V. n. 1, p. 92.

usando a fórmula de Walter Dubislav – imperativo sem imperador, nem comando sem comandante[35].

A crítica do axioma da racionalidade do Direito: essa voluntarização da concepção da norma leva a consequências extremamente importantes. Já que não podem haver normas sem ato concreto de vontade, será impossível aplicar a lógica diretamente às normas, pois, para passar do geral ao particular, um ato de edição normativa deverá sempre intervir, haja vista que nada permite entender que a individualização normativa decorra naturalmente da norma geral sem a prática do ato de vontade. Frise-se que esta não é a única razão que leva Kelsen a essa conclusão, mas a Teoria da Vontade se torna assim um desafio para a logicidade própria do sistema e do raciocínio jurídicos[36].

A crítica ao idealismo se mostra particularmente virulenta quando Kelsen, em *Teoria Geral das Normas*, expõe a problemática dos conflitos normativos[37]. Enquanto conflitos, no sentido estrito, ainda são considerados inconcebíveis na segunda edição de *Teoria Pura do Direito*, nada impediria o sistema jurídico de ordenar ações não realizáveis de maneira simultânea, uma constelação que Georg Henrik von Wright chamará, mais tarde, de inconsistência normativa[38].

Podemos derivar esse resultado a partir de outra premissa – e é o que fazemos geralmente quando dizemos que as normas não são proposições, que elas não são verifuncionais, ou seja, que elas não são suscetíveis de ser verdadeiras ou falsas. Mas, na verdade, essa premissa é uma conclusão que resulta do fato de que a norma é a significação, não de um ato de conhecimento – relativo ao que é, então, suscetível de um tratamento semântico – mas, justamente, de um ato de vontade, isto é, de qualquer coisa que exige o realizar de uma ação e que não diz nada, nem ousa dizer nada, consequentemente, sobre a realidade, pouco importando a concepção que fazemos da realidade. Entre normas consideradas como entidades tendo uma significação autônoma e ligadas a um universo comum de significações, submissas às exigências de uma racionalidade mínima, pode haver contradições. E, ao inverso, admitindo contradições ou outras relações lógicas entre normas, consideramo-las, pelo menos implicitamente, dados independentes do ato que as positiva, e isso é uma típica concepção idealista. Quando, no entanto, subordinamos, estritamente e de maneira consequente, a existência

---

35 *Allegemeine Theorie der Normen*, p. 3. Walter Dubislav, "Zur Unbergründbarkeit der Forderungssätze", in: *Theoria*, III (1937), p. 335, reimpresso por Albert Topitch (Ed.), *Wertuteilsstreit*, Darmstadt, Wissenschaftliche Buchegesellschaft, 1979, p. 43 e ss. Clemens Jabloner, "Kein Imperativ ohne Imperator Anmerkungen zu einer These Kelsen", in: Robert Walter (Ed.), *Untersuchungen zur Reinen Rechtslehre II*, Wien, Manz, 1988, p. 75-95.
36 Essa posição suscitou uma importante polêmica. V. Otto Pfersmann, *Droits*, n. 26 (1997), p. 197-207.
37 Otto Pfersmann, *Droits*, n. 26 (1997), p. 197-207.
38 Georg Henrik von Wright, "Y-a-t-il une logique des normes?" In: Jean-Luc Petit (Dir.), *La querelle des normes*, Cahiers Philosophique Politique et Juridique, Presses Universitaires de Caen, 1995, p. 31-53.

da norma ao ato que ela significa, somos obrigados a renunciar e a admitir, ao mesmo tempo, a possibilidade de conflitos e de incoerências e a impossibilidade de uma lógica que teria as normas como objeto. A vontade não é, como tal, nem verídica, nem racional.

2.3 A crítica do realismo

A terceira etapa da Teoria Bulética é sempre vista como uma justificativa de uma variante do "realismo jurídico". Trata-se, na verdade, de uma crítica que se baseia em dois argumentos: tal concepção não permite conceber as ordens jurídicas como sistemas; ela abole a fronteira entre as normas jurídicas e os fenômenos que lhe são parecidos, eventualmente, mas aos quais falta, pelo menos, um elemento constitutivo.

A norma sem sistema: o abandono do idealismo latente na concepção linguística nos leva, sob sua forma radical, à eliminação de toda ligação entre as normas. Visto por esse ângulo, todo ato de vontade cujo objeto consista na realização de certo comportamento humano seria uma norma. O que parece complementar essa concepção é o fato de Kelsen admitir, daqui em diante, a **Teoria do Reconhecimento**, que ele tinha, vigorosamente, criticado em seus períodos anteriores. A norma existe quando é reconhecida pelo seu destinatário. Funadmentados nesses dados, somos levados a uma **Teoria Atomista das Normas**, segundo a qual elas – as normas – não teriam nenhuma ligação entre si, já que cada uma depende, individualmente, de seu ato de vontade e de seu ato de reconhecimento.

É possível chegar ao mesmo resultado por um caminho já delineado na segunda edição de *Teoria Pura do Direito*, ou seja, uma norma geral que dispuser que, para todo evento E, um comportamento humano C1 seja obrigatório. Admitimos que um evento dependente da classe E se produz. De duas, uma: ou o comportamento humano C1 é realizado, ou ele não é realizado. Se não realizado e se um órgão competente para esse tipo de litigio é acionado, ele deverá se pronunciar sobre o caso, ele deverá dizer se realmente houve o evento E, se por consequência o ato C1 era obrigatório, e ele deverá dizer qual ato C2 será, agora, obrigatório em decorrência da não realização de C1. Mas a norma segundo a qual certo comportamento C2 é obrigatório – porque C1 não foi realizado – não provém da não realização do C1, ela existe porque o órgão competente chegou ao resultado que o evento dependia mesmo da classe E, e que os comportamentos dos destinatários não dependiam da classe C1. Chamamos de *interpretação* o procedimento que leva ao órgão, ou melhor, à pessoa que efetua essas funções[39].

---

39 Para falar a verdade, a expressão "concretização orgânica" seria mais apropriada, conforme demonstração nossa in: *Droit constitutionnel*, Précis Dalloz (Dir. Louis Favoreu), 1998, p. 14 e ss.

O resultado da interpretação orgânica é a elaboração de uma norma. Ora, uma norma é a significação de um ato de vontade, aqui do ato de vontade que tem por objeto a realização do comportamento C2. De acordo com esses dados, não existe relação intrínseca entre a norma que o órgão aplica e a norma que o órgão produz. Todavia, desde que não exista nenhuma relação entre as normas, voltamos ao atomismo normativo. Podemos, também, chamar de *realismo* essa posição, já que é essa designação que reivindicam aqueles que reclamam dela[40]. É bom notar que se trata, por oposição ao realismo moral (que afirma a realidade dos objetos morais, tais como[41]), de uma concepção que, longe de atribuir uma realidade própria às normas, subordina, integralmente, a existência ao ato de vontade que elas expressam. Ora, se esse ato de vontade é considerado como a condição não somente necessária (como também suficiente) da norma, haverá tantas normas quantos forem os atos de vontade, cujo objeto é a realização de um comportamento humano.

Tal posição apresenta certas vantagens, pois ela constitui a expressão mais consequente do princípio empirista do positivismo. Sendo eliminada toda construção ideal, nada pode ser afirmado, desde que tenha sido objeto de um teste segundo os métodos das ciências, a observação. Ela acentua, além do mais, o aspecto crítico das ideologias porque ela nos convida sempre a perguntar, para cada norma posta, em que consiste a vontade real daquela ou daquele que, de fato, elaborou-a. Ela se choca, entretanto, com várias dificuldades. Primeiramente, reencontramos todas as objeções levantadas contra o psicologismo. Como um ato de vontade é precisamente identificável de acordo com os métodos de investigação empírica reconhecidos? Qual é, exatamente, a vontade de um órgão colegiado, ou até mesmo de um órgão monopessoal, fora do que constitui a manifestação extrapsicológica? O ato de vontade fica, perfeitamente, incompreensível como tal, mesmo se as teorias da ação nos permitam saber muito mais quanto à sua arquitetura interna. Logo, se o ato é inacessível, somos obrigados a voltar aos fatos de expressão, isto é, aos fatos de linguagem. O realismo se junta, então, à Teoria Linguística.

A norma sem qualificação: mesmo assim, ela não está livre das dificuldades, pois é mesmo o órgão que decide, pelo seu ato de vontade, a norma que concretiza uma outra; nada permite lhe conceder, precisamente, essa qualidade de órgão, visto que isso é somente um conjunto de normas de competência e que essas normas existem, por sua vez, somente quando positivadas, reconhecidas e

---

40 Michel Troper, *Pour une théorie juridique de l'État*, Paris, PUF, "Léviathan", 1994.
41 Geofrey Sayre-McCord (Dir.). *Essays on Moral Realism*, Ithaca e London, 1988; Ruwen Ogien, *Les causes et les raisons*, Paris, 1996; do mesmo autor (Dir.), *Le réalisme moral*, no prelo, PUF: Christine Tappolet, *Les valeurs et leur épistemologie*, Thèse, Université de Genève, 1996, no prelo; Roberto Casati e Christine Tappolet (Dir. *European Review of Philosophy*), Response-Dependence, 1998.

concretizadas. Mas, seguindo o realismo, não existe nenhuma ligação entre uma norma e sua concretização por uma outra norma. Não existe, portanto, nenhum critério que permitiria identificar o órgão em relação à articulação de outro ato de vontade, emanado de outro indivíduo, reivindicando a mesma qualidade de órgão. O **realismo**, como atomismo normativo, dobra-se assim numa espécie de **panjurisdicionalidade sem limites**.

Podemos, de fato, interpretar certas passagens do Kelsen do terceiro período como indo nessa direção. Todavia, Kelsen concebe sua Teoria Bulética igualmente como uma crítica ao realismo atomístico. É inquestionável: todo ato de vontade, tendo como objeto a realização de certo comportamento humano, não tem, como significado, nenhuma norma. É preciso, ainda mais, que esse ato seja qualificado e não pode sê-lo por outra norma, ou seja, pelo significado já qualificado de outro ato de vontade. No entanto, aceitando essa exigência, perdemos o benefício essencial do realismo atomista, pois não pode haver qualificação de uma norma por outra se não existe qualquer ligação entre as duas. Se não for possível determinar, integralmente, o conteúdo de uma norma que outro órgão deve ou pode elaborar, também não é possível não o determinar. A única operação lógica permite afirmar se a determinação, ao menos mínima, foi bem respeitada ou não.

Enfrentamos, então, um trilema da vontade na definição positivista da norma jurídica, já que somos obrigados a escolher entre o psicologismo, o idealismo linguístico ou o realismo atomista e que cada uma dessas escolhas expõe dificuldades ligadas a cada uma dessas concepções: ou confundimos o ser e o dever-ser, ou idealizamos as normas sem poder articular sua relação com uma realidade observável, ou somos como o rei Midas e tudo o que vemos se transforma em Direito sem que possamos estabelecer uma ligação entre esses fenômenos.

2.4 A interpretação linguística da teoria bulética

A interpretação de tal trilema se explica sem dúvida em razão de uma incompatibilidade entre os objetivos de conhecimentos que perseguimos.

Devemos, como foi dito, eliminar os problemas que dizem respeito ao estatuto da vontade constituída. Na verdade, nós reintroduzimos tais problemas porque o psicologismo já havia feito isso. Sua crítica é somente uma consequência da dissociação entre vontade constitutiva e vontade constituída. Pelo menos, podemos reter como resultado que a vontade constituída não é psicológica como tal. É o direito positivo que nos informa sobre as exigências factuais da validade de uma norma, visto que a elaboração de uma regra é sempre – explicitamente ou implicitamente – determinada por uma norma com estrutura condicional (se as condições factuais $C_1, ..., C_n$ são reunidas, então existe uma norma N, da categoria C_i).

A crítica do idealismo coloca em evidência o fato de ainda ser o Direito positivo quem exige a realização de certos comportamentos para elaboração de uma norma e a crítica do realismo adverte contra uma sociologização das consequências originadas na crítica do idealismo.

No entanto, não é possível dizer muita coisa sobre a vontade constitutiva, pelo menos no sentido de que uma ciência empírica poderia nos ensinar algo sobre sua natureza. Se fosse preciso esperar que as ciências cognitivas nos dessem a última palavra sobre o que a linguagem comum chama, ingenuamente, de "um ato de vontade", isso contestaria a possibilidade própria de toda ciência positivista normativista do Direito. Não sabemos muito hoje – mesmo reconhecendo que já temos alguns elementos – e não sabemos se um dia saberemos mais, pelo menos o suficiente, para dizer com certeza que a norma é a correlação semântica de um conjunto de dados psicológicos:

$$D_1, ..., D_n \,^{62}$$

E mesmo sendo possível chegar um dia a resultados suficientemente precisos, a complexidade da operação tornaria impossível sua aplicação a todos os casos concretos de que precisaríamos. Além do mais, a identificação das normas no passado seria muito difícil. Logo, se por um lado não sabemos ainda (e talvez jamais saibamos) em que consiste, exatamente, esse conjunto de fenômenos, sabemos muito bem, por outro, que, em certos casos pelo menos, trata-se mesmo da formulação de uma norma. Nada nos impede de pensar que, nesses casos, deve existir um substrato factual contestando uma capacidade bulética do indivíduo ou do conjunto de indivíduos aos quais imputamos a norma. Todavia, então, esse substrato factual não é mais concebido como suporte cujas ciências empíricas deveriam dar a explicação e, se for o caso, a prova. Não é mais uma suposição psicológica ingênua e perfeitamente reconhecida como tal[42]. Daí a Teoria Bulética se caracteriza como uma construção auxiliar e axioma, enquanto nosso verdadeiro trabalho mencionará a análise de enunciados que qualificaremos de acordo com os critérios precisos, como prescritivos, dos quais qualificaremos a significação como *norma*. A identificação de um enunciado normativo permitirá postular um **"ato de vontade"**. O elemento empírico pertinente será mesmo, em primeiro

---

42 A discussão sobre o estatuto das *psychologies naives* (folk psychology) – ou psicologias ingênuas – foi principalmente lançada pelo livro de Stephen Stich intitulado *From Folk Psychology to Cognitive Science*, Cambridge, Massachusetts, MIT Press, 1983. Ele propõe uma virada pragmática no *The Fragmentation of Reason*, Cambridge, Massachusetts, MIT Press, 1990.

lugar, a ocorrência linguística, e não o suporte presumido dessa ocorrência. As dificuldades de tal identificação poderiam nos obrigar a introduzir um primeiro enunciado normativo de maneira simplesmente estipuladora. Nossas pretensões empíricas serão fortemente reduzidas, mas nossa construção permitirá, pelo menos, trabalhar. É o que parece ser o essencial.

Capítulo 3
Prolegômenos para uma Teoria Normativista do Estado de Direito

Em um texto famoso e avidamente discutido, Hans Kelsen identifica "Estado", "Direito" e "Estado de Direito"[1]. Disso se poderia deduzir que o Estado nazista pode ser considerado como um Estado de Direito[2]. Basta, em geral, citar essas linhas para afastar a pertinência de toda Teoria Normativista do Estado de Direito[3].

Tentaremos mostrar que tal teoria pode ser defendida como indispensável em seus aspectos crítico e negativo, e que ela constitui o fundamento a partir do qual podemos desenvolver uma classificação das ordens jurídicas, de acordo com as exigências morais e políticas traduzidas em dados jurídicos. Em outros termos, trata-se de defender que é bom distinguir, estritamente, um conceito formal e um conceito material do Estado de Direito, e que uma Teoria Normativista permite construir os dois com precisão. A partir desse procedimento, poderemos, claramente, perguntar sobre a autonomia do "Estado de Direito" em relação a outros conceitos materiais como a "democracia", a "separação dos poderes" ou "os direitos fundamentais" que a maioria das teorias comuns não permite fazer distinção, muito menos articulação entre eles.

É preciso, então, lembrar a tese negativa e crítica (i) antes de identificar as exigências políticas e morais, habitualmente reunidas na expressão do "Estado de Direito", e traçar a arquitetura jurídica (ii).

Vamos adotar as seguintes convenções:

1. A expressão *Estado de Direito* pode ser utilizada de três modos: (i) primeiro, quando se tratar de uma questão referencial ao próprio termo *Estado de Direito*; frise-se aqui que, nessa primeira acepção, a chave para a compreensão do uso da expressão é a "referencialidade" do conceito; (ii) segundo, quando se trata do conceito de Estado de Direito (e não do referencial do conceito – como no caso anterior); (iii) ou, então, para se considerar a expressão *Estado de Direito* como simplesmente digna de curiosidade ou nota.

2. Por *Teoria* [ou *posição*] *Normativista*, eu entendo uma teoria que considera o Direito como uma categoria específica do sistema normativo e que se interessa exclusivamente pelas normas jurídicas, contendo, em sua formulação, um suporte empírico, geralmente linguístico, identificável num comportamento humano, que possa ter como significação o fato de que outro comportamento humano seja obrigatório, permitido ou proibido.

---

[1] Hans Kelsen, "Dès lors que l'on reconnaît que l'État est un ordre juridique, tout État est un État de droit, et ce terme d'État de droit représente un pléonasme", in: *Théorie pure du droit*. Trad. Charles Eisenmann, 2. ed., Viena, 1960, Paris, LGDJ, Bruylant, 1999, p. 304.

[2] Hans Kelsen, *Die Grundlage der Naturrechtslehre. Das Naturrecht in der politischen Theorie* (Hans Martin Schmölz, ed.), p. 148. Trata-se de uma intervenção na discussão: "Du point de vue de la science du droit, le droit sous le gouvernement nazi était le droit. Nous pouvons le regretter mais nous ne pouvons le nier".

[3] Como o faz, por exemplo, Friedrich von Hayek, in: *Law, Legislation and Liberty*, University of Chicago Press, Chicago, 1976, v. 2, p. 56, ou, citando Hayek e Kelsen, Claude Emeri, in: "L'État de droit dans les systèmes polyarchiques européens", RFDC, 1992, p. 32.

Essa posição é, então, indissociável de um procedimento empírico, recorrendo, dessa maneira, a dados observáveis analíticos, já que seu objeto é um conjunto de atos significativos e porque ela se questiona sobre as condições que tornam significativas essas expressões, assim como sobre as estruturas que podem ser destaque.

3. Admitimos uma separação estrita do Direito e da Moral, conservando a qualificação de "Direito" somente para sistemas normativos que têm como propriedades o fato de conterem normas que obrigam sanções organizadas (pelo Estado e/ou pela Comunidade Internacional – e interligada – de Estados) em caso de violação de certas outras normas e o fato de serem, geralmente, eficazes[4]. A "Moral" será, no entanto, reservada a sistemas normativos sem essas propriedades, ou seja: os sistemas morais não necessitam do Estado soberano.

4. Os sistemas normativos jurídicos são, aliás, hierarquizados, já que eles regulam sua própria produção em sentido amplo (a produção, a destruição, a modificação, a suspensão da aplicação, o alcance, a restrição ou a extensão do alcance das normas são determinadas, para cada uma, por outras normas, superiores àquelas que dizem respeito a essas mudanças)[5].

5. Chamamos de *conceitos formais da Teoria do Direito* aqueles que têm como referencial algumas propriedades constitutivas de toda ordem jurídica; denominamos *conceitos materiais* aqueles que têm como referencial normas ou estruturas normativas que aparecem de maneira casual em determinada ordem jurídica. Nesse sentido, *hierarquia das normas* é um conceito formal; então, *justiça constitucional* ou *garantia bancária* são conceitos materiais.

6. Descartaremos aqui todo e qualquer problema de sinonímia ou de não sinonímia entre o conceito de Estado de Direito e aquele que poderiam designar certas expressões em outras línguas (tais como *Rule of law* ou *Rechtsstat*). Reconhecemos, dessa forma, que se trata de expressões sinônimas ligadas ao mesmo conceito. Nada impede, obviamente, que se construam ou que se oponham conceitos diferentes, a serem designados com a ajuda desses diferentes termos, mas isso não proíbe a introdução do conceito de Estado de Direito descrito aqui e para o qual podemos admitir, por convenção, que ele será designado pelas duas outras expressões mencionadas nessas duas línguas respectivas.

---

4 Cf. Otto Pfersmann, "Pour une typologie modale de classes de validité normative", in: Jean-Luc Petit (Sld.), "La querelle des normes Hommage à Georg Henrik von Wright", *Caliers de Philosophie Politique et Juridique de l'Université de Caen*, n. 27 (1995), p. 69-113.
5 Cf. Otto Pfersmann, "Carré de Malberg et la hiérarchie des normes", *Revue Française de Droit Constitutionnel*, n. 31, (1997), p. 481-509.

3.1 A ordem jurídica como Estado de Direito Formal

As teorias normativistas e analíticas do Direito são, principalmente, conhecidas e criticadas por terem feito uma redução, julgada empobrecedora, do "Estado de Direito". É bom, no entanto, lembrar os elementos dessa posição e confrontá-la com as principais objeções que lhes são destinadas. Parece que a função da redução formal é de natureza heurística (a) e que ela é indispensável para a construção de um conceito material, fundada em uma qualificação das ordens jurídicas (b).

a) A tese da identidade

Todo Estado é, necessariamente, Estado de Direito[6]. A tese constitui uma consequência daquela da identidade do Direito e do Estado. O argumento é simples e merece ser lembrado. O que o jurista denomina *Estado* só pode ser um fenômeno normativo, pois o jurista só conhece normas (de certa espécie). Direito é somente o nome dado a uma ordem jurídica dada, a um conjunto de ordens jurídicas ou, enfim, a um subconjunto de uma ordem jurídica; frise-se: se não depender do Direito, o que denominamos *Estado* só poderá ser uma ordem ou um subconjunto de uma ordem pública. Quando o que é intitulado *Estado* não depende do Direito, então só poderá ser uma ordem jurídica ou um subconjunto de uma ordem jurídica. Nesse caso, Estado de Direito é um pleonasmo e, portanto, uma expressão inútil, senão cientificamente perigosa, visto que ela sugere a ideia de uma identidade precária e casual – em uma circunstância em que se trata de uma identidade conceitual – e porque um conceito (aquele da ordem jurídica) é implicitamente usado como teoria, que nos diz o que deveria ser um objeto (o Estado deve ser "submisso" ao Direito, senão trata-se de um péssimo Estado).

Lembramos as críticas a essa concepção a partir das consequências que lhe são atribuídas. Uma é considerada inaceitável; a outra, como cientificamente problemática. De fato, se todo Estado é Estado de Direito, o Terceiro Reich o é, assim como também a Quinta República Francesa e os Estados Unidos. Ora, existe, incontestavelmente, uma diferença entre esses fenômenos e, além do mais, o simples fato de poder qualificar de Estado de Direito o Estado nazista

---

6 O argumento da unidade do Estado, do Direito e do Estado de Direito, sob sua forma clássica, é exposto por Kelsen, *Allgemeine Staatslehre*, Berlin Julius Springer, 1925, p. 16 e ss., 90 e ss.; *Théorie pure du droit*, op. cit., p. 281-310, e é desenvolvido in: *Der soziologische und der juristische Staatsbegriff*, 2. ed. Mohr Tübingen, 1928.

desqualifica a teoria que leva a tal resultado[7-8]. Em segundo lugar, essa concepção apaga as diferenças entre dados tão heterogêneos que os "Estados" da Idade Média e o Estado Moderno não permitiam, então, estabelecer uma classificação

---

7   Outra tese é negar o que era chamado "*Deutsches Reich*", entre 1933 e 1945, respondendo às propriedades constitutivas de um sistema jurídico tais como são propostas aqui. Ela foi, sobretudo, desenvolvida por Michel Troper in: "Y a-t-il eu un Etat nazi? " in: *Pour une théorie juridique de l'Etat*, Paris, Presses Universitaires de France (Collection Léviathan), 1994, p. 177 e ss., que se baseia nas obras de Martin Brozsat, *L'État hitlérien*, Paris, Fayard, 1985. O regime nazi não teria sido, como o exige a Teoria Pura de Kelsen, organizado de maneira hierarquizada, pelo menos no ponto de vista estático, visto que o conteúdo das normas de delegação era largamente indeterminado e que assistimos a uma luta constante entre vários clãs. Além do mais, o limite entre o partido e o "Estado nazi" não teria sido claramente estabelecido e, até mesmo, a fusão teria ficado extremamente confusa. A ausência de juridicidade permitiria, enfim, explicar o aspecto arbitrário e opressivo desse regime. Essa objeção não contesta absolutamente a **Tese da Identidade do Direito e do Estado**; ela se baseia, ao contrário, na definição de Kelsen de uma espécie de juridicidade **que se opõe** em três aspectos **ao regime nazista**: 1) O primeiro argumento implica a estrutura normativa de ordem hitleriana. Um Estado no sentido jurídico deveria ter uma hierarquização clara das competências, o que não é o caso no regime nazista, não sendo ele, então, um Estado. A distribuição das atribuições é provavelmente, certa, mas a consequência não segue. De fato, uma hierarquização é constitutiva de todo sistema jurídico, mas isso não implica um grau de diferenciação. É, de fato, indiscutível que a hierarquia seja resumida a sua expressão mais bruta quando os plenos poderes se voltam para a figura de Hitler e do governo do Reich que ele dirige. E, como toda ditadura, as atribuições das diferentes autoridades não são estabelecidas de acordo com regras claras e controláveis, mas de acordo com as intuições flutuantes do ditador, salvo em certas áreas da justiça civil. Ora, um sistema jurídico existe quando há normas regulando os comportamentos humanos, quando essas regras são eficazes e quando elas têm obrigações de sanção em caso de serem violadas. A existência de tal ordem implica certa hierarquização normativa, sem a qual a produção, a modificação e a execução das regras seriam inimagináveis. A concentração das atribuições nas mãos de alguns órgãos e, principalmente, nas mãos de Hitler (Chanceler, Presidente e Chefe de Partido ao mesmo tempo) não permite uma produção normativa; longe disso, apesar de que essa confusão de atribuições parece ter dado certo até pouco antes da derrota do Reich. 2) O segundo argumento, implícito, é empírico: de fato, se a partir dessa observação era impossível mostrar que quase nenhum comportamento pode ser interpretado como a realização de uma habilitação (permissão), de uma obrigação ou de uma proibição, até mesmo amplamente indeterminada, então, de fato, o Reich seria reduzido a um simples braço de ferro entre diversos grupos sem nenhuma dimensão normativa organizada. Tal conclusão não vem nem do livro de Brozsat, muito menos da interpretação de Michel Troper; do ponto de vista desses dois, a juridicidade do regime não poderia então ser contestada. 3) O terceiro argumento é para dizer que somente seria jurídica – segundo Kelsen – uma ordem normativa que tivesse um grau suficiente de hierarquização, **determinada**, como nos Estados liberais que Kelsen teria generalizado para fazer deles um Estado (= sistema jurídico). Uma determinação desse porte não é nem um pouco necessária e constituiria, aliás, uma generalização abusiva de um caso específico. Ela não corresponde, tampouco, ao texto de Kelsen que reconhece a juridicidade de sistemas normativos coercivos estabilizados mesmo fortemente (mas não totalmente), indeterminados na sua hierarquização. Cf. também Walter Ott, "Der Euthanasie-Befehl Hitlers vom 1. September 1939 im Lichte der rechtspositivistischen Theorien", in: *Festschrift Robert Walter*, Wien, Manz, 1991, p. 519 e ss.
8   **Nota do tradutor (NT):** na nota anterior, Otto Pfersmann derruba qualquer falsa crença segundo a qual Kelsen teria sido complacente com o Regime Nazista por conta de seu suposto "positivismo exacerbado" inclinado a aceitar como válida qualquer ordem normativa posta pela autoridade estatal. Desconhecem os críticos – principalmente os brasileiros – de Hans Kelsen que este: (i) era judeu e, só por isso, foi perseguido pelo Nazismo; (ii) foi o grande opositor de Carl Schmitt; este último sim, o jurista de Hitler.

na qual houvesse precisão no que toca à necessidade, sendo ela cientificamente inoperante.

A primeira objeção: vamos chamá-la de *Objeção do Estado Injusto*, uma objeção moral; alguns regimes são injustos, portanto seria falso qualificá-los como *Estado de Direito*. Essa "Objeção do Estado Injusto" pode ser apresentada sob diversas variantes. De um lado, pode-se partir, implicitamente, do pressuposto que abrange o dualismo do Estado e do Direito, negando que um Estado injusto possa constituir o "Direito", deduzindo-se, a partir daí, que ele não pode ser qualificado de "Estado de Direito". De outro, podemos supor que esse Estado tem mesmo um caráter jurídico, mas considerando que esse direito é injusto, então ele é estranho ao "Estado de Direito". Essa última objeção é inadmissível ou inoperante. Logo, como analisamos estruturas normativas jurídicas, não interessa a avaliação moral dessas estruturas. Não porque tal avaliação seria, em si, ilícita ou sem importância; ela simplesmente não pode ser retida como critério de uma apreciação jurídica, visto que ela se baseia justamente no conhecimento desse fenômeno jurídico, a fim de trazer um julgamento moral. Não é, então, o fato de constituir uma estrutura jurídica que consagra, como tal, uma diferença moral. A objeção é, além do mais, inoperante, pois mesmo excluindo certos Estados de nossa consideração, precisaremos sempre apreender os fenômenos normativos que excluímos, ainda que sejam chamados de outra maneira, dando, por exemplo, nomes sem conotação moral.

A objeção do Estado injusto é, às vezes, apresentada sob outra forma, com o intuito de esquivar a contraobjeção da confusão entre Direito e Moral. De acordo com essa versão, o Estado que não fosse um "Estado de Direito" seria, apenas, um Estado. Tratar-se-ia de uma propriedade intrínseca e constitutiva. Isso faria com que alguns "Estados" não fossem, realmente, Estados. Simplesmente, o Direito teria certas propriedades constitutivas que não deveriam ser consideradas como a definição normativista. Esse procedimento não tem (obviamente ele também não) nada de ilícito como tal. É perfeitamente aceitável escolher um outro campo de estudo que não seja aquele das ordens normativas globalmente eficazes e providas de normas de sanção, campo de estudo que compreenderia somente os "Estados de Direito".

Entretanto, tal procedimento produz mais problemas que, propriamente, resolve. Em primeiro lugar, a determinação dessas qualidades constitutivas do "Estado de Direito" fica perfeitamente obscura[9]. Ela é, em seguida, logicamente inconsistente, pois afirma, paradoxalmente, a identidade do Estado e do Direito cuja pertinência é por ela negada quando do desenvolvimento a partir

---

9 Essa dificuldade não pode ser subestimada. Quanto mais uma definição é forte, mais será difícil construí-la de maneira unívoca e mais difícil será suscitar o acordo verdadeiro da comunidade científica a seu respeito. Tal definição pode provocar, então, mais confusão e menos objetividade.

de um ponto de vista normativo. Em terceiro lugar, ela simplesmente desloca o problema, já que uma definição forte do Direito limitará, de maneira drástica, nosso campo de investigação e nos obrigará, provavelmente, cedo ou tarde, a introduzir uma nova definição mais fraca, a fim de descrever outras ordens normativas, tendo, com os "Estados de Direito", similitudes estruturais que tentamos apreender como sendo aquelas dos "sistemas jurídicos", até mesmo quando faltavam quaisquer propriedades do "Estado de Direito". Outro problema é resultado imediato do anterior. Com uma forte definição do Direito, aquela da Moral será estabelecida de maneira cada vez mais custosa, visto que ela será incluída na definição do Direito. A diferenciação será problemática ou sem interesse.

A segunda objeção: ela é de ordem epistemológica e considera a *Tese da Identidade* como inútil, contraintuitiva e, por um espectro, logicamente inconsistente[10-11]. De fato, considerando as definições propostas do Direito e da Moral, certos fenômenos qualificados, tradicionalmente, como "Direito" – tal como "Direito Canônico" ou até mesmo os "Estados" pré-modernos – não poderiam ser considerados como ordens jurídicas. Tudo depende, aqui, da estratégia heurística imaginada. Podemos admitir que certos sistemas jurídicos somente constituem "Estados" sem, por isso, conceder juridicidade ao Direito Canônico. Para as necessidades da causa admitimos um conceito relativamente amplo do Estado,

---

10 Essa objeção é desenvolvida por Michel Troper in: "Réflexions autour de la théorie kelsénienne de l'État", in: *Pour une théorie juridique de l'État*, p. 144 e ss., principalmente p. 158, como também num seminário codirigido com Otto Pfersmann, cf. relatório in: "Recht und Ethik. Seminar" – op. cit., bericht, in: *Wissen Wozu? Erbe und Zukunft der Erziehung*. Europäisches Forum Alpbach, 1997, Wien, 1998, p. 44-53.

11 Outras dificuldades conceituais são expostas por Michel Troper in: "Réflexions autour de la théorie kelsienne de l'État", in: "Pour une théorie juridique de l'État", op. supra cit., p. 154 e ss. Seríamos, finalmente, confrontados com uma inconsciência lógica: se o "Direito" como sistema jurídico e o "Estado" são uma única coisa, o sistema jurídico internacional será, ele mesmo, um Estado e, além do mais, um Estado tendo Estados como destinatários de suas normas. Para salvar sua construção, Kelsen seria obrigado a introduzir o Estado como ordem relativamente centralizada. Mas este último não seria outra coisa senão o Estado, no senso estrito e tradicional. Essas dificuldades podem ser facilmente resolvidas. É preciso, primeiro, distinguir "Estado" no sentido do Direito Internacional, isto é, um conceito material de uma ordem dada, e "Estado" no sentido teórico. O Estado, no sentido teórico, foi definido como uma ordem jurídica relativamente autônoma, concebível como ente que dispõe de um fundamento próprio e único de validade. Por isso, todo Estado é uma ordem jurídica, mas também pode haver ordens jurídicas que não são Estados. O problema vem do fato de que o objetivo do argumento de Kelsen é demonstrar que, quando se trata do Estado, num discurso vindo da Teoria do Direito, por tratar-se sempre de necessidade conceitual, é uma ordem jurídica, e não um objeto que seria diferente ou externo a uma ordem jurídica dada. Somente num segundo tempo que Kelsen desenvolve uma classificação das ordens jurídicas e recusa a qualificação de Estado para alguns. Quando, portanto, "ordem jurídica" ou "sistema jurídico" são conceitos mais amplos que "Estado", todo Estado é, de fato, uma ordem jurídica dada. Nem por isso, como sustenta M. Troper (p. 156), o Estado, no sentido tradicional, no sentido do Direito Internacional ou, ainda, no sentido do Direito das Coletividades Territoriais, constitui o pressuposto do Estado no sentido largo (teórico), pois toda classificação das ordens jurídicas pressupõe uma introdução ao conceito de "ordem jurídica".

envolvendo toda ordem jurídica com uma autonomia relativa, isto é, concebível como disponente de um fundamento próprio e único da validade. A aplicação desse critério mostrará que alguns objetos não são da área da definição (tal como falta de normas de sanções, no senso estrito, e de eficácia global, assim como o Direito Canônico[12]), como também uma diferenciação mais afiada entre conceito e denominação. Todo Estado será mesmo, então, nos sentidos trivial e formal, um Estado de Direito porque como Estado se trata, por definição, de um fenômeno que provém do Direito.

b] A classificação das ordens jurídicas

Se, desde então, elegermos como ponto de partida a definição convencional do Direito que propusemos, nada nos impede de introduzir uma classificação das ordens jurídicas – quando elas apresentarem certas propriedades e de reservar a nomenclatura *Estado de Direito* para um segundo sentido material – somente a uma das classes assim consideradas. Quando chamamos de *propriedades constitutivas* aquelas que podemos mostrar que estão num sistema jurídico, qualquer que seja, o resultado é a constatação de que as propriedades que permitem operar uma classificação não poderão constituir propriedades constitutivas. Nenhuma operação permite desviar, a partir dos dados definidos, a ordem jurídica daqueles que fariam dela um Estado de Direito. Toda definição não formal e trivial do Estado de Direito é, então, necessariamente, material e classificatória. Como podemos distinguir os sistemas que conhecem várias ordens de jurisdição daqueles que admitem uma só, podemos dizer que certas propriedades serão retidas como necessárias e suficientes para a qualificação de **Estado de Direito no sentido material**. Poderíamos, obviamente, adotar outro termo menos apegado a ideologias a fim de evitar qualquer confusão. Mas tal risco somente existe quando se sugere que essas propriedades sejam constitutivas.

Tal conceito apresenta, por sua vez, várias propriedades, sobre as quais é bom refletir; então, vejamos as reflexões a seguir ordenadas.

---

12 A definição deixa transparecer que a expressão *Direito Canônico* pode, em certas hipóteses, designar uma ordem jurídica e, em outras, uma ordem normativa não jurídica, mesmo quando a semelhança com uns sistemas jurídicos é, além do mais, óbvia (o aspecto codificado e a existência de procedimentos jurisdicionais) e mesmo quando o Direito Canônico foi constatado numa fase anterior da História, pelo menos parcialmente, como uma verdadeira ordem jurídica, exceto, suponho, no território do Estado do Vaticano ou na medida em que uma ordem jurídica reconhece à Igreja o estatuto de pessoa moral e que esta pode, portanto, aplicar as normas desse "Direito" como regras internas e que o conteúdo normativo responde aos critérios constitutivos de uma norma jurídica (por exemplo, as normas da atribuição de um benefício paroquial poderão ter, como consequência, obrigações da pessoa nomeada, da Igreja e dos fiéis, pelas quais um juiz poderá se pronunciar e, até mesmo, impor sanções). O Direito Canônico é, então, ou um sistema jurídico dado (aquele do Vaticano ou do "Estado da Igreja") ou um subconjunto de normas, constituindo um sistema jurídico dado (o direito interno de uma pessoa moral, podendo essa pessoa moral se beneficiar de um estatuto jurídico específico, como é o caso nos sistemas concordatários).

Em primeiro lugar, trata-se de qualificações relativas à ordem jurídica, e não, simplesmente, em relação a uma norma ou ao conjunto de normas como o divórcio por consentimento mútuo ou o *leasing*. Não são constitutivas de todas, mas de algumas ordens jurídicas. Esse caráter geral as aproxima das propriedades constitutivas e explica, provavelmente, as confusões entre as duas. Além do mais, nada impede que uma ordem jurídica qualificável de Estado de Direito seja parcial, que traga consigo alguns aspectos ou que seja parcial somente em certos graus.

Em segundo lugar, trata-se de um conceito ambíguo. Sendo material, tal qualificação trata de fenômenos jurídicos, da presença ou ausência de certas propriedades do sistema normativo. Porém, ao mesmo tempo, ela designa, no discurso ordinário, uma valoração positiva em relação às ordens jurídicas que não teriam essa qualidade. Em uma perspectiva normativista, não se trata de assumir tais julgamentos de valor, mesmo sendo perfeitamente lícito defendê-los em considerações éticas ou políticas externas a esse propósito, até mesmo quando o interesse no que toca ao conceito material vem justamente dessa valorização. Por outro lado, uma reconstrução normativista permitirá, eventualmente, deixar os debates extrajurídicos mais claros. Em contrapartida, existe outro problema, já que poderíamos culpar esse procedimento por não especificar o conteúdo, a exigência política traduzida no Estado de Direito material.

Em terceiro lugar, deve-se distinguir o Estado de Direito, no sentido material, da expressão *Estado de Direito* tal como aparece na formulação de certas normas jurídicas e, principalmente, constitucionais[13]. De fato, o uso dessa expressão não permite afirmar que se trata de revelar o Estado de Direito, no sentido material, como será retido aqui, ou de algo mais. É, ao inverso, obviamente possível que outras expressões ou formulações normativas impliquem a presença do conceito sem que seja ele nomeado pelo termo aqui usado. Tais normas têm, portanto,

---

13 Como fazem, por exemplo, a Lei Fundamental alemã (art. 28, primeira alínea. Cf., por exemplo, A. Bleckmann, "L'État de droit dans la Constitution de la RFA", in: *Pouvoirs*, 22, 1982, p. 5; Michel Fromont, *République Fédérale d'Allemagne. L'État de droit*, RDP, 1984, p. 1205), a Constituição da Espanha (art. 1º) e a de Portugal (art. 2). Essas disposições são, porém, problemáticas, pois, por um lado, elas não dão nenhuma definição legal da significação desse termo e, por outro lado, seu alcance normativo parece fraco, visto que esses textos, mesmo tendo uma significação bastante precisa, seriam somente normas tornando obrigatório certo conteúdo para as outras normas da Constituição. Ora, fora a Espanha (art. 168, primeira alínea), essas disposições não se beneficiam de uma constitucionalidade superior. Trata-se, nesse caso, de simples conceitos descritivos e da afirmação segundo a qual "o Estado X é um Estado de Direito" somente poderá ser confirmada ou rejeitada em face do resto das disposições constitucionais (quando dispusermos de um conceito bastante preciso de "Estado de Direito"). Esses casos devem ser separados do caso austríaco, no qual o Estado de Direito não se beneficia de nenhuma menção textual explícita, mas em que os princípios fundadores revelem uma constitucionalidade superior e no qual o "Estado de Direito" é considerado como um desses princípios (cf. Otto Pfersmann, "La révision constitutionnelle en Autriche et en Allemagne: théorie, pratique et limites", in: *La révision de la Constitution*, Economica, Paris, 1993, p. 7-65).

uma função particular pelo fato de estruturarem outras normas em seu campo de aplicação.

3.2 A construção do Estado de Direito no sentido material

a] A estratégia metodológica

A dissensão através da qual se cria um confronto com uma análise normativista do Estado de Direito será a seguinte: ou esse estudo não tem objeto (porque ele não apresenta nenhum interesse teórico, já que se trata, simplesmente, da propriedade de ser uma ordem jurídica relativamente autônoma), ou ele se baseia em critérios externos ao Direito, o que ultrapassa seu campo de análise, ou, ao inverso, ele não capta exatamente o que o imperativo político-moral reivindica ou, enfim, estudamos as disposições, muito problemáticas, que certos órgãos jurídicos introduzem explicitamente para estabelecer um "Estado de Direito" e, então, não estamos mais na área da Teoria do Direito, mas sim da dogmática jurídica das ordens constitucionais em questão.

Com o intuito de evitar esse impasse, devemos proceder da seguinte maneira:

1] Um conceito material de Estado de Direito pode ser construído a partir da história das ideias ou de maneira sistemática. O procedimento histórico causa, por sua vez, uma dificuldade, já que ele exige um estudo profundo de um grande número de correntes divergentes e de múltiplas especificidades nacionais e culturais. Por não ser, aqui, o lugar para falar sobre tal história, vamos nos contentar com um rápido esquema. Entretanto, até mesmo tal trabalho está condicionado pela construção de um conceito que permita identificar os fenômenos históricos pertinentes e fornecer elementos de explicação das nossas intuições iniciais. Quando lembrarmos as etapas da construção do "Estado de Direito", o primado voltará, portanto, à construção sistemática.

2] O interesse principal de um conceito material de Estado de Direito se manifesta pela autonomia em relação a outros conceitos ambíguos do constitucionalismo moderno ("separação dos poderes", "democracia", "direitos fundamentais" etc.). Essa autonomia – ou sua ausência – deve, portanto, formar objeto da demonstração, não podendo ser inclusa nas premissas iniciais. No entanto, o conceito deverá ser construído de maneira a não ter nenhuma referência positiva ou negativa dos outros dados.

3] Para reconstruir um domínio, podendo ter a sua autonomia testada em relação às exigências clássicas dos constitucionalismos americano e europeu clássico, é melhor desenvolver uma hipótese externa a essas questões. O interesse de um conceito material de Estado de Direito não deverá apontar comportamento humano em específico, mas somente propriedades gerais de uma ordem jurídica dada. A intuição tradicional, segundo a qual o "Estado" é submisso ao Direito, é somente a tradução ingênua da ideia de que o sistema jurídico tem certas qualidades, em outros termos, ainda que as normas jurídicas respondam (e correspondam), elas mesmas, a outras normas jurídicas. Ele não designa regras de comportamento (não roubar, obrigação de sanção em caso de infração, assumir um compromisso de certa categoria sob certas formas etc.).

O conceito não será, então, vazio nem doutrinal, visto que ele será material e tratará das ordens jurídicas no seu geral, e não da presença de quaisquer estruturas normativas específicas.

4] A pertinência das exigências pode ser destacada a partir da experiência do seguinte pensamento: imaginemos não sabermos de nada e não podermos saber nada do que tal ou tais ordens jurídicas nos obriga(m), nos permita(m) ou nos proíba(m) diretamente fazer, e que ignoramos, portanto, qual é nossa participação no que toca ao exercício do Poder Legislativo ou quais são as atribuições dos órgãos, mas que possamos saber o que cada uma dessas ordens jurídicas pede e, ainda, as normas que as compõem. Devendo escolher entre as várias ordens das quais ignoramos inteiramente o conteúdo das obrigações, permissões e proibições, perguntamos: sob qual título poderíamos então nos manifestar e a partir de quais propriedades teríamos interesse, antes mesmo de escolher aquelas que nos parecem as mais próximas de nossas preferências morais?

Esse procedimento permite evitar, por um lado, mais uma vez, a armadilha da história das ideias, mas, por outro lado, também uma extrapolação de nossas preferências, visto que se trata, somente, de sublinhar em evidência os elementos a partir dos quais as preferências possíveis poderão ser determinadas.

Essas propriedades serão introduzidas como simples hipóteses, podendo ser revisadas se ficar comprovado que outras propriedades eram melhores para sedimentar nossas intuições. O teste da pertinência será o da correspondência efetiva dos elementos propostos a algumas reivindicações e a certas estruturas normativas dadas. Aqui não é o lugar para desenvolver tal teste. No entanto, podemos, muito simplesmente, esboçar uma prova da autonomia ou da ausência de autonomia das propriedades propostas.

b) As três idades do "Estado de Direito"

De maneira muito simples, podemos afirmar que as concepções que a história das doutrinas legou com o título que admitimos como pertinente, provisoriamente, decompõem-se em três fases e que cada uma corresponde a uma etapa do constitucionalismo moderno.

A primeira etapa, que se estende globalmente das revoluções do século XVIII até a segunda metade do século XIX, pretende elaborar um instrumento jurídico que permita limitar as prerrogativas do monarca (ou de seu órgão substituto que dirija o "Poder Executivo"), sendo submetidas às normas gerais e abstratas denominadas leis. Vamos chamar essa fase de *reivindicativa*[14].

---

14 Sobre a história do Estado de Direito e do "Estado de Direito", cf., entre outros, Ulrich Scheuner, "Die neuere Entwicklung des Rechtsstaatsprinzips", in: *Hundert Jahre deutschen Rechtslebens. Festschrift zum hundertjährigen Bestehen des deutschen juristentages 1860-1960*, Karlsruhe, C. R. Müller, 1960, p. 229-262; Friedrich August von Hayek, *The Constitution of Liberty*, London, Routledge, 1960, cap. 13, "Liberalism and Administration. The Rechtsstaat"; Ingeborg Maus, "Entstehung und Funktionswandel der Theorie des bürger lichen Rechtsstaats", in: *Der bürgerliche Rechtsstaat in der Bundesrepublik*, Berlin Duncker und Humblot, 1966, p. 33; G. Dietze, *Kant und der Rechtsstaat*, Tübingen, J. C. B. Mohr (Paul Siebeck), 1982; Jean-François Kervegan, "Hegel et l'État de droit", *Archives de Philosophie du Droit*, n. 50, 1987, p. 64; E. Sarcevic, *Begriff und Theorie des Rechtsstaats (in der deutschen Staats-und Rechtsphilosophie) vom aufgeklärten Liberalismus bis zum Nationalsozialismus*; Saarbrücken (Tese), 1991; Marie-Joel Redor, *De l'État légal à l'État de droit*. Paris, Economica, 1992; H. Monhaupt, "l'État de droit en Allemagne", *Cahiers de Philosophie Politique et Juridique de l'Université de Caen*, n. 24, 1993, p. 76; Danilo von Basta, Werner Krawietz, Dieer Müller, "Rechtsstaat-Ursprung und Zukunft einer Idee", in: *Symposium zum 150 jährigen Bestehen der Belgrader Juristischen Fakultät*, Berlin Duncker und Humblot, 1993; Jürgen Brand e Hans Hattenhauer, *Der Europäische Rechtsstaat. 200 Zeugnisse seiner Geschichte*, UTB, 1994; Jacques Chevallier, *L'État de droit* (2ème édition), Paris, Montchrestien, 1994; Ernst-Wolfgang Böckenförde, "Entstehung und Wan del des Rechtsstaatsbegiffs", in: *Recht Staat Freiheit. Studien zur Rechtsphi losophie, Staatstheorie und Verfassungsgeschichte*, p. 143-169, Jacquy Hummel, *Le constitutionnalisme allemand (1815-1918)*, *Le modèle allemand de la monarchie limitée* (Thèse Paris II 1998). Entre os textos fundadores dessa teoria, é bom mencionar: Robert von Mohl, *Das Staatsrecht des Königreiches Württemberg*, Tübingen, H. Laupp, 1829, v. 1. 2. ed., 1840; Robert von Mohl, *Die Polizei-Wissenschaft nach den Grundsätzen des Rechtsstaats 1844* (2. ed.), Tübingen, H. Laupp; Rudolf von Gneist, *Der Rechtsstaat und die Verwaltungsgerichte in Deutschland*, Berlin Julius Springer, 1879 (2. ed.); Friedrich von Stahl, *Die Philosophie des Rechts*, II, *Rechts-und Staatslehre auf der Grundlage christlicher Weltanschauung (zweite Abteilung)*, *Die Staatslehre und die Principien des Staatsrechts*, Tübingen, Mohr, 1878 (5ème édition), p. 136 e ss. Essa tríade torna-se canônica desde o fim do século 19 ("La théorie moderne de l'État de droit formulée par Mohl, Stahl et Gneist...", Georg Jellinek, *Allgemeine Staatslehre*, Athenäum Kronberg [5ª impressão da 3. ed., 1921 (1ère édition, 1900)]. A primeira grande obra sobre essa teoria na França é, provavelmente, *La contribution à une théorie générale de l'État* de Raymond Carré de Malberg, Paris, Sirey 1920 (2 v.), reedição CNRS, 1962, que dá a seguinte definição (v. 1, p. 488 e ss.): "por Estado de Direito é preciso entender um Estado que, nas suas relações com seus sujeitos e para a garantia do estatuto individual deles, submete-se, ele mesmo, a um regime de Direito, e isto porque ele acorrenta sua ação por regras; umas determinam os direitos reservados aos cidadãos, outras fixam, com antecedência, as vias e os meios que poderão ser usados para realização de objetivos estatais: dois tipos de regras que têm como efeito comum limitar a potência do Estado, corrompendo-a à ordem jurídica na qual são aplicadas".

A segunda etapa corresponde ao desenvolvimento dos meios suscetíveis de (a) controlar, quando for possível em todas as áreas, o respeito às leis assim criadas por órgãos do sistema; (b) limitar, por sua vez, as prerrogativas do legislador, submetendo-o a uma Constituição, concebida não somente como arma de redistribuição do poder normativo em favor da lei, mas como um enquadramento da lei; (c) controlar, enfim, quando for possível, o respeito a esses novos limites por um órgão construído, também, no modelo jurisdicional. Chamamos essa fase *conquistadora*[15].

Essa etapa, que começa com a emergência das justiças administrativas e termina com a generalização das justiças constitucionais, cruza com a terceira caracterizada por:

A terceira etapa corresponde a: (a) uma internacionalização progressiva das ordens jurídicas e das técnicas normativas e jurisdicionais elaboradas no plano nacional; (b) uma extensão da regulamentação jurídica em todas as áreas da vida econômica, social e cultural; e (c) uma complexidade e uma diferenciação interna dos sistemas jurídicos, que tornam a análise científica cada vez mais difícil. Enquanto se define – ou que parece se definir – a realização de um programa do Estado de Direito como conquista, ouvimos, cada vez mais, vozes que pensam dever identificar uma crise desse mesmo Estado de Direito, a qual certas pessoas classificariam, logo após a guerra, de *irreversível*. É a fase que qualificaremos

---

15 É, obviamente, impossível identificar aqui a imensa literatura tratando do Estado de Direito e do "Estado de Direito", produzida durante esse período. Para mencionar somente algumas amostras: Ernst Forsthoff; Otto Bachof – relatório sobre: "Begriff und Wesen des sozialen Rechtsstaates", in: *Veröffen- tlichungen der Vereinigung der Deutschen Staatsrechtslehrer*, 12, (1954); Konrad Hesse, "Der Rechtsstaat im Verfassungssystem des Grundgesetzes", in: *Staatsverfassung und Kirchenordnung. Festgabe für Rudolf Smend*, Tübingen, 1962; Konrad Huber, *Maßnahmegesetz und Rechtsgesetz. Eine Studie zum rechtsstaatlichen Gesetzesbegriff*, Duncker und Humblot, Berlin, 1963; Ernst Forsthoff, *Rechtsstaat im Wandel. Verfassungsrechtliche Abhandlungen*, Stuttgart Kohlhammer, 1964; Rudolf Weber-Fas, *Rechtssaat und Grundgesetz*, Pfullingen Neske, 1977; Léo Hamon, "L'État de droit et son essence", *Revue Française de Droit Constitutionnel*, 1990, p. 699 e ss.; Fritz U. Fack et al., *Das deutsche Modell. Freiheitlicher Rechtsstaat und Soziale Marktwirtschaft*, Langen-Müller, München, 1991; Jürgen Habermas, *Faktität und Geltung des Rechts*, Frankfurt am Main Suhrkamp, 1992, p. 166 e ss.; Friedrich Koja, *Allgemeine Staats lehre*, Wien Manz, 1993, p. 124 e s. (chap. 8); Jürgen Brand, Hans Hattenhauer, *Der europäische Rechtsstaat*, UTB, Stuttgart, 1994; Reinhold Zippelius, *Recht und Gerechtigkeit in der offenen Gesellschaft*, Berlin Duncker und Hum blot, 2. ed., 1996; Erhard Treutner, *Kooperativer Rechtsstaat*, Nomos, Baden-Baden, 1998; *Gesetzgebung im Rechtsstaat. Selbstbindung der Verwaltung Veröffentlichungen der Vereinigung der Deutschen Staatsrechtslehrer*, 40 (1981); Katharina Sobota, *Das Prinzip Rechtsstaat. Verfassungs-und verwaltungsrech tliche Aspekte*, Tübingen Mohr, 1997; Gerd von Pfeiffer et al. (Eds.), *Der verfaßte Rechtsstaat. Festgabe für Karin Grasshof*, Müller, 1998; Ulrich Karper, *Auslegung und Anwendung des Grundgesetzes Vom liberalen, Rechtsstaat demokratischen Sozialismus*, Duncker und Humblot, Berlin, 1998; Thilo Ramm, *Zum freiheitlichen sozialen Rechtsstaat. Ausgewählte Schriften*, Klosterman Frankfurt am Main, 1999.

de "crítica"[16]. O que denominamos "crise do Estado de Direito" é, geralmente, ligada ou ao fato de que algumas das suas exigências não são mais respeitadas ou à afirmação de que a evolução dos sistemas jurídicos contemporâneos é incompatível com essas exigências porque a complexidade das estruturas se opõe. A primeira tese é de ordem doutrinal e reivindica a herança da etapa conquistadora; a segunda contém só um interesse teórico. Esse aspecto não poderá ser analisado aqui; devemo-nos contentar em mencionar as razões que implicaram esses aspectos ou constatações (em C1).

Acerca de Estado de Direito, se, historicamente, estamos certamente em pleno período crítico e, às vezes, até mesmo nostálgico, no plano teórico a crise e a conquista coincidem amplamente e se conjugam. Podemos nos perguntar

---

16   Essa literatura se confunde, às vezes, com aquela da categoria anterior. Para citar somente alguns exemplos, antigos e contemporâneos: Carl Schmitt, *Verfassungslehre*, Berlin, Duncker und Humblot, 1928, p. 123 e ss.; Hermann Heller, *Rechtsstaat oder Diktatur*, Tübingen, Mohr 1930; Ernst Fraenkel, "Die Krise des Rechtsstaates und die Justiz", 1931, reimpressão, in: *Zur Soziologie der Klassenjustiz und Aufsätze zur Verfassungskrise, 1931-1932*, Darmstadt, 1968, e, do mesmo autor, "Rechtsstaat", in: Ernst Fraenkel, K. D. Bracher (Ed.), *Stat und Politik*, Fischer, Frankfurt, 1957; Carl Schmitt, "Was bedeutet der Streit um den Rechtsstaat?", in: *Zeitschrift für die gesamte Staatsrechtswissenschaft*, 95, (1935), p. 193-201; sobre esse autor, cf. Olivier Beaud, "La critique de l'État de droit chez Carl Schmitt", *Caen*, 24, p. 112; Ernst Forsthoff, "Die Umbildung des Verfassungsgesetzes", in: *Festschrift für Carl Schmitt*, Berlin, Duncker und Humblot, 1959; do mesmo autor, *Rechsstaat im Wandel*, 1976 (2. ed.); F. Schneider, "Die politische Komponente der Rechtsstaatsidee", in: *Deutschland, Politische Viefteljahresschrift*, 3, 1968, p. 342-352; W. Leisner, "L'État de droit: une contradiction?", in: *Recueil d'Études en hommage à Charles Eisenmann*, Paris, Cujas, 1975, p. 65; Mehdi Tohidipur (Ed.), *Der bürgerliche Rechtsstaat*, Suhrkamp, Frankfurt am Main, 1978, 2 v.; Karl Michaelis, *Die Deutschen und ihr Rechtsstaat*, Berlin, New York, 1980; Dieter Grimm, "Der Wandel der Staatsaufgaben und die Krise des Rechtsstaates", in: *Die Zukunft der Verfassung*, Frankfurt am Main, Suhrkamp, 1991, p. 159-175; Ralf Dreier, "Der Rechtss-taat im Spannungsverhältnis zwischen Gesetz und Recht", in: *Recht-Staat-Vernunft. Studien zur Rechtstheorie*, Frankfurt am Main, Suhrkamp, 1991, p. 73-94; Michel Troper, "Le concept d'État de droit", *Droits*, 15, (1992), p. 51 e ss.: Uwe-Jens Heuer e Gerhard Riege, *Der Rechtsstaat, eine Legende?* Nomos, Baden-Baden, 1992; Heiner Noske, *Der Rechtsstaat am Ende? Analysen, Standpunkte, Perspektiven*, Olzog, München, 1995; Gerhard Lüke, "Die Krise des Rechtsstaats". *Symposium aus Anlaß des 80 Geburtstags von Ernst Wolf Hintze*, 1995; Delf Buchwald, *Prinzipien des Rechtsstaats. Zur Kritik der gegenwärtigen Dogmatik des Staatsrechts anhand des allgemeinen Rechtsstaats prinzips nach dem Grundgesetz der Bundesrepublik Deutschland*, Berlin, 1996; Hans-Martin Pawlowski e Gerd Roellecke (Eds.), *Der Universalitätsanspruch des demokratischen Rechtsstaates. Referate der Tagung der Deutschen Sektion der Internationalen Vereinigung für Rechts-und Sozialphilosophie*, ARSP, Beiheft, 65, 1996; "Gerd Roellecke, Rechtsstaat – Nichtrechtsstaat – Unrechtsstaat", *Rechtstheorie*, 28, (1997), p. 299-314. Theodor Tomandl *Rechtsstaat Österreich, Illusionen oder Realität?* Wien, Manz, 1997; Volkmar Schöneburg e Lutz Kirschner, *Schwierigkeiten mit dem Rechtsaat*, Berliner Debatte, 1996, (4); Peter Gilles, "Rechtsstaat und Justizstaat in der Krise", *Neue Justiz*, 52, (1998), p. 225-229; Horst Sendler, "Wiedervereinigung und Rechtsstaat", in: *Die Öffentliche Verwaltung*, 1998, p. 768 e ss. O tema é atual, principalmente graças à transição democrática na Europa central e oriental, cf. por exemplo: Csaba Varga, *Trasition to the Rule of Law*, Publications of the Project on Compartive Legal Cultures, Budapest, 1995.

tanto se o Estado de Direito já existe em tal área quanto se ele existe, ainda, em outro campo da ordem jurídica[17].

Esse curto esboço, se o aceitamos, mostra mesmo que o Estado de Direito como doutrina política é historicamente inseparável de outras exigências. A questão é, então, saber em qual medida elas são logicamente separáveis, pois as relações entre esses imperativos não são esclarecidas. Lá onde uns pedem o *Rechtsstaat*, outros exigem a democratização da vida política, o respeito aos direitos do homem e do cidadão, a separação dos poderes, a República ou o respeito dos valores republicanos. Devemos perguntar em qual medida o que chamamos de "Estado de Direito" parece destacável desses outros valores (autonomia) ou se ele pode ser reduzido a outro imperativo e, então, se pode ser derivado a partir dele.

A fim de esboçar tal teste, convém, agora, reconstruir o Estado de Direito como **tipo de ordem jurídica de acordo com o procedimento proposto**. Ora, ele se compõe, por sua vez, de várias exigências ou de classes de exigências. Depois de termos eliminado aquelas que aparecem, *prima facie*, como exigências que não podem ser traduzidas em termos jurídicos, poderemos perguntar se aquelas que aparecem, de início, como terminologicamente independentes, assim são, realmente, e em qual medida elas permitiriam, por sua vez, a derivação de outras revindicações.

A hipótese simplificada é considerar o Estado de Direito contemporâneo como uma conjunção dos três seguintes elementos: (a) a substituição condicional-dinâmica (Estado de Direito mínimo); (b) a determinação concreta (o Estado de Direito forte); (c) o controle jurisdicional compreensivo (o Estado de Direito conforme).

c] A substituição condicional-dinâmica

A análise do conceito formal mostrou que o Estado de Direito não pode ser nem um "Estado justo", porque o critério da justiça não é jurídico e tampouco objetivo, nem um "Estado submisso ao Direito", visto que, em uma perspectiva jurídica, não existe outro poder apenas normativo (desvinculado do Estado); talvez, somente outro Estado (com sua ordem jurídica ou subconjunto de ordem jurídica). Num sistema ditatorial, no sentido mais amplo do termo, o ditador é o órgão que acumula importantes habilitações normativas. Exigir, aqui, que o poder seja exercido de acordo com o Direito exclui somente o caso de uma ditadura de fato e consiste, paradoxalmente, em pedir que o sistema jurídico atribua, normativamente, ao ditador os poderes que ele exerce de fato.

---

17 Casos à parte voltam à literatura acerca do Estado de Direito; é a moda da especulação geral em textos que não se atrelam à analise de dados jurídicos específicos; por exemplo: Blandine Barret--Kriegel, *L'État et les esclaves*, Paris, Calman-Levy, 1979, ou, do mesmo autor, "État de droit", in: *Dictionnaire constitutionnel*, Paris, PUF, 1992, p. A5 e ss.

Essa solução parece, intuitivamente, pouco satisfatória – mesmo formalmente correta –, visto que ela se choca com a ideia de que existe, mesmo juridicamente, uma diferença entre a habilitação de um ditador e o estabelecimento dos procedimentos que associamos, claramente, ao "Estado de Direito". Essa restrição, perfeitamente compreensível, é baseada em uma confusão significativa a seu propósito. Se realmente existe uma diferença entre essas duas situações, elas têm um elemento comum, que as opõe àquelas que são externas ao Direito e ao Estado de Direito no sentido formal. O Estado de Direito se submete não ao Estado (nem ao inverso, este não se submete ao Direito, o que nada quer dizer), mas ao Direito; o Estado de Direito formal e mínimo se opõe à ausência de Direito, não por eliminação de conteúdos "injustos", mas pela redução da violência por meio da instituição de procedimentos.

Em uma situação em que aparece um conflito de poder entre várias pessoas ou grupos de pessoas e fora de qualquer regra jurídica, o mais forte será ganhador, em qualquer hipótese.

Admitamos, agora, que tal situação seja submissa a normas. "Ser submissa a uma norma" significa que os comportamentos em questão são visados, por enunciados linguísticos prescritivos, como obrigatórios, permitidos ou proibidos. Isso supõe que existem uma formulação dos comportamentos pertinentes, a determinação de uma área na qual se verificaria o conflito, a determinação do meio que permitiria conhecer a solução do conflito e, enfim, a determinação da solução de conflito como atribuição de poderes no sentido jurídico, isto é, de competências. Quando aplicamos esse esboço no caso do "ditador", devemos achar uma norma de atribuição de "plenos poderes" a uma pessoa e a designação dessa pessoa ou, eventualmente, seu modo de designação.

Essa substituição leva a várias consequências: ela é, necessariamente, explícita e, possivelmente, pacificadora.

Quaisquer que sejam os comportamentos imaginados, eles serão enunciados, explicitamente, como tais[18]. Em outros termos, o Direito diz que tal Estado é uma ditadura ou uma democracia, ele diz que a polícia política pode proceder às detenções arbitrárias ou que toda privação de liberdade exige seus tipos de controle e é sujeita a algumas condições restritivas. Já com relação ao simples poder, o Estado de Direito mínimo e formal diz quem pode exercer quais prerrogativas.

Como conjunto normativo, o Direito articula as etapas de comportamentos autorizados em procedimentos, isto é, um conjunto de ações cujo resultado é uma nova norma. O Estado mais brutal não é, no entanto, limitado; é definido pelo seu próprio Direito, visto que ele só pode fazer o que faz nas formas do Direito, produzindo normas e aplicando outras. Se, pelas normas, podemos impor

---

18 É obviamente possível que a **formulação** de uma norma seja feita de tal maneira que ela obscureça o que está em causa, sendo a norma, por definição, sempre a significação do enunciado.

qualquer comportamento possível, podemos, desde já, fazê-lo economizando a violência na atribuição de competências ou na produção de normas pelos órgãos competentes.

Tudo depende, agora, do uso do modelo. Ele oferece, de fato, a possibilidade de submeter conflitos a regras e, a partir do momento em que um conflito é submetido a regras, há a possibilidade de haver outra solução que não a vitória do mais forte. Em uma monarquia absoluta, a lei de sucessão dirá quem assumirá, ou melhor, quem é mais habilitado para assumir a competência do monarca absoluto, ao passo que as sucessões são feitas com violência quando da ausência de tal regra. "O mais forte" é, desde já, aquele que domina melhor a regra, e não aquele que tem mais meios de impor sua vontade brutal. Isso não exclui o fato de que alguns indivíduos fazem uso, verdadeiramente, de violência brutal, o que não é próprio a esse tipo de situação, especificamente, pois toda norma pode, por definição, ser transgredida. Também não se exclui a circunstância de que uma norma permita o uso da restrição; todavia, trata-se de uma norma explícita de permissão, e não de simples violência, valendo ressaltar que ela responde, exatamente, às exigências do Estado de Direito mínimo, segundo as quais todo comportamento, independentemente de seu conteúdo, é objeto de uma modalização deôntica [obrigação (O), permissão (P), proibição (V)]. Com o uso não regulamentado da força, saímos do Estado de Direito mínimo, isto é, do exercício de competências (mesmo exorbitantes) segundo as normas explícitas.

O que exige a Teoria Política do Estado de Direito (mínimo) é que, idealmente, todos os conflitos sejam submetidos a regras que têm sua solução independentemente dos poderes factuais dos atores envolvidos. É em um segundo momento que ocorrerá a exigência da substituição de regras de procedimento por regras de habilitação indeterminadas, permitindo ao limite o uso da violência.

Essa ideia constitui uma preocupação permanente dos protagonistas do Estado de Direito. Dois exemplos ilustrarão essa vontade. Durante a elaboração da Constituição da Carolina do Norte, em 1786, foi introduzido, explicitamente, um poder de emenda submetido a um procedimento reforçado em relação àquele que regula a produção da lei; ou seja, emendar a Constituição seguiria um procedimento mais dificultoso do que o da elaboração da lei ordinária. James Iredell comenta essa novidade nestes termos: "esta maneira constitucional de modificar a Constituição nunca foi, provavelmente, conhecida antes de nós"[19]. Pouco importa saber se se trata, verdadeiramente, da primeira ocorrência histórica de um Poder Constituinte derivado, sendo este significativo por ser a referência implícita à **Teoria da Metábole Politeia**, segundo a qual apreciávamos, até então, as mudanças de governo que se impunham pela violência e/ou pela revolução.

---

19 Citado in: Stourzh, "Zum Problem der Verfassungswidrigkeit im 18. Jahrhundert", in: *Wege zur Grundrechtsdemokratie*, Wien Köln, 1989, p. 57.

O outro exemplo vem de Kelsen, que mostra até que ponto ele é, como autor político, impregnado da cultura do *Rechtsstaat*, mesmo criticando a ideologia que tem esse nome. Em 1926, ele escreve uma tese sobre as modalidades jurídicas da integração da Áustria na República de Weimar[20]. Ele compara as Constituições dos dois países e afirma que uma adesão da Áustria só pode ser feita se a Alemanha consentir em adotar algumas novidades constitucionais desenvolvidas pelo seu vizinho meridional. Não surpreende ver que a Justiça Constitucional[21] está em primeiro lugar. O que interessa é a justificação. A Constituição de Weimar conhece, ainda, a imposição do Império (alemão) em caso de não submissão de um *Land* a uma norma do *Reich* se esse for competente. Para Kelsen, isso é somente uma forma jurídica para a guerra civil. A Justiça Constitucional permite transformar, segundo ele, esse conflito político em conflito jurídico. Todavia, tecnicamente, essa transformação teria sido feita com a ajuda da substituição de um tipo de norma por outro. Logo, a permissão da execução teria sido substituída pela exigência de um recurso diante de um órgão arbitral e pela obrigação de renúncia à violência.

Em geral, essa substituição é condicional e dinâmica[22], pois a exigência é de pedir que haja a substituição das normas que autorizam diretamente o uso da força (física ou psicológica) por normas que o submetem a um procedimento e o tornam, assim, contrafactual em circunstâncias nas quais os conflitos poderão aparecer, em que a simples força arrisca se impor.

Existe, no entanto, uma diferença importante entre os dois exemplos. O primeiro caso (a introdução do procedimento de emenda) está na instituição de um órgão cujos atos são, por definição, submissos a condições de validade determinadas. A substituição está aqui na introdução de uma habilitação (permissão) no lugar de uma simples interdição [proibição (V)]. No segundo caso, há uma substituição à permissão de exercer, diretamente, a violência sob certas condições de interdição (do uso da violência) conjugada com a habilitação de recorrer perante outro órgão que não é como tal ator. Os órgãos subsistem, mas, por conta da diferenciação orgânica, introduzimos um terceiro habilitado para regular o conflito. A substituição pode ser operada pela instituição de órgão ou

---

20 Hans Kelsen, "Die staatsrechtliche Durchführung des Anschlusses Öster reichs an das Deutsche Reich", manuscrito datilografado, *Allgemeines Verwaltungsarchiv*, successão Karl Renner, Konv. 10, "Deutsch-Österreichische Arbeitsgemeinschaft", publicado in: *Zeitschrift für öffentliches Recht* v. VI (1927), p. 329-352.

21 **Nota do tradutor (NT):** Kelsen foi o principal – e mais célebre – idealizador do controle concentrado de constitucionalidade.

22 Cf. Clemens Jabloner, "Verrechtlichung und Rechtsdynamik", in: *Zeitschrift für öffentliches Rechts*, 54 (1999), p. 261-278; Otto Pfersmann, "De la justice constitutionnelle à la justice internationale. Hans Kelsen et la seconde guerre mondiale", *Revue Française de Droit Constitutionnel*, n. 16, (1993), p. 761-790.

pela diferenciação orgânica e, principalmente, pela introdução de um órgão jurisdicional.

Podemos, assim, distinguir um Estado de Direito ultramínimo, em que o uso da violência está somente submisso à exigência de um enquadramento normativo explícito, de um Estado de Direito mínimo no qual a obrigação é normativamente minimizada, o que significa que o substituímos, na medida da possibilidade em que os procedimentos permitam identificar os litígios, como a questão de direito, e decidi-los, afastando para o mais longe possível o uso último da força.

d) Determinação concretizadora

O que é possível fazer quando o Direito, como instrumento normativo, é controlado? Se a simples pacificação é relativamente neutra em relação às ideologias políticas, caso a preferência pelo regulamento pacífico dos conflitos coloque em evidência uma escolha política, um reforço das potencialidades estruturais do Direito usa escolhas políticas cada vez mais explícitas. De fato, a submissão do fato (evento ocorrido no mundo físico) ao Direito não envolve conteúdo específico, mas, uma vez o Direito usado, todos os desvios constituem preferências materiais. E toda produção normativa agindo sobre estruturas próprias do sistema limita, necessariamente, as decisões em favor de outros conteúdos.

Como a ideologia do Estado de Direito parece explorar as possibilidades das ordens jurídicas, ela assim faz em uma perspectiva liberal, isto é, orientando o uso da edição do Direito para a proteção de uma esfera de liberdade da pessoa. Isso aparece através da aplicação de um segundo aspecto da submissão ao Direito. Se o ponto de partida se manifesta no direito de exercer um poder e a obrigação respectiva de obedecer àquela ou àquele que detém esse direito, a exigência do Estado de Direito forte se manifestará, a partir desse momento, na diferenciação cada vez mais forte, cada vez mais precisa, das competências, na obrigação de exercer um poder normativo com condições e, enfim, na precisão crescente dessas condições. No entanto, o que aparece aqui como liberal, aqui não está de maneira constitutiva, mas está, sim, por conta de seus efeitos. A exigência da determinação é uma arma liberal em um contexto político que assume, mais abertamente, o absolutismo, devendo salientar que esse fato é conjuntural e nada impede que um Estado de Direito forte seja solidamente repressivo.

Esse imperativo não diz respeito somente aos atos de violência ou de poder imediato; ele diz respeito, de maneira geral, a todo poder jurídico, isto é, a toda habilitação normativa[23]. Admitamos que um órgão tenha o direito de aplicar

---

23 **Nota do tradutor (NT):** por habilitação normativa entenda-se o *law-making-power* (ou seja: "o poder de criar o Direito", equivalente semanticamente ao que significa "positivar normas"). Logo, a habilitação é uma nomenclatura alternativa para o modal deôntico da permissão (P).

sanções. Segundo a exigência de determinação, cada categoria de sanções deverá ser especificada e sujeita a condições tão determinadas quanto possível: por evidente, deve-se entender que a determinação da sanção é feita previamente pelo próprio Direito. Mas, desde aí, essa regra deve ser aplicada, nas mesmas condições e sob o mesmo título, à norma segundo a qual aquela primeira norma fora produzida, e assim por diante: e temos aí o universo de produção normativa, escalonado, nele se vendo uma norma a buscar sua validade em outra que lhe é anterior e superior; isso se chama Direito, e Direito é sistema jurídico, nada mais!

Se isso diz respeito aos níveis mais elevados ou aos mais baixos, toda norma deverá ser determinada por uma outra norma fortemente determinada. Vemos, logo, que essa generalização atinge, primeiramente, o Poder Judiciário, em seguida, a Administração, depois, o legislador e, enfim, o constituinte (derivado).

Não é contestado o fato de que o Direito seja normativo, no sentido de que ele imponha obrigações ou, até mesmo, no sentido de que ele atribua a permissão de exercer uma obrigação quando outras normas não são respeitadas. Tal é, ao contrário, nosso ponto de partida. A exigência do Estado de Direito se opõe ao fato de que uma norma possa dar a permissão de escolher entre vários comportamentos possíveis, mesmo porque, se a conduta "x" é proibida, então, em virtude da proibição, é obrigatório não executá-la.

A técnica da substituição está ligada à atribuição de poderes eventualmente amplos nas circunstâncias em que uma decisão resulte de um conflito. O imperativo de redução das escolhas possíveis, ou seja, de redução do "poder discricionário" se alimenta de várias fontes. A doutrina privatista mais tradicional afirma a unicidade da solução de toda *quaestio juris*[24]: a justiça é única, qualquer que seja o caso. Em segundo lugar, poderemos admitir que o fato de que ter a escolha entre vários comportamentos possíveis reforça o poder de um órgão habilitado (à produção normativa) em relação àquela ou àquele que será o destinatário desse comportamento. Ora, trata-se, ao contrário, de reduzir ao máximo tal poder, isto é, a capacidade decisória.

No caso ideal, nenhuma habilitação jamais permitiria uma escolha, e toda habilitação viria com uma obrigação. No entanto, quando há obediência ao órgão, só pode ser de tal maneira que a pessoa afetada pelo ato do órgão sempre saiba – em certos limites – como ela será tratada pela autoridade. E, obviamente, o mesmo princípio se aplica à relação entre o titular ou entre os titulares da função orgânica e o órgão superior.

A exigência da exclusão do arbitrário tem mesmo o princípio de substituição como fundamento necessário, mas ele não é derivável diretamente. Não é

---

24 Cf. Michel Boudot-Ricoeur, *Le dogme de la solution unique*, Thèse Aix-Marseille III, 1999. Essa ideia volta com força na obra de Ronald Dworkin (*Right Answer Thesis*), que a desenvolve principalmente em *Taking Rights Seriously*, London, 1978.

possível limitar as escolhas na definição das normas sem o Estado de Direito mínimo, mas não se duvida do fato de que seria necessário limitar essas escolhas.

Tamanha limitação deixa transparecer várias dificuldades. Sua eliminação integral produziria um Estado de Direito máximo, que aboliria, ao mesmo tempo, toda liberdade do indivíduo (pessoa física) como sendo também ele (o indivíduo) um órgão habilitado para exercer escolhas. Entretanto, essa construção só tem valor como modelo, pois ela é irrealizável, a menos que todas as normas sejam produzidas em sua totalidade e que todos os comportamentos sejam ligados uns aos outros em termos de obrigação, sem nenhuma margem de escolha. Ora, até mesmo tal cenário é abstratamente imaginável se todos os comportamentos forem efetiva e normativamente determinados, sem nenhum grau de variante e sem nenhuma norma de habilitação que não seja correspondente a uma obrigação.

O ideal do Estado de Direito forte não será, então, aquele do Estado de Direito máximo, mas aquele de uma ordem jurídica em que as autoridades teriam um campo de ação fortemente enquadrado, sem bloquear as escolhas admissíveis das pessoas e a condição de que essas escolhas sejam, como escolhas, as mais determinadas possíveis. Será necessário, dessa forma, apresentar uma nítida distinção entre a categoria daqueles que se beneficiarão de um amplo leque de escolhas e, até mesmo, de um máximo de escolhas compatíveis e aquela formada por aqueles que deverão aplicar regras construídas de tal maneira que concedem, ao inverso, somente o mínimo de escolhas possíveis. As esferas respectivas dessas duas categorias serão opostas sob as alcunhas de "privado" e de "público". Ainda que seja impossível estabelecer, em si mesmo, uma distinção entre "Direito público" e "Direito privado", pelo fato de inexistir norma que seja intrinsecamente "pública" ou "privada", a Teoria Política do Estado de Direito forte exige que tal divisão seja operada pelo Direito Positivo. Ela é, portanto, indissociável de uma concepção liberal da política, tendo como objetivo proteger uma esfera de liberdade (de escolhas juridicamente enquadradas) pelo indivíduo.

Qualquer que seja, agora, o grau de liberdade dado às diferentes categorias de destinatários, o Estado de Direito forte exige que toda norma deve ser determinada e que cada caso possível deve ser objeto de uma regra distinta e, principalmente, sem ambiguidade (até mesmo quando ela atribui possibilidades de escolha). Esse princípio tem uma tripla incidência:

I] Ele estende, potencialmente, ao infinito a quantidade das normas do sistema[25]. Temos, obviamente, como resultado, uma complexidade crescente da ordem jurídica como ordem normativa. Paradoxalmente, certas propriedades derivadas e, habitualmente, associadas à ideia de Estado de Direito forte, como certa forma de "segurança jurídica" (entendida no sentido de que podemos ter a certeza do Direito aplicável em situações nas quais somos interessados), podem ser, ao contrário, reduzidas pelo fato de que a complexidade do sistema excede as capacidades cognitivas dos destinatários[26].

II] Tamanha exigência leva, portanto, em segundo lugar, a um trabalho linguístico-lógico importante, para não dizer extremo, pois precisará reduzir ao máximo todas as formulações vagas e indeterminadas, o que supõe que dispomos do instrumento teórico necessário a evitar a ambiguidade de todo conceito vago e/ou indeterminado. Em todo caso, não é por acaso que o imperativo do *Rechtsstaat* aparece na Alemanha ao mesmo tempo que o importante trabalho da conceitualização, que deveria levar à confecção do Código Civil Alemão[27] (BGB) e que resultou, conforme assistimos vinte anos depois, na redação de uma Constituição na Áustria cujo objetivo técnico declarado é, precisamente, aquele de não manter ambiguidades e de obrigar o legislador e a Administração a respeitar os mesmos imperativos[28].

III] Em terceiro lugar, a exigência de determinação obriga as "autoridades" a justificar (motivar) toda particularização; em outros termos: **toda produção de uma norma específica ocorrerá – necessariamente – a partir da interpretação e sobretudo da aplicação de uma norma mais geral**[29]. Isso porque, quando

---

25 **Pretender** – tal como o faz magistralmente Ronald Dworkin, ainda que sem tamanha repercussão quanto ao sucesso (cf. nota anterior) – **que o poder discricionário** não exista somente é possível a esse preço, até mesmo quando distinguimos entre "regras" e "princípios" com moderação variável, pois quando cada caso deve encontrar uma única solução correta, o princípio não sofre nenhuma variação desde que ele seja aplicado a uma espécie determinada. Ora, é a mesma coisa que afirmar que existem tantos princípios quantos casos aos quais são aplicáveis (cf. Otto Pfersmann, "Arguments ontologiques et argumentation juridique", in: Otto Pfersmann (Sld.), *Theories et théoriciens* (Droit, Economie, Education, Histoire de l'art et de la littérature), número especial da revista *Austriaca* n. 47, (1998), p. 53-73.

26 Cf. por exemplo a notável análise de Clemens Jabloner, Das "Denksporterkenntnis des Verfassungsgerichtshofes im Spannungsfeld von Verfassungsrecht und Rechtstechnik", in: Bernd Christian Funk et al. (Éds.), *Staatsrecht und Staatswissenschaften in Zeiten des Wandels, Festschrift für Ludwig Adamovich zum 60. Geburtstag*, Wien, New York, Springer, 1992, p. 189-201. O tema da complexidade marcou toda a Sociologia do Direito de Luhmann (cf. por exemplo *Rechtssoziologie*, Opladen Westdeutscher Verlag, 19873, *Ausdifferenzierung des Rechts*, Suhrkamp, Frankfurt am Main, 1981; *Das Recht der Gesellschaft*, Frankfurt am Main, Suhrkamp, 1993.

27 Cf. a apresentação antiga, de fato, e frequentemente problemática in: Franz Wieacker, *Privatrechtsgeschichte der Neuzeit*, Vandenhoeck und Ruprecht. Göttingen, 1967 (2. ed.), p. 439 e ss.

28 Cf. a apresentação que dá Kelsen in: *Österreichisches Staatsrecht. Ein Grundriß, entwicklungsgeschichtlich dargestellt*, Tübingen, 1923.

29 **Nota do tradutor (NT):** o Poder Judiciário brasileiro tem escapado dessa lógica, sobretudo o Supremo Tribunal Federal, no caso deste mais ou menos desde 2003.

a atribuição de uma escolha entre várias possíveis é, geralmente, problemática ao se tratar de uma autoridade, convém que apareçam as razões pelas quais o órgão prefere, finalmente, uma das soluções imaginadas ou porque a solução escolhida era de fato a única possível.

Enfim, o ideal do Estado de Direito forte é inacessível por várias razões:

- É, trivialmente, impossível produzir uma realidade ideal mais rica que o real, pois ela deveria prever todas as situações de atualizações possíveis.
- A segunda razão pertence à extrema dificuldade que representa a eliminação, mesmo parcial, da indeterminação da linguagem comum, usada na formulação de normas[30]. Toda nova precisão reintroduz, assim, facilmente, novas indeterminações[31].
- Enfim, a estrutura hierárquica constitutiva do sistema jurídico[32] se opõe à sua determinação ideal.

O Direito regula sua própria produção. Uma norma que determina as condições de validade de outra norma pode ser apresentada em duas formas: (i) ou ela admite que a norma de grau inferior possa ser válida mesmo com defeitos (querendo isso dizer que ela pode não estar de acordo com a totalidade das exigências da norma superior, caso em que a determinação que, de longe, é a mais frequente nas ordens jurídicas, não pode, por hipótese, ser integral); (ii) ou ela exclui o fato de que uma norma de grau inferior possa conter defeitos. Em outros termos, não se verificarão condições de validade caso se detecte o mínimo defeito, levando à nulidade, isto é, à inexistência pura e simples da norma nesse sistema. Nesse caso, relativamente raro, todo órgão deverá apreciar (como para todas as condições de validade no sentido estrito) a validade – ou a não validade –, e essa

---

30 Cf. Michael Thaler, *Mehrdeutigkeit und juristische Auslegung*. Wien-New York, 1982.
31 A Teoria Realista da Interpretação deduz que todo enunciado está aberto a qualquer interpretação e que, assim, toda formulação de norma é interpretada somente pelas aplicações que ela encontra (cf. Michel Troper, op. Olivier Cayla, *La notion de signification en droit* – Thèse Paris II, 1992). Tal cit.: conclusão não segue, de qualquer forma, essa premissa. De fato, uma aplicação está na produção de outra norma, de grau inferior (uma "concretização"), expressa, por sua vez, por uma formulação de norma. Ora, esta deveria, de acordo com a teoria, de novo, ser aplicada para sabermos o que ela quer dizer, e assim por diante até o infinito. Querendo, radicalmente, relativizar o significado, ela se torna inteiramente incerta. A Teoria Realista da Interpretação é uma teoria cética, baseada na confusão entre a concretização orgânica que não é, como tal, um ato cognitivo, mas um ato normativo e a interpretação *stricto sensu* – que não tem nenhum valor – normativo. A Teoria Realista entendeu muito bem esse último traço, mas ela deduz que, como a interpretação não tem valor normativo, ela não teria valor cognitivo, o que não é verdade (salvo, trivialmente, se a interpretação for falsa). Cf. também Charles Leben, "Le principe d'égalité devant la loi et la théorie de l'interprétation judiciaire", in: Guy Haarscher (textes rassemblés par) *Chaim Perelman et la pensée contemporaine*, Bruylant, Bruxelles, 1993, p. 215-235.
32 Cf. Otto Pfersmann, "Carré de Malberg et la 'hiérarchie des normes'", op. cit. Na mesma linha que Otto Pfersmann, La théorie réaliste de l'interprétation, in: Louis Favoreu (Dir.), *Droit constitutionnel*, Dalloz, Paris, 1998 (24. ed., 2022).

apreciação se tornará, por sua vez, uma premissa de produção normativa. Assim, então, estaremos novamente diante da alternativa que acabamos de descrever.

A simples determinação das condições de validade não permite, portanto, atingir o caso ideal. No entanto, a *Teoria da Hierarquia das Normas* mostra que existe outra técnica que pode reduzir o que aparece como um dado inevitável das ordens jurídicas, tão problemático quanto a existência de normas parcialmente indeterminadas: aquela das normas contendo defeitos.

Como é impossível manter a exigência de determinação completa, será preciso limitar aquela da determinação razoável, reconhecendo, ao mesmo tempo, que "razoável" seja, por sua vez, um conceito indeterminado. No entanto, se julgamos nocivas as incoerências da ordem jurídica, qualquer seguidor da Teoria da Determinação Concretizadora é obrigado a assim fazer, tornando-se necessário introduzir (ou reforçar) um mecanismo que permita a destruição ou a modificação de normas defeituosas.

e] O controle jurisdicional compreensivo

Não podendo evitar a produção de normas defeituosas, o imperativo do Estado de Direito exige que toda norma possa ser controlada antes e/ou depois de sua entrada em vigor por órgãos especializados, distintos daqueles que editaram originariamente a norma defeituosa, e independentes em relação a estes[33]. De fato, a eliminação inteira dessas normas é, por hipótese, impossível, já que sempre existirão órgãos-limites. Por um lado, sempre existirá um órgão que decidirá, em último lugar, em termos de controle e, por outro lado, um órgão será, necessariamente, o último no que tange à determinação das competências do órgão-limite em termos de controle. Será, então, possível reduzir o problema dos defeitos, mas não eliminá-lo. É possível limitar as categorias de normas não submissas ao controle, mas não seria possível tornar todas as normas controláveis.

---

33 Por *independente* queremos afirmar que os titulares da função orgânica não são os destinatários de normas individuais por parte do outro órgão, bem como que aqueles não podem ser sancionados por este.

O Estado de Direito é necessariamente limitado, e é especificamente assim que ele atinge o que seus teóricos consideram como condição para sua realização[34-35].

Seguindo esse raciocínio, procede em todo caso que o imperativo de controle é um imperativo derivado, mas que ele implica, por sua vez, uma diferenciação orgânica específica. A habilitação para produzir uma categoria de normas equivale à criação de um órgão dotado dessa competência. O imperativo de controle exige a instituição de órgãos cuja atribuição diz respeito à destruição e à reformulação de normas com fundamento em um controle de conformidade. Teoricamente, um órgão pode, obviamente, acumular várias funções, mas o acúmulo da produção e da destruição normativa, a partir de um controle, tornaria este pouco operante. Tratando-se de proceder a um controle objetivo (na medida do possível), isto é, fundado em um raciocínio e a partir de premissas externas que devemos primeiro identificar, é melhor confiá-lo a um órgão diferente (daquele encarregado de produzir a regra) e dotá-lo de garantias de independência, ou seja, protegê-lo de toda norma individual. Nesses termos, o imperativo do Estado de Direito implica, no entanto, certo grau de *separação dos poderes* (nome este que damos, coloquialmente, à diferenciação orgânica).

Um controle só pode acontecer quando existe um órgão que possa acionar o órgão de controle (que pode ser, eventualmente, ele mesmo, o órgão de controle). O **Estado de Direito Conforme** é então indissociável da existência dos titulares do direito de apelar, mas é possível dissociar esses titulares dos eventuais beneficiários do controle. Se há o direito a algum recurso para acionar o órgão de controle, a atribuição desse direito pode ser pensada de várias maneiras. É possível confiá-lo a órgãos especiais na forma de simples habilitação ou de habilitação com obrigação, sendo concebível concedê-lo a várias categorias de titulares de acordo com modalidades diferentes; podemos alargá-lo ao conjunto de pessoas capazes de demonstrar que elas são prejudicadas pelo fato de que uma norma esteja em contradição com uma norma superior; enfim, podemos generalizar a toda pessoa, sem nenhuma outra condição, nos sistemas diferentes, os quais têm a possibilidade de ser combinados pela diferenciação dos tipos de recursos.

---

34 Como resultado, o **Estado de Direito Conforme** está limitado quando se trata de determinar a conformidade das normas constitucionais supremas, já que elas não têm por hipótese, no sistema dado, nenhuma norma superior em relação a qual seria impossível examinar uma "conformidade". Um tribunal constitucional que assumiria a competência de controlar, por exemplo, a conformidade material de uma revisão total numa ordem jurídica conhecendo uma forma de constitucionalidade superior, como a Espanha, a Áustria ou a Suíça, assume simplesmente um poder constituinte originário e, no entanto, revolucionário, oposto ao Estado de Direito Conforme.

35 Na literatura mais recente, encontramos essa variante do **Estado de Direito Conforme**, às vezes com a etiqueta do "Estado constitucional" (*Verfassungsstaat*). Cf., por exemplo, Ernst-Wolfgang Böckenförde, "Begriff und Probleme des Verfassungsstaates", in: mesmo autor *Staat, Nation, Europa*, Suhrkamp, Frankfurt am Main, 1999, p. 127-140; Robert Alexy, "Die Institutionalisierung der Menschenrechte im demokratischen Verfassungsstaat", in: Stephan Gosepath e Georg Lohmann, *Philosophie der Menschenrechte*, Frankfurt am Main, Suhrkamp, 1998, p. 244 e ss.

Pergunta-se: a exigência do **Estado de Direito Conforme** impõe uma escolha em favor de uma de suas variantes, mais que a outra? Esse problema é delicado, não só porque a maioria dos Estados que se dizem Estados de Direito adotara, a propósito, soluções muito diferentes, com frequência, mas também porque a aplicação de um direito ao recurso se choca, até mesmo quando ele é acompanhado de uma obrigação, a factualidade das motivações concretas dos destinatários e que um sistema "forte" possa ficar mais fraco que um sistema propriamente "fraco" quando olhamos, simplesmente, as práticas. O Estado de Direito deve considerar essas motivações, acarretando a adoção do sistema que, em um contexto dado, terá mais chance de chegar a uma conformidade máxima das normas de grau inferior com as normas de grau superior? Tal pergunta está mal colocada. De fato, nenhuma norma pode garantir que será respeitada, qualquer que seja a importância dada às motivações dos destinatários em sua formulação. No entanto, estaria em contradição com as exigências de um Estado de Direito se os procedimentos de controle estivessem construídos de tal forma que sua aplicação dependesse dos riscos das motivações dos destinatários, mais exatamente se essas regras pudessem impedir que o órgão de controle fosse acionado à medida que existissem pessoas que poderiam querer acioná-lo. Nada impede, por sua vez, que o direito de apelar esteja em primeiro lugar, limitado a certas categorias de órgão, todavia seria inadmissível que se impedisse alguém de acionar o órgão de controle porque aqueles que poderiam fazê-lo, em primeiro lugar, não o fazem. O Estado de Direito requer, portanto, um direito ilimitado de apelar para toda pessoa prejudicada pelo "Direito contrário ao Direito", ou seja, por normas com um defeito e, em último lugar, por toda pessoa destinatária das normas do sistema.

Nessa perspectiva, todas as restrições do direito ao recurso e todas as formas de filtragem do acesso às jurisdições constitucionais – compreendidas no sentido amplo de órgãos jurisdicionais, controlando a conformidade de normas materiais legislativas –, tais como as limitações estritas de um direito a apelar, a um recurso em cassação ou à revisão de uma decisão de justiça, estão contrárias ao Estado de Direito Conforme.

Histórica e sistematicamente, o Estado de Direito faz prevalecer a determinação e conformidade do Direito sobre a estabilidade do direito que a doutrina tradicional chama, às vezes, de *segurança jurídica*. A estabilidade da norma no tempo é, geralmente, subordinada à sua conformidade em relação às exigências que determinam seu conteúdo. O Estado de Direito exclui, simplesmente, as modificações de normas fora das regras sobre modificação de normas, elas mesmas claramente enunciadas; as mudanças de situações jurídicas não são proibidas, mas se exige aqui, como em outro lugar, a possibilidade de acionar o órgão de controle de conformidade das modificações das regras, modificações estas que devem respeitar as normas concernentes ao procedimento de modificação.

O Estado de Direito Conforme implica, então, um direito fundamental que é aquele de ser o destinatário de normas claramente determinadas (na medida do possível) e aquele em que se pode pedir, subsidiariamente, o controle de conformidade das normas em relação àquelas de grau superior, não decorrendo necessariamente dessa lógica outros direitos fundamentais, pois tais direitos, dados, ou não, aos destinatários, dependem da ponderação que as ordens jurídicas operam entre o princípio do Estado de Direito e outras exigências políticas concernentes ao conteúdo do direito.

O Estado de Direito, como imperativo específico do que deveria ser o Direito, relaciona-se somente com o conteúdo da ordem jurídica. Não pode haver Estado de Direito sem Direito, ou seja, sem a submissão dos comportamentos humanos a normas – cujo respeito pode ser, eventualmente (sempre segundo normas de direito), exigido com a ajuda da força, em último recurso – mas principalmente, e primeiramente, sem a submissão dos comportamentos a normas que excluem os regulamentos de conflitos pelo confronto bruto de poderes. Uma vez aplicado o Estado de Direito mínimo, pode haver um reforço por meio da maximização da determinação das normas.

Em último lugar, poderemos pretender que todo procedimento de edição de normas seja objeto de um controle de conformidade (em relação às exigências que poderiam formular as normas de estatuto iguais às regras de produção da norma em questão), cujo exercício será atribuído a um órgão diferente daquele que é o originalmente competente, em termos de produção. Tal controle generalizado implica, necessariamente, a existência de titulares do direito de apelar para que a última reivindicação possível de formular a título de Estado de Direito seja a de generalização do direito e/ou a obrigação de acionar, pelo menos a título subsidiário: o direito deve ser determinado, o direito deve ser conforme. Essas exigências são obtidas por reforços sucessivos. Assim, o Estado de Direito não comporta nenhum imperativo de democracia ou de direitos fundamentais (outros que aqueles que implicam a existência de controles de conformidade). Ele implica segurança jurídica ou "separação dos poderes" somente de maneira relativa: aquela que vem, por hipótese, do fato que o direito e, por consequência, sua modificação é, também, determinada e controlável, ou aquela que leva por hipótese à diferenciação orgânica constitutiva da determinação da hierarquia das normas e dos procedimentos de controle de conformidade.

O Estado de Direito é uma exigência que se refere à **estrutura** da ordem jurídica, e **não diretamente ao seu conteúdo**. Não pede, em primeiro lugar, que o Direito contenha normas predefinidas, atribuindo direitos segundo o mesmo critério, mas que as normas editadas tenham certas propriedades – e esse imperativo é, obviamente, referente ao conteúdo das normas de estruturação do sistema. O Estado de Direito é uma exigência de segundo grau que corresponde a uma abstração crescente dos modos de análise das ordens jurídicas. Ele tem incidências indiscutíveis sobre o conteúdo de outros princípios, mas não podemos confundir sua emergência histórica concomitante com outras reivindicações, como a democracia ou as liberdades fundamentais, como se houvesse uma eventual dependência lógica.

Um procedimento normativista permite, então, mostrar bem a autonomia do Estado de Direito. E isso foi demonstrado aqui.

Título II
Democracia e Estado de Direito

Capítulo 4

Princípio majoritário e democracia jurídica: a propósito de um argumento de Kelsen revisto por Michel Troper

4.1 A oligarquia oculta

Michel Troper sempre se interessou pela democracia, foi um defensor árduo. Não de qualquer democracia, mas de uma forma de governo em que existe uma verdadeira participação dos cidadãos na elaboração das normas. É a partir de uma concepção exigente da democracia que Michel Troper critica algumas das suas expressões contemporâneas, em particular aquela às vezes denominada *democracia constitucional*, isto é, aquela que inclui em sua arquitetura jurídica um controle jurisdicional de constitucionalidade de leis adaptadas por um órgão representativo eleito.

Michel Troper pretende, assim, dificultar o modelo do governo mais frequentemente reconhecido e mais largamente usado na atualidade: aquele em que o legislador parlamentar é submetido ao controle de um órgão jurisdicional e às exigências de uma Constituição que regulamenta as competências, as obrigações e as permissões respectivas. Esse conjunto agrupa os objetos, os mais diferentes, em substâncias, os quais a Constituição formal protege, abrangendo desde as atribuições do Parlamento ou do Presidente da República até os direitos do homem e do cidadão. A garantia desses valores incumbe, entre outros, a um órgão jurisdicional ligado à Constituição, o qual obriga, pelas suas decisões, os outros a respeitar esta mesma Constituição.

Segundo Michel Troper, tal construção sofre de defeitos vindos tanto da natureza do sistema jurídico quanto da fraqueza do argumento político pelo qual procuramos justificá-la. Pouco importa a maneira usada pelos defensores, essa concepção não é democrática, a menos que seja definida com antecedência a fim de não ser ligada ao método de decisão pela participação direta ou indireta dos destinatários de acordo com o princípio da maioria[1].

Pode-se afirmar que tal crítica não é marcada pela originalidade. Ela foi sustentada por todos aqueles que consideram que só o órgão democrático principal pode ser verdadeiramente democrático. De fato, este não pode ser sancionado por outro órgão não democrático, a menos que sejam considerados "democráticos" modos de decisão contrários ao que o uso mais elementar do termo assume como constitutivo da democracia, ou seja, o princípio majoritário. A originalidade do argumento de Michel Troper vem de seu radicalismo e de seu caráter sistemático. Ele articula a questão do modo de decisão com o problema da natureza do

---

1   A crítica à concepção ideológica comum da democracia constitucional é um tema recorrente nos trabalhos de Michel Troper. Ver, principalmente, os seguintes artigos: "Justice constitutionnelle et démocratie", in: *Pour une théorie juridique de l'Etat*. Presses Universitaires de France, pp. 329-346; "Kelsen et le contrôle de constitutionnalité", in: Carlos-Miguel Herrera (Sld.), *Le droit, le politique autour de Max Weber, Hans Kelsen, Carl Schmitt*, L'Harmattan, Paris, 1995, p. 157-182, retomado em *La théorie du droit, le droit, l'État*, Presses Universitaires de France, 2001, p. 173-193; "Le bon usage des spectres. Du gouvernement des juges au gouvernement par les juges", in: op. cit., p. 231-247.

sistema jurídico e desenvolve todas as consequências. Ele mostra, também, que o problema não está tão atrelado ao fato de acomodar as relações de um órgão não democrático em um órgão democrático principal, mas sim em propor uma concepção unificada e coerente, permitindo justificar um sistema de controle de constitucionalidade. Entretanto, tal tentativa é, segundo ele, propícia ao fracasso, e isso por pelo menos quatro razões, as quais serão delineadas a seguir.

Em primeiro lugar, não é possível engessar juridicamente um órgão de controle jurisdicional, isso por conta da natureza da decisão judicial. Ao contrário do que sugere a doutrina tradicional, não é a "Constituição" ou a "lei" que prescrevem suas ações aos juízos, pois os textos normativos gerais e abstratos são indeterminados e não têm, por sua vez, significado. Este é atribuído pelo ator que os **interpreta**. Logo, não é de todo possível controlar a prestação jurisdicional *a priori*, nos limites predeterminados pela Constituição. De resto, o juiz é aquele que decide definitivamente um caso e, como consequência disso, nada pode impedi-lo de tomar decisões que estão fora das competências que lhe seriam atribuídas, já que a questão de saber quais são, de fato, essas competências, também é atribuição do órgão judicial. Se instituirmos um juiz de constitucionalidade, ele será juiz somente perante a constitucionalidade que ele mesmo terá definido e não referente a uma quimérica Constituição objetiva. Essa realidade implica que o próprio sistema substitua o problema: em vez de termos um legislador democraticamente eleito, teríamos um legislador indiretamente nomeado.

Em segundo lugar, o controle por uma Corte teria um caráter jurídico, enquanto a produção normativa por um legislador parlamentar teria um caráter "político".

Todavia, é impossível afirmar que uma Corte não decide de maneira política ao menos quando da resolução de um conflito de interesses, como também quando ela expressa escolhas de valor finalmente, quando suas decisões são assentadas em considerações partidárias. De fato, ela não pode, por hipótese, não resolver conflitos e, dessa forma, ela expressa preferências de valores. Não é impossível impedir a influência das considerações partidárias, já que os membros dessas jurisdições são nomeados pelos agentes políticos que, por sua vez, ligam-se a partidos políticos. Devemos ressaltar, contudo, que o caráter partidário de uma decisão é somente uma expressão de escolha de valores.

A teoria contestada vem, **em terceiro lugar**, demonstrar a disponibilidade da revisão constitucional. Se, de fato, o juiz declara uma lei inconstitucional, mas se se quer ultrapassar o obstáculo da inconstitucionalidade declarada, então convém modificar a Constituição. Porém, essa possibilidade não existe sempre e, de resto, as cortes constitucionais assumem às vezes o controle da revisão em relação aos princípios superiores. **Em quarto lugar**, e principalmente, existem razões intrínsecas à própria natureza da democracia.

O argumento visto aqui para justificar tal estrutura é o seguinte: se um maior número aderir a certos valores, esses valores são, então, protegidos por regras de modificação, prevendo maiorias qualificadas (ou excluindo, em certos casos, qualquer modificação). O mais importante consenso seria, ao mesmo tempo, mais democrático, já que ele se apoia em uma maioria mais forte. Contudo, mesmo sendo chamativo, esse argumento levanta, segundo Michel Troper, uma dificuldade maior. Se seguirmos o raciocínio, veremos que a unanimidade seria o ideal, e a maioria, um simples substituto ao qual recorremos na falta de poder unir a totalidade dos votos em todas as questões. A maioria qualificada seria assim reservada às questões mais importantes, permitindo proteger a minoria, e a jurisdição constitucional teria justamente como função manter o consenso alargado contra o consenso mais limitado. O absurdo de tal posição pode ser facilmente demonstrado por meio de um argumento que Kelsen apresenta em sua Teoria da Democracia[2]: de fato, a unanimidade permite a um único se opor a todos os outros, a regra da maioria qualificada permite à minoria "impedir uma decisão desejada pela maioria[3]. Uma decisão é, então, democrática quando tomada pela metade dos votos mais um. Chamaremos essa proposta de *Tese da Democracia Severa* por oposição à Tese da Democracia Constitucional, majoritária e com um controle jurisdicional das leis[4].

Podemos resumir a primeira série de dificuldades, a propósito da revisão de Kelsen levada a cabo por Michel Troper, dizendo que os argumentos jurídicos (de Troper) a favor do controle de constitucionalidade são, na realidade, argumentos ideológicos; portanto, tais argumentos tendem a apagar o caráter fundamental político das decisões de justiça em geral e das decisões em matéria constitucional, em particular, que não são justamente determinadas por um Direito preexistente, mas, no máximo, por obrigações externas ao seu próprio raciocínio. Essas teses podem, por sua vez, ser criticadas tanto de um ponto de vista interno quanto de outro externo. De maneira imanente, podemos mencionar as dificuldades que a doutrina do **Realismo Jurídico** (ou do **Neorealismo**) encontra na interpretação que subentende essa caracterização do ato jurisdicional[5]. De um ponto de vista externo, podemos afirmar que uma concepção de "Direito" não seria, então, para

---

2 "Vom Wesen und Wert der Demokratie", in: *Archiv für Sozialwissenschaft und Sozialpolitik*, 1920, v. 47, p. 50-85, deuxième edition, Tübingen, 1929, reprint: Aalen 1963 (trad. Fr. *La démocratie: sa nature, sa valeur*, Paris, Dalloz 2004 e, sobretudo, para os propósitos deste meu texto, Paris, Economica, 1988, com *Préface* do próprio Michel Troper).
3 "Kelsen et le contrôle de constitutionnalité", p. 175.
4 Essa expressão será vista, aqui, com as precauções impostas pelo argumento de Michel Troper.
5 Cf. Otto Pfersmann, "Contre le néo-réalisme. Pour un débat sur l'interprétation", *Revue Française de Droit Contitutionnel*, n. 50, 2002, p. 279 334 e n. 52, 2002, p. 789-836; "Une thérorie sans objet – une dogmatique sans théorie. En réponse à Michel Troper", *Revue Française de Droit Constitutionnel*, n. 52 (2002), p. 759-788.

Troper, uma concepção do Direito como sistema especificamente normativo, mas como sistema de relações de poder, o qual permita firmar, desde logo, conclusões.

Admitiremos, entretanto, o argumento que Michel Troper dá a Kelsen como ponto de partida: uma decisão é **democrática** quando tomada pela maioria absoluta, isto é, por um conjunto constituído por [(n/2) +1] (sendo n = conjunto dos votantes); ela é oligarca, ou tomada por uma minoria, se ela se impuser por, no mínimo, ≤ [(n/2) –1], ou seja: todo o conjunto de vozes igual ou menor a metade menos um. O argumento é, de fato, simples e inevitável. Quando a decisão é oligarca (tomada e imposta pela minoria), tecnicamente falando, deve-se levar em conta que a minoria deverá estar bem definida, de tal modo que, caso haja oposições, a maioria será, por definição, obrigada a lhe obedecer. As Constituições sobre maiorias não são essencialmente democráticas, mas, unicamente, oligárquicas.

Da mesma forma, um juiz constitucional só poderia ser, no máximo, o representante de uma minoria que se opusesse às decisões da maioria. A instituição desse sistema estabeleceria simplesmente certa forma de oligarquia organizada.

A combinação entre o argumento conceitual e o argumento relativo à natureza do Direito permite a afirmação de várias teses fortes e significativas. **Em primeiro lugar**, ela priva de qualquer justificação a concepção "constitucional" da democracia, pelo menos relativamente à exigência aparentemente elementar que forma a relação entre maioria e minoria. Podemos chamar de *democracia* qualquer outro regime, mas não podemos dizer que ele seja democrático no sentindo elementar em que a maioria dos destinatários imponha suas decisões[6]. Se aceitarmos, **em segundo lugar**, que uma democracia possa ser representativa, então somente uma democracia parlamentar, tal como o Reino Unido ou os Países Baixos, pode satisfazer essas exigências. Em terceiro lugar, o interesse dessa posição (tese) não é somente em seu radicalismo; o interesse reside também, e principalmente, na articulação específica entre a Teoria do Direito e a Teoria Política nas quais a tese se apoia. Isso leva à dupla implicação de que (i) não é possível teorizar a democracia fora do seu quadro normativo, como também, o que se faz um elemento essencial, de que (ii) não é possível, ao contrário do que pensa Kelsen, a dedução de um justificativo da justiça constitucional a partir de uma Teoria Positivista do Direito, que se baseia na natureza da Constituição.

---

6 Alguns autores reivindicam, às vezes, esse aspecto de maneira completamente explícita: cf., por exemplo, Ronald Dworkin, *Freedom's Law. The Moral reading of the American Constitution*, Oxford University Press, 1996.

Essa tese é mais forte que uma defesa clássica da democracia parlamentar[7], segundo a qual uma Corte Constitucional não é um órgão eleito, mesmo porque, em muitos casos, de fato, essas Cortes são eleitas pelos parlamentares ou por outros órgãos eleitos por eles mesmos[8]; assim também funciona quando da eleição dos membros de Câmaras Altas, designados por eleitos locais. E se os juízes não são "responsáveis", isso quer simplesmente dizer que eles não têm que se apresentar diante dos eleitores (porque, além do mais, eles são obviamente submetidos à responsabilidade penal dos magistrados com variantes vindas da situação particular dessas jurisdições); entretanto, durante o mandato, os parlamentares também não são responsáveis, de modo que vale ressaltar a longevidade não só de certos mandatos parlamentares (pelo fato de serem renováveis), mas também de certas jurisdições constitucionais. O vício do constitucionalismo contemporâneo seria mais fundamental porque é uma estrutura jurídica que protege uma concepção oligárquica. A tese é essencial e deve ser levada em conta. Todavia, as consequências que dela tiramos não são aquelas que dela procedem. Em outros termos, não é porque a democracia constitucional não é – e não pode ser – absolutamente majoritária que a democracia poderia existir como regime majoritário sobre o qual se pode garantir o domínio de uma democracia absoluta. Mais ainda, que poderia fazê-lo graças, somente, a uma variante da justiça constitucional. Essa concepção sofre também de dificuldades significativas. Algumas se tornaram clássicas e bastaria situá-las rapidamente: uma parte tem que ver com a impossibilidade de manter juridicamente uma democracia absoluta, a outra vem da aplicação do modelo que gera as mesmas desvantagens que aquelas denunciadas pelos adeptos da democracia constitucional.

4.2 A democracia juridicamente estabilizada

Admitamos que a democracia seja absolutamente majoritária. Ela não pode, com certeza, ser invocada em favor da justiça constitucional. Porém, toda estabilização jurídica da democracia majoritária vem obviamente de uma sobremaioria e

---

7   Era, aliás, o caso de todos os juízes da Corte Constitucional na Áustria, de 1920 a 1929, e, ainda hoje, uma parte dos juízes é designada por uma ou por outra Câmara do Parlamento. Também é o caso da Alemanha, e, parcialmente, da Itália. Os juízes da Corte Suprema Americana são nomeados pelo Presidente com o consenso do Senado. **Nota do tradutor (NT)**: no Brasil, os chamados Ministros do *Supremo Tribunal Federal* são primeiramente indicados pelo Presidente da República; a indicação deve ser aprovada pelo Senado Federal; dada a aprovação, o Chefe do Executivo nomeia.
8   Mesmo na França, os membros do Conselho Constitucional são designados por órgãos direta ou indiretamente eleitos: o Presidente da República e os Presidentes das duas Assembleias.

implica necessariamente uma variante de justiça constitucional. Além do mais, podemos também querer proteger uma minoria contra a maioria. O objetivo é, então, inteiramente oposto, mas a técnica será necessariamente a mesma.

a) Garantia da maioria absoluta

A democracia pura se aplica por definição, sem restrição, a todas as questões, podendo ser objeto de uma decisão coletiva válida para o conjunto dos destinatários. Ela pode, também, ser aplicada a ela mesma. Além do mais, a democracia pode ser abolida por uma decisão puramente democrática.

Tal decisão seria, provavelmente, tomada por pessoas sem espírito democrático, mas isso não impede que a questão (da abolição da democracia) seja, como tal, democrática. A democracia pura não permite reduzir tais perigos ou, ao inverso, estabilizar juridicamente a democracia assim concebida. Trata-se de uma aplicação muito simples do paradoxo da autoaplicação. Se quisermos evitar que uma norma tenha como objeto ela própria, é preciso introduzir uma metanorma cujo objeto será justamente o de introduzir ou de submeter uma modificação, respeitando exigências particulares. E se a norma que determina a validade de uma decisão consiste em adotá-la pela maioria absoluta, uma metanorma de estabilização não se pode contentar em introduzir simplesmente obstáculos de procedimento, que não mudariam de maneira significativa essa condição necessária. Para estabilizar o princípio da maioria absoluta é preciso e é suficiente que ele não seja modificável por uma maioria. Chamaremos essa estrutura de *democracia supramajoritária*.

Não é necessário que essa "sobremaioria" seja qualificada no sentido comum. Um único voto não é mais suficiente. A "democracia *supramajoritária*" se estende de $> [(n/2) +1]$, a regra de proibição pura e simples do princípio majoritário. Se o limite é aritmeticamente discreto, a regra de estabilização pode ser mais ou menos forte, tornando-se cada vez mais fraca quanto mais nos aproximarmos da maioria absoluta.

O constitucionalismo contemporâneo vem tanto do reforço da regra "supramajoritária" quanto da extensão contínua do domínio protegido. Uma vez introduzido, todo domínio jurídico pode ser estabilizado.

Essa propriedade do Direito Constitucional formal contemporâneo traz à tona três observações relativas à questão que nos interessa.

A estabilidade "supramajoritária" da maioria absoluta protege um conjunto de competências da democracia pura. Nesse sentido, podemos afirmar que se trata de uma "democracia supramajoritária", sem pretender que a estabilização viesse da maioria absoluta.

Salvo uma regra de proibição absoluta de modificar certas regras, uma estabilização "supramajoritária" é somente relativa, já que ela só desloca o paradoxo. Nada impede uma decisão "supramajoritária" de abolir ou de modificar a "sobremaioria".

A democracia "supramajoritária" determina o limite e reduz a competência ilimitada do legislador simples, pois toda repartição de competências induz a uma possibilidade de conflitos. O conflito pode ser resolvido ou por uma decisão do órgão que distribua as competências, isto é, por uma decisão "supramajoritária" (porque senão voltaríamos à democracia pura), ou pela decisão de outro órgão, delegado por uma decisão "supramajoritária". Isso não impede, obviamente, a "sobremaioria" de decidir diretamente um conflito, mas reduz, em princípio, sua intervenção. Um órgão delegado pode, por sua vez, ser a razão de um conflito de competência. A "sobremaioria" permanece sempre como o juiz final de sua própria competência. Porém, isso resulta só no caso de um limite absoluto da revisão constitucional, o último órgão competente para resolver um conflito será o órgão delegado porque uma proibição absoluta abole a competência da "sobremaioria", mas não aquelas do órgão delegado, muito menos a possibilidade de conflitos. Se o limite da revisão é absoluto, então, a competência de um órgão de resolução de conflitos só pode ser negativa, mas poderíamos muito bem imaginá-la estando confiada a uma "sobremaioria". Como por uma jurisdição, esse órgão-limite será, em qualquer hipótese, isento de controle.

A técnica da estabilização "supramajoritária" não permite a garantia absoluta da estabilidade quanto ao domínio da democracia pura e, em relação a essa estabilidade, ela se constitui relativa por deslocamento de patamares quantitativos de decisão. Porém, pelo jogo das normas, não há outra estabilização possível.

b] A proteção da minoria

Quando perguntamos se queremos, sim ou não, estabilizar a democracia, convém ter em mente previamente se estimamos que certas decisões não deveriam ser deixadas à margem da competência ilimitada da maioria absoluta. Podemos, em outros termos, conceber uns casos nos quais gostaríamos que uma minoria, mesmo que muito fraca, pudesse bloquear a vontade da maioria absoluta. Pouco importa que falemos aqui de oligarquia ou de "sobremaioria", porque é somente uma questão de conotação, e não de fundo. O que o argumento da democracia absoluta mostra é que tal decisão não pode ser alicerçada numa concepção da democracia absoluta. Ela deve assumir seu caráter tecnicamente oligárquico. Saber se queremos proteger certas permissões gerais de agir (que são chamadas, habitualmente, de *direitos fundamentais*), certa descentralização territorial ou pessoal ou certas competências de alguns órgãos pode ser uma opção politicamente justificável (mas estas são outras perguntas). E se fizermos uma escolha, ela assume, tecnicamente, a forma de uma decisão "supramajoritária" estabelecida contra a maioria absoluta. A estabilização da democracia absoluta só pode ser "supramajoritária", sendo a estrutura oligárquica de repartição das competências o resultado, e não o motivo que, ao contrário, explicitamente opera na formalização de domínios protegidos pela formalização constitucional.

É bom, entretanto, apresentar uma nuance. Se a "sobremaioria" promoveu uma estabilização, a maioria absoluta não pode ser modificada. Isso não significa que a minoria poderia impor sua vontade à maioria porque $[(n/2) -1]$ não pode, por sua vez, modificar o domínio protegido. Ela só pode bloquear uma decisão vinda da maioria absoluta.

É errado dizer que haveria, aqui, uma "dificuldade contramajoritária"[9]. Tal dificuldade existe somente quando queremos, ao mesmo tempo, permanecer na democracia pura e ter a certeza de que o órgão da democracia pura respeita as regras de estabilização. De fato, quando há a estabilização, ela é "supramajoritária", e uma jurisdição que se dispõe a controlar a aplicação não pode ser estritamente democrática. Não é uma dificuldade, mas uma necessidade estrutural.

Por isso, a escolha de um órgão jurisdicional pelo controle delegado de repartição das competências majoritárias e "supramajoritárias" só tem sentido se aceitarmos a formalização "supramajoritária" como técnica de estabilização e de proteção e se admitirmos que tal órgão possa (mesmo se ele conseguir se afastar) aplicar essas regras com uma objetividade relativa.

Podemos, obviamente, ter vistas muito divergentes quanto à proteção da minoria contra a maioria, tanto no que se refere ao princípio quanto à intensidade e à extensão. Podemos rejeitar a estabilidade da democracia se estimarmos que o Direito não tem real dimensão normativa e que a aplicação das normas é impossível.

Assim, um ceticismo radical é obviamente difícil de apoiar, mas, mesmo se ele fosse imaginável, a Teoria da Democracia Pura encontraria várias dificuldades.

4.3 A democracia empírica

Admitamos agora que a democracia pura só se realiza e se exerce no plano factual, fora as exigências jurídicas ineficazes. Tal democracia seria, no entanto, predestinada a uma evolução "supramajoritária" ainda mais problemática do que aquela que a "democracia supramajoritária" atura.

---

9   É a famosa expressão criada por Alexander Bickel, *The Least dangerous Branch*, p. 16 e ss.

a) A decisão democrática absoluta abstrata

A democracia absoluta é aquela em que decide a maioria absoluta [(n/2) + 1]. Que ela seja dada ou não é uma conclusão proveniente de uma análise detida de caso por caso, decisão por decisão. Pode ocorrer que uma sociedade política tome certas decisões democraticamente, outras não. A democracia absoluta é, de fato, pontual e será intermitente se pelo menos uma decisão valendo pelo conjunto não for tomada pela maioria absoluta.

Deveremos, então, distinguir *decisão democrática* de *regime democrático*. Esse último será válido somente para as sociedades que conseguem manter uma continuidade significativa de decisões democráticas.

Tal situação poderia provavelmente durar certo tempo sem induzir uma elaboração explícita e articulada por parte das pessoas envolvidas. Mas é pouco provável que tal estrutura se estendesse sem deixar marcas. Quanto mais as perguntas sobre quais os participantes terão de se pronunciar forem complexas, mais teremos um confronto de opiniões divergentes e, mais ainda, os atores terão, coletivamente, consciência da especificidade de seus métodos de decisão. Haverá, em outras palavras, uma cultura ou um hábito democrático. Tal cultura poderia ser reforçada com o decorrer do tempo ou enfraquecida sob a pressão de circunstâncias adversas. Os fatores que confirmam a duração da prática democrática são, por hipótese, externos ao sistema jurídico.

Tal acordo pode ser muito eficiente, mas também muito vulnerável, como são, geralmente, os procedimentos coletivos complexos. De um ponto de vista empírico, é preciso se perguntar quais são os fatores que podem reforçar, enfraquecer ou exaurir essas tendências. Principalmente, seria interessante saber de que forma a consciência da aplicação da regra da democracia absoluta contribui com esse dispositivo.

Vejamos uma sociedade com cultura democrática forte estabilizada em longo prazo. Podemos imaginar que ela será relativamente reticente em relação a um desvio da regra. Dessa forma, a maioria não provocará mudança do regime pelo voto da decisão democrática. Poderemos, então, observar vários tipos de estabilização mesmo que o objeto do voto trate de uma pergunta pontual ou de uma escolha estruturante. E se a democracia pura é geralmente caracterizada por uma forte plasticidade, permitindo a cada momento a formação de novas coalizões segundo a diversidade das questões tratadas, ela encontrará, na prática, um conjunto de causas que hão de conduzir, progressivamente, a uma forte estabilidade.

b) A cultura supramajoritária efetiva

Em primeiro lugar, as coalizões terão tendência a se reforçar. Seguindo o princípio da maioria absoluta, todo conjunto respeitando a equação **maj = [(n/2) +1]** será, necessariamente, democrático de acordo com a regra na qual a composição concreta de tal conjunto é, por definição, indiferente e, dessa maneira, variável à vontade. Para que uma coalizão domine, é preciso (e é suficiente) que ela seja majoritária em certo momento. Com isso, nenhuma decisão poderia sobreviver à coalizão que a apoiou. Tal democracia é, assim, tecnicamente transitória porque uma regra que estenderia os efeitos de uma decisão além do voto em questão será, por hipótese, inoperante para uma decisão posterior. Para que a sociedade tenha uma cultura democrática e uma duração de decisão prolongada, é preciso que as coalizões permaneçam relativamente estáveis. Entretanto, se essa condição é satisfeita, será mais difícil para a minoria formar uma coalizão majoritária, e isso ainda mais porque a maioria efetivamente dominadora conseguirá melhor impor uma continuidade na sequência dessas decisões. Mesmo na ausência das regras de estabilização, a continuidade reduz a plasticidade. Uma escolha pontual envolve, claro, uma questão que tem pouca incidência sobre outras decisões. É, dessa forma, perfeitamente concebível que as coalizões mudem em razão da diversidade dos objetos do voto e do grau de diferenciação individual dos membros da sociedade em questão. Teremos, entretanto, certa agregação das escolhas em torno das afinidades coletivas, convergindo em redes de preferências. E já que nos situamos no plano da cultura extrajurídica e admitimos a possibilidade do mecanismo do autorreforço, uma estabilização efetiva das decisões tenderá a reforçar a dominação de uma coalizão no tempo, de forma a prejudicar a minoria.

Em segundo lugar, observaremos uma diferenciação crescente entre escolhas pontuais e escolhas articuladoras. Até agora, tratava-se somente de decisões pelas quais uma maioria absoluta impõe sua decisão a uma minoria absoluta, mas, obviamente, muitas decisões não são tomadas de acordo com essa relação. Quanto mais o número de votos a favor da decisão aumenta, menos pessoas poderão se opor. E, por definição, tem-se unanimidade, ninguém se opõe. Podemos dizer, então, que tal decisão seria menos democrática que uma escolha com maioria absoluta? Não, já que, de acordo com a tese da democracia absoluta, nenhuma minoria pode ir de encontro. Ela é mais democrática? Não, porque de acordo com a tese da democracia absoluta, é preciso e se faz necessário que a maioria absoluta decida. É preciso considerar que o consenso "supramajoritário" pode ser indiferente, mas não totalmente correto, uma vez que o crescimento "supramajoritário" do consenso reduz a proporção tanto daqueles que poderiam se opor à decisão quanto daqueles que poderiam ser afetados por ela. Imaginemos, agora, que uma escolha seja feita de maneira unânime e que essa unanimidade perdure de maneira significativa. Ainda mais no caso da maioria estabilizada, seria difícil ir a outro sentido em data ulterior.

Os efeitos de tal sedimentação correspondem, portanto, no plano factual, àqueles de uma formalização que ocorre no plano jurídico. Se uma "sobremaioria" cujo limite é a unanimidade está de acordo para impor certas decisões em longo prazo, não haverá maioria simples contrária e a emergência dessa maioria tornar-se-á – sem ser obviamente impossível – cada vez mais difícil. E a sedimentação será ainda mais forte, pois tratará de escolha estrutural, e não de decisões pontuais.

As escolhas estruturais são aquelas que dispõem sobre um aspecto global da organização social. Elas envolverão, por exemplo, as relações entre indivíduo e coletividade, principalmente o grau de autonomia dado a cada um na organização de seu próprio espaço de vida. Podemos, facilmente, supor que a modificação de um elemento tão importante poderá ser feita somente se uma maioria forte tiver acesso. Porém, o peso político desses dados tornará a democracia absoluta sempre aceita como princípio de decisão, efetivamente inoperante em relação a essas questões.

Não será prudente, então, considerar a sociedade em questão como um conjunto descontínuo de decisões pontuais e desprovidas de consequências na execução; um regime dispositivo fundado em atitudes estabilizadas e convergências "supramajoritárias" que acaba por supervisionar a prática das decisões tomadas de acordo com a regra da maioria absoluta.

Em terceiro lugar, o *habitus* coletivo pode, também, gerar acordos com o objetivo de evitar certas questões particularmente sensíveis. Não existe consenso global positivo em se tratando desses problemas, apenas um consenso negativo de não abordar, explicitamente, certas questões e de deixar a execução destas a subconjuntos com forte homogeneidade "supramajoritária" interna. Organizamos, assim, as divisões que procuramos a fim de moderar os perigos que elas originam pela unidade política. Preferimos, então, um compromisso, deixando várias subsociedades resolver de maneira diferente essas questões e concordamos em não fazer disso um debate, de decisão comum. Foi assim que foi tratado o problema da escravidão nos Estados Unidos antes que Lincoln o transformasse num assunto comum[10].

Tal acordo apresenta as propriedades apresentadas a seguir.

Os elementos estruturantes e fundadores do *modus vivendi* são externos ao sistema jurídico propriamente dito.

---

10 Cf. Stephen Holmes, "Gag rules or the politics of omission", in: Jon Elster; Rune Slagstad (Eds.), *Constitutionalism and Democracy*, Cambridge University Press, 1988, p. 19-58.

Esses dados contêm aspectos normativos que os membros da sociedade consideram precisamente como fundadores, estruturantes e, de fato, obrigatórios para sua vida comum. Entretanto, enquanto essas normas se mantém externas em relação às regras de decisão propriamente ditas, elas permanecem extremamente implícitas, difusas, indeterminadas.

Contudo, as decisões explicitamente tomadas tratarão de maneira excepcional dos aspectos estruturantes da sociedade e, se for o caso, podem-se esperar, de maneira geral e de acordo com a hipótese de estabilidade, votos ultrapassando a maioria absoluta de maneira significativa.

A democracia absoluta será, então, bem inserida num sistema factual "supramajoritário" estabilizado. Ela pode constituir um fenômeno duradouro somente como "democracia cultural", dependendo de um consenso "supramajoritário" estruturante e difundido.

A oposição entre a democracia empírica absoluta e a democracia constitucional deixa transparecer que a diferença entre as duas consiste bem menos no modo de decisão que no método da sua organização. Enquanto uma democracia é como tal juridicamente formalizada, as normas que a estruturam serão "supramajoritárias": enquanto uma sociedade funciona, efetivamente, segundo a democracia absoluta, a estabilização desse mecanismo resultará não de normas explicitamente postas e explicitamente alteráveis, mas sim de um consenso difundido, fatalmente "supramajoritário" e especialmente rígido. Mas depende da relação entre Teoria da Democracia e Teoria de Direito. Se o Direito é possível como relação empírica de poder, todas as democracias serão, no máximo, democracias culturais. Se o Direito é possível como sistema de normas, as democracias explicitamente estabilizadas serão, necessariamente, delimitadas por regras "supramajoritárias".

Capítulo 5
Não há governo dos juízes

Foi pedido para que refletíssemos sobre o conceito de "governo dos juízes"[1]. Tal trabalho é, de fato, indispensável e o procedimento que nos foi exposto demonstra, por exemplo, a utilidade (senão a necessidade) da reflexão teórica desde então, a menos que se trate de perceber os conceitos e os raciocínios que usamos. Sem refletir sobre a natureza de nosso objeto e sobre nossos instrumentos de conhecimento, seremos juristas muito ruins. Certa tendência a reprimir essas perguntas está, de fato, bem enraizada na profissão. Consiste em falar em nome de um saber especificamente disciplinar para veicular mensagens não disciplinares, mas políticas, morais e até teológicas. Se a reflexão teórica sobre o objeto e sobre os métodos é obviamente indispensável em todas as disciplinas, ela será, por essas mesmas razões, ainda mais para os juízes: a tentação de se permitir qualquer saber sobre um dado sistema jurídico para proclamar o que é justo e injusto parece, frequentemente, irresistível.

Não se trata de pretender que poderíamos adquirir um saber inteiramente puro, programa utópico nas disciplinas mais "duras", mas de aceitar que existem diferenças entre um objetivo de conhecimento crítico baseado em uma epistemologia rigorosa, aberto à discussão e à revisão, e um saber que se imuniza contra toda culpa de seus próprios fundamentos a fim de apresentar julgamentos subjetivos de valor como dados objetivos.

A questão colocada é aquela de saber se existe um conceito de "governo dos juízes", em outras palavras, se a expressão *governo dos juízes* tem um significado e se é possível um valor explicativo para a Ciência do Direito ou, então, se é por convenção que chamamos essa ciência de *doutrina*, a fim de reservar à "Teoria do Direito" a metateoria de tal doutrina. Michel Troper apresentou esse procedimento em duas etapas: ele distingue o uso retórico do conceito do uso científico. O uso retórico seria aquele da doutrina e de alguns poderes – cada vez mais exorbitantes –, com o intuito de levar à conclusão de que tal situação não é dada, de que, portanto, as coisas estão em um estado ainda aceitável, ao passo que elas não estariam mais se a linha de demarcação, assim identificada, estivesse ultrapassada. O uso científico adviria de um conceito extremamente largo e miraria, nos termos das exigências às quais os juízes se submetem – assim como daquelas que afetam objetivamente suas decisões –, em uma classificação das modalidades desse governo, segundo a categoria de normas à promulgação das quais eles participam. Michel Troper não julga útil definir o que ele entende por juiz e deixa, finalmente, na indeterminação o que ele entende por "governo".

---

1 Esse texto foi redigido em resposta a um trabalho de Michel Troper durante um seminário ocorrido na Universidade Paris 1 Panthéon-Sorbonne. O conjunto dos trabalhos está aqui: Séverine Brondel, Nobert Foulquier, Luc Heuchling (Dir.), *Gouvernement des juges et démocracie*. Publicações da Sorbonne, Paris, 2001. Fora alguns elementos, o estilo da intervenção foi mantido. **Nota do tradutor (NT)**: a palavra usada para denotar o governo dos juízes é: *critarquia*.

Para ele, existem vários conceitos de "governo dos juízes", tratando-se, então, em seu dizer, de construí-lo de maneira que seja possível distinguir várias formas de governo, isto é, de enriquecer a classificação.

De maneira geral, Michel Troper toma algumas precauções importantes, já que ele se interessa pelo conceito, e não pelo simples sintagma "governos dos juízes", de modo que ele distingue a questão conceitual da questão ontológica. Ele insiste, enfim, na necessidade de não produzir nenhum raciocínio circular com a ajuda desse tal conceito. Essas precisões são fundamentais, seria difícil não aderir.

Minha discordância com Michel Troper não será sobre o caráter crítico e construtivo de seu procedimento; ela reside no interior de tal abordagem. Parece-me indispensável especificar o que entendemos tanto por *governo* quanto por *juiz*, se quisermos chegar à construção de um conceito viável. Pretendo mostrar que existe, realmente, um uso retórico da expressão *governo dos juízes* – mas que não é, então, conceitual –, e que a construção de um conceito a título explicativo se choca com obstáculos incontornáveis, que o tornam inútil.

5.1 O uso retórico: a conotação do impossível

O uso retórico não é idêntico ao uso doutrinal, salvo no que tange ao fato de que toda doutrina se resume a um exercício oratório. Tal uso pode, de fato, aparecer em doutrina ou em outros lugares; isso significa que existe, provavelmente, com frequência, um uso retórico da doutrina, mas não se trata, em geral, das situações descritas por Michel Troper. Voltaremos a falar desse assunto. A especificidade dos casos que nos interessam, em primeiro lugar, é que uma expressão seja introduzida sem determinação da citação dos componentes, isto é, que ela se refira implicitamente às citações e às crenças dadas habitualmente. Os exemplos de doutrina discutidos por Michel Troper se destacam por oferecerem critérios distintos (ou por pretenderem oferecê-los), mas é absolutamente impossível que tal uso seja feito num contexto também doutrinal, ou seja, sem um critério distinto ou com critérios tão vagos que não permitam nenhuma diferenciação.

Chamo de *retórica* a utilização de um discurso para o despertar das emoções num auditório dado, qualquer que seja o valor literário desse discurso. Se houver um conceito de "governo dos juízes", será obviamente complexo, já que ele se apoia na ligação de dois elementos. Seria preciso, primeiro, perguntar em qual medida trata-se de verdadeiros elementos, em outras palavras, questionar até que ponto julgar e governar, juízes e governo, não são, por sua vez, conceitos complexos. A construção retórica se aproveita dessa complexidade que não quer analisar. Ela se faz, então, de maneira brusca: na falta de definições explícitas, pode-se supor que o uso dos conceitos que compõem a expressão se refere a um conjunto de propostas implicitamente dado no discurso jurídico-político ordinário e que determina o significado respectivo dos termos. A força sugestiva da expressão resultará, então, da conjunção deles.

O **primeiro grupo** de propostas trata do "governo":

I] *Governar* é tomar e fazer aplicar as decisões, as mais importantes para um país. Compreendido assim amplamente, isso inclui, salvo especificação, o poder de criar leis.
II] Um governo (no sentido da proposta I) dispõe de uma legitimidade democrática num regime democrático.

O **segundo grupo** trata dos "juízes":

III] Julgar é dirimir litígios individuais, aplicando regras gerais que foram criadas por outros.
IV] Os juízes não são eleitos, mas sim nomeados.
V] Um juiz dispõe de garantias de independência.
VI] Um juiz não tem legitimidade democrática (em razão da proposta IV). Ele não deve nem sua entrada, nem sua estadia no cargo a eleições.

O **terceiro grupo** trata, enfim, de uma proposta que formula a relação entre "governar" e "julgar" como consequências das propostas II e VI:

VII] Governar e julgar constituem funções que se excluem mutuamente num regime democrático.

Essas propostas precisam de algumas observações. Ei-las a seguir.

Inicialmente, a formulação dessas propostas é bastante vaga e indeterminada para ser aceita tanto pelo juiz quanto pelo cidadão esclarecido e normalmente cultivado. Essa indeterminação é, obviamente, problemática nos termos das exigências de precisão doutrinal ou retórica; ocorre que o contrário disso – ou seja, a determinação – é indispensável para uma montagem ideológica, ou seja, para a exata determinação do conceito de "governo". Quais são as decisões "mais importantes"? O critério é, por último, perfeitamente subjetivo. *Governar* é visto num sentido extremamente extensivo, que inclui a área da legislação, ao contrário das expressões *regime democrático* ou *legitimidade democrática*? Se, por essa última, isso quer dizer "designado por voto", o "governo", no sentido dado pela Constituição francesa do dia 4 de outubro de 1958, não é, pelo menos nesse sentido, democraticamente legitimado, já que é nomeado pelo Presidente da República. Entretanto, é somente um detalhe sem importância, pois o governo, aqui, designa o conjunto das funções de decisões, cujos certos titulares são, de fato, designados pelo voto e outros por esses últimos como é justamente o caso do governo da República Francesa.

Em segundo lugar, é essencial, quando se trata de "governo" na expressão "governo dos juízes", colocar-se na hipótese de um regime democrático. Chamamos de *dicastocracia*[2] um regime não democrático em que "juízes" exerceriam as principais funções de poder, como foi, no que parece, o caso durante o período pré-monárquico no antigo Estado judeu. Trata-se, então, de uma forma de oligarquia, de monarquia não declarada, ou mesmo de teocracia para qual se pode perguntar em qual medida tal denominação é realmente útil, visto que a particularidade de um regime é justamente para que a função de julgar não se destaque das outras formas de exercício do poder. Os regimes antigos medievais são geralmente dicastocracias pelo fato de serem monarquias feudais, pois, como dizia o rei Saint Louis, "todo Senhor é como Juiz"; mas poderíamos também dizer que ele é senhor como juiz, sendo essas funções indissociáveis. É o conceito – embora amplamente indeterminado – de "democracia" que envolve uma dissociação entre a legitimidade democrática daqueles que governam e a ausência de tal legitimidade para aqueles que julgam.

Em terceiro lugar, essa concepção não é necessária, ela é específica de certa tradição, implicitamente suposta como quadro de qualquer raciocínio, a qual envolve toda uma tradição da teoria política. Ela propõe uma interpretação da Teoria dita da Separação dos Poderes, que se baseia, especificamente, na ideia de que aquele que faz a lei não deve ser ou não pode ser o mesmo que a aplica. Seriam dois mundos inteiramente herméticos e cuja contaminação levaria, segundo Montesquieu, ao fim da liberdade[3]. Contudo, a teoria de Montesquieu pode ser aplicada a um regime pouco democrático, sem falar de uma oligarquia abertamente declarada que pode estar perfeitamente preocupada em diferenciar juízes e governo; o Rei da Inglaterra não é eleito e precisará esperar muito tempo antes que os deputados sejam eleitos pelo povo (coisa que não ocorre com os lordes ingleses, por definição). Ao inverso, podem-se supor regimes democráticos fundamentados num princípio de união dos Poderes, conforme defendia Rousseau. Na tradição na qual se inscreve o uso comum da expressão "governo dos juízes", juízes e governo são dissociados pelo voto e pelas suas funções.

A proposta IV é um paralelo à proposta II: ela expressa, de fato, uma situação bastante aceita, mas, na verdade, mais complexa. Nos Estados Unidos, há um grande número de funções jurisdicionais estipuladas pelo voto; somente os juízes federais e aqueles do Supremo Tribunal (dos Estados Unidos) são nomeados pelo

---

2 **Nota do tradutor (NT)**: a expressão *critarquia* designa a mesma definição.
3 De l'esprit des lois, Livro XI, Capítulo 6: "Não há liberdade quando a potência de julgar não é separada das potências legislativa e executiva" (tradução nossa).

Presidente, com aprovação pelo Senado. Contudo, os juízes nos Estados europeus são geralmente nomeados; alguns juízes constitucionais, como na Alemanha, são eleitos pelo Parlamento e, em outros casos, são nomeados por titulares de funções orgânicas, designados (pelo menos indiretamente) quando se trata, por exemplo, do governo, pelo voto. Assim, se os juízes ordinários americanos gozam, muitas vezes, de uma legitimidade democrática que faz falta aos juízes ordinários europeus, os juízes supremos americanos – e também os juízes constitucionais europeus – gozam de uma legitimidade democrática, no mínimo indireta.

O Chanceler federal alemão é eleito pelo *Bundestag*, pela maioria absoluta, mediante proposta do Presidente Federal, e os juízes e a Corte Constitucional Federal são eleitos pelas duas Câmaras do Parlamento Alemão, com a maioria de dois terços, metade por uma comissão do *Bundestag*, outra pelo *Bundesrat*. A proximidade do voto pode ser mais forte para um juiz (constitucional) que por um membro do governo (no sentido estrito). Quando se contesta a legitimidade democrática no que toca aos juízes, deveria ser feita uma exceção para os juízes constitucionais, mas não é neles que se pensa principalmente quando se fala em "governo dos juízes". A proposta IV não pode ser mantida dessa forma. A verdadeira diferença está mais ligada à conservação de suas funções respectivas do que na designação dos titulares. Ela vem das regras gerais e de eventos objetivos (a "vida", a chegada a certa idade-limite, o fim de período determinado), tanto para os juízes constitucionais quanto para os ordinários independentemente das decisões ou dos julgamentos que eles proferem. Ela depende, para o "governo" no sentido largo (*lato*), da confiança de outros órgãos: isso significa que os titulares das diferentes funções que o compõem podem ser revogados por outros órgãos: o Presidente pode dissolver uma Câmara, o Parlamento pode obrigar o governo (no sentido estrito) à demissão. Provavelmente, essa oposição é também grosseira, pois certos titulares de função orgânica não podem ser revogados (o Presidente da República na França), como também certas Câmaras Parlamentares (o Senado na França, e na maioria dos casos, as Câmaras dos Deputados). Todavia, essas nuances importam pouco nos termos do senso comum. De resto, mesmo considerando-as, sempre se poderá dizer que o governo no sentido lato é globalmente mais dependente do voto que os juízes, que são dependentes somente em certos casos quando se trata de sua designação, não sendo dependentes quando se trata de sua revogação.

A proposição VII tira as consequências dessas determinações. Pelo menos, aproximadamente, um juiz não pode, conceitualmente, numa democracia, ser governante, pois ele não pode ser ao mesmo tempo designado ou não pelo voto.

Se aceitarmos essas premissas, parece imediatamente que a expressão "governo dos juízes" induz à ideia de que algumas pessoas encarregadas por definição de fazer A e de não fazer B acabam realmente por fazer B. Fazem alguma coisa que seu conceito exclui da definição de sua tarefa. A expressão "governo dos juízes" se baseia, assim, na conjunção (impossível) de "dois conceitos cujos significados parecem ser contraditórios". Trata-se, portanto, de um oximoro[4]. A literatura político-jurídica gosta muito, obviamente, dessa técnica (cf. "monarquia republicana"). No plano retórico, esse fenômeno linguístico tem um valor expressivo e emotivo muito forte, visto que ele apela para a ideia de que existe alguma coisa que é, em si mesmo, uma contradição e, portanto, algo monstruoso. Não é necessário mostrar que seria algo moralmente ou juridicamente proibido e, então, a ser provado, visto que a reprovação já é inclusa na carga emotiva da expressão.

Tratando-se de desacreditar um "governo dos juízes", a coisa é feita de maneira rápida, mas com um inconveniente. Se, de fato, o governo dos juízes é uma monstruosidade conceitual, há uma expressão que não faz sentido. Poderemos dar sentido somente ao renunciarmos ao valor emotivo do oximoro. E abandonaremos o uso retórico forte assim que admitirmos que *governar* e *julgar* constituem funções logicamente incompatíveis, somente sob algumas condições, em função das definições estipuladas. É preciso, dessa forma, atenuar a construção e se afastar do senso comum.

Como fazer? É extremamente simples. O que há de conceitualmente monstruoso é um governo dos juízes numa democracia. Entendemos desde aí o procedimento e a doutrina. Vindo de concepções mais ou menos elaboradas da democracia, elas fazem do "governo dos juízes" um critério de transgressão do admissível em democracia.

Esse uso me parece menos retórico do que disse Michel Troper. Enquanto as definições e os critérios forem explícitos, saber criticar um autor, por considerar somente nos termos das premissas o que ele propõe, não nos faz estar na posição de governo dos juízes. O que pode ser retórico e frequente é o fato de fazer passar essas definições estipuladoras por definições reais e/ou de fazer passar uma tese de Teoria Política por uma "verdade jurídica". Igualmente, é o uso de uma expressão com forte carga emotiva a fim de prescrever o que não pode ser feito: dar algum ou alguns direitos aos juízes e fazer passar essa prescrição por uma verdade científica. O que é retórico e ideológico é a conotação normativa negativa que envolve o uso do termo e que é extremamente difícil de eliminar, mesmo que muito bem construído.

Nada impede, assim, de construir *ad libitum* conceitos do governo dos juízes; no entanto, se eles expressarem não mais uma monstruosidade, mas situações possíveis, sendo preciso modificar um dos parâmetros: modo de designação,

---

4 Mais geral, "Aliança das palavras", segundo Bernardo Dupriez, *Gradus. Les procédés littéraires*, Paris, Union Générale d'Éditions, 1984, p. 31. Cf. também, e principalmente, Henri Lausberg, *Handbuch der literarischen Rhetorik Eine Grundlegung der literaturwissenschaft*, F. Steiner Vlg., Stuttgart, 1998, § 807.

modo de revogação, diferenciação das competências para que julgar e governar se tornem, pelo menos, parcialmente compatíveis. Tal procedimento é, obviamente, possível, mas ele sofre simplesmente de um inconveniente pragmático: se abandonássemos o uso retórico que marca imediatamente toda introdução da expressão "governo dos juízes" (o fato de conservar justamente essa expressão, emocionalmente tão carregada) poderíamos sempre fazer esquecer as precauções previstas na definição que sempre a acompanham. Trata-se, em outros termos, de afirmar que os juízes, não só em dicastocracias, mas também em democracias, recebem competências importantes; por que, então, designar isso como um termo que evoca uma situação em que eles deteriam todas as atribuições de maneira indiferenciada? A liberdade científica na construção dos conceitos é mais bem reconhecida e entendida quando ela se torna menos emocional.

5.2 O uso científico: a classificação das competências

A questão agora é saber qual conceito nos interessa. Se afastássemos a hipótese da dicastocracia, só poderíamos usar como referência situações em que existem, nitidamente, diferenças nos modos de designação e de revogação, assim como nas competências. Temos, então, três possibilidades: (i) reservarmos "governo dos juízes" para um tipo de caso específico, (ii) concedermos essa qualificação a toda constelação em que existam juízes, considerando que sua existência supõe, por hipótese, que eles exercem competências – logo, certo "poder" – ou, enfim, (iii) adotarmos essa expressão, pois revela uma situação na qual "juízes" exercem, além de suas atribuições propriamente jurisdicionais, competências outras que os caracterizam como "governantes".

A primeira possibilidade nos convida a desenvolver uma classificação específica das competências jurisdicionais, mas supõe que os juízes não governam. **A segunda possibilidade** é tecnicamente trivial. **Somente a terceira possibilidade** permite uma verdadeira construção do conceito, e que ela se aproxima da dicastocracia e se afasta das situações que encontramos nas democracias contemporâneas.

a] Todo juiz exerce poderes

Se adotássemos a segunda estratégia – semelhante àquela de Michel Troper, que apresenta o "governo dos juízes" como o fato que os juízes tomam decisões importantes para a sociedade e que, como tal, certo governo existe "em todo lugar e sempre" –, o conceito tomar-se-ia, nesse sentido, trivial, já que ele designa todos os regimes políticos e jurídicos possíveis, para tanto que conhecem **uma classe de órgãos suficientemente distinta** dos outros. "Governo dos juízes" é igual, simplesmente, a um sistema jurídico no qual existem órgãos de jurisdição. Nada impede, mais uma vez, cientificamente, de proceder assim, desde que a coisa seja feita explicitamente. Entretanto, **existem dois inconvenientes**. Primeiramente, o único valor distinto de tal conceito seria opor tais regimes àqueles em que não existiria classe de órgãos específica, denominada *juízes*, apresentando-se simplesmente um grupo que exerce factualmente, mas não de Direito, as funções jurisdicionais. No entanto, nesse caso, a expressão confunde, visto que ela induz, *prima facie*, à espera de uma classe dos sistemas em que juízes existem. Se foi decidido de nos afastarmos do senso comum por razões científicas, por que, então, manter uma expressão na qual esse mesmo senso comum dotou de infeliz conotação, e não dizer simplesmente "sistema (jurídico ou político) que comporta órgãos jurisdicionais", o que elimina, pelo menos, a ambiguidade terminológica?

b) Todo juiz exerce competências específicas

Reconhecemos, agora, que nós estamos interessados em uma classificação no que toca à parte interna dos sistemas que identificamos efetivamente como sistemas – isto é, quase todos, com a única exceção daqueles em que a função de julgar seria exercida por órgãos não específicos; é quando encontramos outra dificuldade. Por hipótese, acharemos uma grande diversidade de situações e em algumas delas o peso dos "juízes" na produção das normas será mais forte do que nas outras. Casos possíveis são viáveis, nos quais esse peso se torna máximo. Verificam-se situações nas quais um sistema seria, ainda, formalmente democrático, no sentido de existirem pelo menos uma designação de órgãos pelo voto regularmente renovável e uma possibilidade de revogação dos titulares de funções orgânicas pela iniciativa de tais órgãos, devendo-se ressaltar a pífia disposição de competências por parte dos mesmos quando da sua investidura jurisdicional. Será então preciso novamente que estejamos dotados de uma conceituação bastante refinada para compreender casos assim. São eles, aliás, os que a doutrina procurava apreender, e se nós a culparmos por proceder de maneira ideológica, não é por essa razão, mas porque ela usa conceitos descritivos para fins prescritivos. Nesse sentido, tenha-se que não se pode confundir doutrina (a Ciência do Direito e sua linguagem **descritiva**) com o **Direito** propriamente [sendo este um **objeto cultural prescritor de condutas** que se comunica pelas linguagens da **Obrigação (O)**, da **Permissão (P)** e da **Proibição (V = Pedação =**

"**proibição**"), dotado da capacidade **sancionatória (S)** do Estado (tanto no Direito nacional quanto no Direito Internacional)].

Conduz-se a esse duplo resultado, no qual um conceito de "governo dos juízes" seria somente aquele dos regimes relacionados ao conhecimento dos órgãos jurisdicionais, que não trazem nada a mais, pois estamos em falta, verdadeiramente, com conceitos de que precisamos para diferenciar os modos de participação dos juízes de sua produção normativa. Trata-se de construí-los, sem preconceitos, a partir de nossa avaliação política dessas situações, mas de tal maneira que também uma eventual argumentação política possa ser alicerçada em noções específicas e suficientemente refinadas.

Ora, para isso, nosso ponto de partida deve ser, realmente, aquele de uma diferenciação entre órgãos "jurisdicionais" e outros tipos de órgãos pertencentes ao quadro de uma "democracia". É, então, num primeiro momento, indispensável determinar com bastante exatidão o que entendemos por esses termos.

Convém, primeiramente, lembrar uma precaução pela qual me afasto de novo de Michel Troper. Nesse momento, de fato, trata-se unicamente de fenômenos jurídicos, isto é, **normativos**. A questão de saber como as coisas acontecem nos fatos não interessa, por enquanto, aqui. Isso exclui, por um momento, a questão de eventuais obrigações factuais que são impostas a juízes. Tratando-se, entretanto, de obrigações normativas, é inútil – e até mesmo problemático – chamá-las de *obrigações* como se se tratasse de fenômenos normativos *sui generis*, exteriores ao sistema jurídico; uma análise sociológica, desde que ela não seja condenada como tal. Simplesmente, **o juiz é**, em primeiro lugar, **um fenômeno normativo- -jurídico**, e por isso toda consideração sociológica ou política deve considerar esses conceitos (jurídicos), de um modo que nem uma (a sociologia), nem outra (a política) podem, elas mesmas, fornecer sem recorrer ao mundo das normas.

Farei, pela parte que me toca, a seguinte proposta, que – espero – não se afasta muito do uso comum. Como foi sugerido anteriormente, os juízes são concebidos como órgãos, isto é, conjuntos de competências. Num sistema jurídico, uma "competência" é a faculdade de modificar o sistema, de introduzir novas normas ou destruir normas já existentes ou, enfim, de substituir uma norma por outra. Quando juízes não existem como órgãos, eles não têm pertinência jurídica: quando existem, é impossível não atribuir a eles competência, ou melhor, poder. Esses órgãos (juízes) teriam as propriedades apresentadas a seguir.

Em primeiro lugar, os juízes não são submetidos, como tais, a normas individuais. Poderiam até ser, mas, como juízes, conclui-se que não lhes podemos dar o que chamamos tradicionalmente de *instruções*.

Em segundo lugar, o juiz é, ao mesmo tempo, habilitado e obrigado a produzir normas particulares (ou seja, individuais e concretas) como fruto da aplicação de normas relativamente mais gerais e, para resolver uma questão de direito, ele está autorizado e obrigado a dizer (na forma de normas) o que é obrigatório, permitido ou proibido em certa situação, a partir de uma norma mais geral e menos determinada.

Em terceiro lugar, ele é obrigado a justificar sua produção normativa por um raciocínio que mostra como é admissível passar de tal norma, mais geral, a outra, mais particular. Essa concretização não deve ser arbitrária e, se for, outros juízes poderão – se for pedido – corrigi-la. Somente as decisões em última instância (ou último recurso) não poderão ser assim modificadas, mas nem por isso são menos obrigadas a respeitar o dever de justificação. Ela (a decisão) pode estar mais ou menos enquadrada, mas ela é, de maneira geral, submetida à exigência de uma argumentação **jurídica**, e não simplesmente a obrigações pragmáticas, vindas da necessidade de que se mantenha certa legitimidade. Mais uma vez, são características jurídicas, e não problemas de legitimidade social.

Em quarto lugar, é o juiz um órgão que não corre risco de sanção (revogação, deslocamento, suspensão), salvo sobre decisão de outros juízes e por casos determinados por normas gerais.

Por fim, a aplicação dessa habilitação se faz por um ato formal de sentenciamento, referente às questões de direito, pouco importando se esses sentenciamentos contém, ou não, como origem o próprio órgão ou outra instituição.

Deixaremos de lado a questão do modo de designação dos juízes, que pode achar soluções extremamente variadas. Ele (o modo de designação) decorre do simples fato de que eles (os juízes) não são sancionáveis fora das vias jurisdicionais, que não são politicamente responsáveis: um juiz politicamente responsável não é juiz.

Podemos, por contraste, definir o termo *governar* – em sentido mais amplo – como sendo o conjunto dos órgãos habilitados em matéria de produção, destruição ou modificação normativa sem serem submetidos à exigência da particularização pontual justificada (a particularização pontual justificada é uma exigência dirigida aos juízes!).

Se esse tipo de órgão jurisdicional existisse, poderíamos nos perguntar qual seria o alcance máximo de suas competências possíveis, eliminando – por enquanto – a hipótese que engloba a possibilidade de existirem outras funções orgânicas, que lhe dariam acesso a outros poderes, visto que é o juiz como tal que nos interessa. De acordo com a definição que adotamos, ele só pode produzir (ou destruir) normas pela particularização justificada, em resposta a uma questão de direito. Agrupando todos os juízes em um só conjunto, toda norma capaz de concretização justificada pode constituir um elemento de sua competência. Sob um ponto de vista político, podemos nos perguntar se um desses elementos é, ou não, desejado. Sob um ponto de vista conceitual, podemos estabelecer uma classificação de acordo com o grau em que o juiz poderá intervir.

O sistema mais rudimentar é aquele em que um juiz deve aplicar a regra geral num caso individual. Tal competência mínima é, de fato, constitutiva da existência verdadeira do juiz como órgão. Uma nova etapa é atendida quando ele é encarregado de saber se uma norma geral está de acordo com outra norma geral, que pode ser a concretização. A existência de tal controle não é necessária num ponto de vista conceitual e constitui, aliás, uma das grandes novidades do século XIX, com a introdução da Justiça Administrativa. Mas nada impede de se perguntar sobre o propósito de uma lei e, até mesmo, sobre a constitucionalidade de uma lei se existir a hierarquia interna da Constituição, isto é, se existirem várias formas de revisão ou uma distinção entre as disposições que não podem ser revistas e as disposições que podem ser modificadas de acordo com os procedimentos específicos. Como essas competências não envolvem nenhuma necessidade conceitual, sua introdução constitui, para cada uma, uma decisão política importante cujo desafio é, cada vez mais, o de saber a quem se faz melhor atribuir o poder jurídico de fazer certas escolhas – a qual órgão (ou conjunto de órgãos) – e de permitir que essas escolhas sejam julgadas de acordo com sua conformidade com norma superior à qual eles devem se adaptar.

Os juízes terão, obviamente, mais poder (competências de produzir, de destruir ou de modificar normas) se lhes for demandado de controlar as concretizações – as mais elevadas na hierarquia –, e, portanto, sua função jamais será – e não pode ser – "governamental" (compreendendo-se a função governamental verdadeira como modo de produção, de destruição ou de modificação normativas não sujeito à exigência de adequação justificada relativa a questões de conformidade).

Ao mesmo tempo, a escolha entre a atribuição aos juízes ou aos órgãos de "governo" constitui um verdadeiro dilema. Se a decisão for mantida no sentido de fazer os juízes intervirem para julgar a conformidade da concretização de uma norma, a não ser que a decisão "governamental" fuja de qualquer avaliação jurídica orgânica – isto é, quando o resultado não se baseia somente num raciocínio, mas constitui, além do mais, uma norma ou, pelo menos, uma etapa da produção (destruição, modificação normativa) – e submeta essas decisões a um controle jurisdicional, pode-se sempre se perguntar se esse controle está, de fato, de acordo com as exigências que ele pode respeitar, também a única solução orgânica será a de submeter esse controle a um controle jurisdicional superior, mas independentemente da complexidade da hierarquização do sistema, pois existe um grau além do qual não há mais controle. O fato de ser impossível controlar os controladores (*custodire custores*) não indica, de modo algum, que eles agem em último lugar segundo seu bel-prazer; significa, sim, que o controle desce para baixo do último grau de produção normativa.

Por estarmos num sistema conhecendo os juízes como acima apresentados, esses juízes, mesmo os supremos, **não poderão jamais "governar"**, visto que, mesmo no grau mais elevado, não fazem mais que proceder à concretização justificada e pontual de normas que eles não produziram. Como consequência, a técnica de dar à jurisdição o controle da aplicação do direito não é infinita. Ela termina necessariamente onde acaba a corrente da aplicação, isto é, do inferior ao grau mais elevado de um sistema dado. De fato, se os juízes puderem ir além dessa barreira, não seriam mais juízes, mesmo que usassem esse nome; eles seriam governantes. Ora, é exatamente o caso que exclui a hipótese.

Aceitando, portanto, as definições propostas (não longe do senso comum e que nem mesmo Michel Troper pode recusar), um governo de juízes ainda é conceitualmente impossível, mesmo podendo-se diferençar as situações mais variadas de extensão das competências jurisdicionais.

c] Objeção realista

Esse raciocínio contradiz uma objeção que sempre faz subentender, no entanto, o pensamento de Michel Troper. A objeção realista (realismo jurídico) consiste em dizer que é impossível enquadrar juridicamente as competências dos juízes, visto que a atribuição de competências a esses órgãos torna-os intérpretes e que todo intérprete decifra a extensão de sua própria competência. Essa objeção se baseia, entre outras, na teoria de Kelsen da interpretação segundo a qual esta consista num ato de vontade, e não de conhecimento[5]. Quando uma questão jurídica é, em último lugar, tomada por uma decisão concreta, a resposta a essa questão, nos termos do sistema jurídico, não é o que ela deveria ser nos termos de quaisquer exigências abstratas, mas é tomada, definitivamente, pelo órgão encarregado de se pronunciar a esse respeito. É inútil, então, querer ligar as competências dos juízes pelo fato de que, assim, pedimos a eles julgamentos das suas competências, ou seja, em vez de ligá-las, afastamo-las, pois eles se pronunciam sobre o próprio caso. Se isso for verdade para todos os juízes, será *a fortiori* também verdadeiro o enunciado para todo juiz supremo porque nenhum outro juiz pode controlar o respeito das normas que enquadram suas competências. O Direito pode, então, atribuir poderes, mas é incapaz de delimitar seu exercício normativo "entrando na cabeça dos juízes para controlá-los". Entendemos dessa forma o porquê de Michel Troper se interessar nas obrigações que o juiz se autoimpõe, e não naquelas que o Direito tenta, em vão, impor-lhe. **As obrigações jurídicas são inoperantes, já as obrigações pragmáticas são reais, efetivas e observáveis: essa é a base da Teoria Troper.**

---

5 Cf. acima: Otto Pfersmann, "Le statut de la volonté dans la définition positiviste de la norme juridique", in: *Droits*, 28 (1999), p. 83-98.

É obviamente impossível fazer justiça a uma construção tão sutil quanto a Teoria Realista da Interpretação e a Teoria das Obrigações, que a completa[6]. Podemos tentar delinear alguns elementos de resposta. Admitamos antes que a objeção realista seja justificada. Ela implica que todo órgão é juiz de todas as suas próprias competências. Como resultados de fato, os juízes não podem ser ligados, mas os órgãos não jurisdicionais também não. Se todo órgão determina sua própria competência, quem decidirá quando cada um procurar maximizar seu poder? Já que o Direito, de maneira particular, não poderia responder, são os fatos que vão determinar. Trata-se, portanto, de uma questão empírica da qual devemos nos afastar diante do veredito de eventuais observações científicas confiáveis. Entendemos, mais uma vez, o interesse da Teoria das Obrigações. São essas "obrigações" que vão determinar o poder que os juízes vão se autoconceder a fim de que mantenham e aumentem esse mesmo poder. Adotando, assim, a posição realista, deveremos observar as "obrigações", isto é, as estratégias de autoenquadramento pelas quais os juízes, como os outros órgãos, procuram maximizar suas competências reais.

Se, no final das contas, nosso único objeto de conhecimento é somente o sistema das obrigações que pesa sobre os diferentes órgãos, é impossível, verdadeiramente, estabelecer nossa tipologia a partir de critérios jurídicos. Contudo, quando passamos a dispor de mais critérios jurídicos para separar as competências dos juízes daquelas pertinentes aos outros órgãos, nosso objeto de análise terá desabado, visto que procurávamos, especificamente – tanto Michel Troper quanto eu próprio – estabelecer uma tipologia das competências e de suas modalidades de exercício. A objeção realista não nos leva a ver o que os juízes realmente fazem, mas a **não ver mais juiz algum e de modo nenhum**.

Voltando ao procedimento proposto, acharemos muitas situações de acordo com as competências conferidas aos juízes. Inequivocamente, o poder deles será mais importante quando puderem participar da edição das leis e, ainda mais, quando eles puderem participar da edição de emendas constitucionais (na hipótese em que o Direito Constitucional formal é hierarquizado em revisão parcial e revisão total e/ou em domínio que pode ser revisado e domínio que não pode ser revisado), o que não é o caso. Podemos, obviamente, dar nomes a essas diferentes situações. Podemos, por exemplo, falar de "colegislação jurisdicional" ou de "colegislação constitucional jurisdicional", considerando que se trata de uma participação no modo da concretização pontual justificada. Fazendo questão, podemos usar o termo *governo* para caracterizar uma ou outra dessas estruturas. Todavia, somente ganhamos com isso, já que vamos ser obrigados a introduzir

---

6 Nosso posicionamento a respeito da Teoria das Obrigações é desenvolvido em Otto Pfersmann, "Critique de la théorie des contraintes juridiques", in: Michel Troper, Véronique Champeil-Desplats, Christophe Grzegorczyk (Dir.), *Théorie des contraintes juridiques*, Paris, LGDJ, 2005, p. 123-142.

outro termo para designar o que até agora era chamado *governo*. Em nenhuma ocasião, achamos um juiz que teria, como tal, uma função governamental se por "governo" – no sentido largo – entendemos a competência de produção normativa submetida à obrigação de concretização pontual e justificada. Enquanto essa diferenciação orgânica existir num sistema, não é possível existir um "governo dos juízes", qualquer que seja o tamanho de suas competências. O conceito é, então, vazio ou inútil, como foi demonstrado.

d] As dicastocracias democráticas

Até agora, pensamos nos juízes como órgãos específicos, mas nada impede que os titulares de funções orgânicas jurisdicionais recebam funções não jurisdicionais ou, ao contrário, que órgãos não jurisdicionais recebam missões jurisdicionais. Logo, poderá haver um acúmulo de competências que supõe, pelo menos, que, como juízes, esses órgãos múltiplos dispõem de benefícios por meio de garantias ligadas, por definição, à função de juiz. Mas é justamente aí que encontramos, necessariamente, o problema que tínhamos afastado antes. Imaginemos um juiz de uma categoria particular. Imaginemos, agora, que todos os juízes dessa categoria sejam, como tal, encarregados de missões não jurisdicionais. Temos dois quadros: ou as garantias de independência se estendem a todas as competências, ou não.

Na última hipótese do parágrafo anterior, a atribuição das competências não jurisdicionais seria o direito, mas outros órgãos poderiam revogá-los de maneira discricionária. É, obviamente, uma maneira de enfraquecer a independência: a ameaça de perder os poderes não jurisdicionais certamente contamina o exercício das competências próprias do trabalho do juiz, visto que o órgão de revogação pode ameaçar o juiz de destituição no caso de uso não oportuno da competência de julgar. Não se trataria tanto de um governo de juízes, mas, ao inverso, de sua submissão indireta. O caso do acúmulo ocasional não é diferente, de maneira alguma. No entanto, isso existe em inúmeros sistemas democráticos: até 1995, um membro do Conselho Constitucional francês podia exercer um mandato eletivo local e outros juízes, ainda hoje, podem exercer tais funções. É significativo o fato de que regras de incompatibilidade venham limitar essas possibilidades de acúmulo e excluam, em geral, aquelas que poderiam tocar as funções jurisdicionais supremas.

Consideremos, ao inverso, que o estatuto de juiz se estenda a todas as funções não jurisdicionais que ele poderia exercer e que essas funções sejam funções de governo, imaginando, por exemplo, que o Tribunal Constitucional X dispõe, de acordo com a Constituição, de iniciativa legislativa ou que o Presidente do Tribunal Y seja, como tal, de acordo com a Constituição, Ministro da Justiça.

Essas competências seriam, obviamente, independentes de qualquer controle parlamentar. Poderíamos ir mais longe ainda e dar a um juiz todas as prerrogativas governamentais no procedimento legislativo. Poderíamos imaginar que ele tenha até mesmo a primazia de direito sobre o governo, em caso de conflito. O caráter democrático de tal regime viria do fato de que as leis deveriam ser votadas por representantes eleitos para um período determinado. Conceberíamos, assim, um regime ou um órgão jurisdicional que exerce o direito de nomear o governo e o direito de dissolução. Deveríamos desenvolver, aqui, uma classificação apropriada.

Esses casos seriam os únicos nos quais juízes governariam no sentido próprio do termo, e eles não fazem, não porque são juízes, mas porque eles se beneficiam de um acúmulo de competências, com extensão de garantias de estatuto, acúmulo este incidente nas funções não jurisdicionais. A única diferença com a dicastocracia, no senso estrito, consiste no fato de que essas competências sejam mais ou menos compartilhadas com outros órgãos e para que alguns dependam do voto regularmente renovado. Tratar-se-ia, especificamente, de um **governo dos juízes**.

Poderíamos, igualmente, imaginar um sistema que possibilitasse aos juízes a candidatura a outras funções orgânicas, de tal maneira que, uma vez eleito ou nomeado, eles teriam benefícios assentados nas garantias do estatuto do juiz com o intuito de exercer essas outras competências. O "cogoverno dos juízes" seria, então, uma simples faculdade, e não um dado constitutivo.

São esses os complementos que queria acrescentar, e agradeço a Michel Troper por ter me dado a possibilidade de refletir sobre um texto muito interessante.

Título
Justiça constitucional no Direito Comparado

Capítulo 6
O recurso direto: entre proteção jurídica e constitucionalidade objetiva

O acesso das pessoas ao juiz constitucional é um dos assuntos mais amargamente debatidos em política constitucional, talvez um dos menos estudados em **Direito Comparado**. Que o indivíduo possa se dirigir sem intermediário à instância que pode aniquilar a lei, "expressão da vontade geral" e emblema normativo da vontade política; que qualquer um possa questionar a norma geral por excelência parece provocar vertigem estimulante para uns enquanto angustiante para outros. Que o problema seja importante, isso é indiscutível: mostrar que as metáforas passionais se inspiram, geralmente, em uma apresentação muito rápida e muito redutora constitui a motivação e a tese crítica e negativa do texto aqui apresentado.

A partir da análise de três experiências nacionais (Alemanha, Áustria, Espanha) e de uma reflexão prospectiva (França) – investigação de fato incompleta, mas muito significativa –, poderemos trazer ao debate alguns elementos de uma **tese positiva**; cada sistema opera uma escolha entre vários aspectos da organização das obrigações factuais não previstas (ou não admitidas), ou então de uma decisão deliberada.

Um quadro realmente compreensivo[1] deveria ter obviamente integrado a Bélgica, sistema forte original em que as pessoas podem facilmente contestar a lei, mas que só podem se prevalecer muito pouco dos direitos fundamentais. Portugal, ligando um sistema de controle difuso a um sistema muito particular de controle concentrado, permite que pessoas se dirijam ao Tribunal Constitucional para contestar decisões de justiça, implicando uma questão de constitucionalidade, o que faz, felizmente, objeto de uma apresentação independente nessa mesma entrega. As experiências europeias deveriam ter sido contrastadas com aquelas do sistema americano, em que as pessoas fazem parte de fato do processo, mas onde a admissão dos dossiês diante da Corte Suprema é estritamente discricionária. Deveria ter prestado conta da diversidade crescente que trazem os sistemas de justiça constitucional nos Estados da Europa Central e Oriental[2]. Se o quadro de que trataremos aqui está longe de ser exaustivo, ele permite, contudo, ter uma ideia das principais orientações e dos problemas que encontramos hoje.

As três relações, implicando os sistemas em que as pessoas físicas e morais[3] têm acesso ao juiz constitucional, permitem melhor entender o perfil concreto e limitado. A apresentação francesa, se situada por hipótese em um contexto

---

1 Os modelos alemão, austríaco, belga, espanhol, português e suíço foram tema de um Colóquio em 1991 organizado pelo Groupe de Recherche sur la Justice Constitutionnelle, publicado in: *Annuaire International de Justice Constitutionnelle*, Paris: PUAM Economica, 1993.
2 Como exemplos: Albânia, Hungria, Polônia, Federação da Rússia, Eslováquia e Eslovênia são países que conhecem recursos diretos diante do juiz constitucional, geralmente por violação dos direitos fundamentais.
3 **Nota do tradutor (NT):** Para designar *pessoas jurídicas*, os franceses usam a expressão "pessoas morais".

no qual isso não existe, explora as possibilidades de sua eventual introdução. As relações alemã, austríaca e espanhola seguem um procedimento que permite conhecer a estrutura exata das disposições constitucionais e legislativas, administrando os recursos dos indivíduos e mostrando quais são os atos que podem ser contestados (atos administrativos, decisões jurisdicionais, regulamentos, leis, tratados) de acordo com as condições de receptividade e de admissão. O dispositivo normativo está em seguida confrontando a prática situada no debate doutrinal e as propostas de reformas, ficando, enfim, submetido a um julgamento pessoal do apresentador.

6.1 O polilema da justiça constitucional

Uma precisão conceitual e terminológica é necessária de início. **Primeiramente**, o que chamamos aqui de *recurso direto* é um ato de procedimento pelo qual uma pessoa (física ou moral) apela sem intermediário ao juiz constitucional para controlar a constitucionalidade de um ato. O reenvio prejudicial por um juiz ordinário não é então um recurso direto. Em **segundo lugar** e consequentemente, tal recurso não diz respeito necessariamente a uma lei; certos sistemas o preveem em certa medida, outros o excluem totalmente. É a diversidade dessas situações que torna necessária a análise do modo como se situam as diversidades na arquitetura dos princípios constitucionais.

Sabemos que a justiça constitucional conhece um número sempre crescente de variantes. Poderíamos nos contentar e isso já seria o bastante; identificar aquelas que implicam os atos pelos quais pessoas podem recorrer a um Tribunal Constitucional e depois proceder, conscientemente, a um confronto dos custos e vantagens.

O mais importante: cada uma das configurações particulares da justiça constitucional resulta de uma articulação diferente de princípios estruturantes da ordem jurídica e sua satisfação integral e simultânea é lógica ou empiricamente impossível. O lugar do indivíduo diante do juiz constitucional é um resultado disso, não o ponto de partida. De um ponto de vista interno, cada Tribunal Constitucional aparecerá como um dado homogêneo ou como uma evidência. De um ponto de vista comparatista e, portanto, externo, veremos que cada sistema de justiça constitucional vem de uma junção dos dados, por vezes, extremamente diversos: uma ideia do "Estado de Direito", a garantia de "direito fundamental", um "princípio democrático". Esses elementos são, muitas vezes, confundidos em uma concepção global da "democracia constitucional" contemporânea. O estudo dos casos nacionais permitirá compreender que tal concepção é falsa, ou muito generalizada, no mínimo.

A discussão teórica sempre se interessou e ainda se interessa pela questão da compatibilidade entre justiça constitucional e democracia[4]. Essa problemática é abordada principalmente na literatura recente sob um ângulo político e normativo. Do ponto de vista da análise dos sistemas jurídicos poderemos, pelo menos provisoriamente, aceitar que a justiça constitucional constitui de fato uma limitação da democracia majoritária, direta ou representativa pela qual certas decisões, dependendo da maioria simples, podem ser anuladas por um órgão jurisdicional em razão de uma contradição com as prescrições advindas de uma maioria qualificada, qualquer que seja o modo de qualificação e qualquer que seja o modo de designação (democrático ou não) dos membros dessa jurisdição. Pouco importando a margem das variantes possíveis, o exame procedido pelo juiz diz respeito por hipótese à conformidade entre várias categorias de normas de uma mesma ordem jurídica, na qual uma é considerada, nesse sentido, como "superior" a outra que, em uma contradição com suas prescrições, permite e exige a destruição do que aparece como norma defeituosa. A geração da ideia de que **o que é "inferior"** na ordem da produção das normas deve não só ser conforme com o que é superior, mas deve também haver mecanismos de controle jurisdicional, isto é, submetido a uma obrigação de justificação (argumentação jurídica) de suas conclusões; isso constitui um dos elementos que chamaremos aqui de Estado de Direito[5].

O Estado de Direito exige um juiz para a fiscalização da constitucionalidade, assim como requer um juiz da legalidade ou da "regulação", e assim por diante.

---

4   Para indicar somente alguns elementos de uma bibliografia imensa: a) apresentação teórica clássica do modelo americano: The Federalist Papers, n. 78; b) apresentação clássica do modelo austríaco de justiça constitucional: Hans Kelsen, "Wesen und Entwicklung der Staatsgerichtsbarkeit, Nature et développement de la justice d'État, Veröffentlichungen der Vereinigung der Deutschen Staatsrechtslehrer", 1928, reproduzido in: Die Wiener Rechtstheoretische Schule, Viena, 1968, v. 2, p. 1813 e ss., versão francesa: "La garantie juridictionelle de la Constitution", in: Revue du Droit Public et de la Science Politique en France et à l'Étranger, 1928; contestação clássica do modelo austríaco e americano numa perspectiva orleanista e autoritária: Carl Schmitt, Der Hüter der Verfassung, impresso da edição de 1931, Berlin Duncker & Humblot, 1996 (resposta: Hans Kelsen, "Wer soll Hüter der Verfassung sein?", in: Die Justiz, v. 6, p. 5-56); um clássico do debate americano recente: John Hart Ely, "Democracy and Distrust", A Theory of Judicial Review, Harvard University Press, 1980; uma contestação do modelo teórico Kelseniano em uma perspectiva "realista": Michel Troper, Pour une théorie juridique de l'État, Paris, Presses Universitaires de France (col. Léviathan), 1994; tentativa de justificação "moral" do modelo americano proposta por Ronald Dworkin, Freedom's Law. The Moral Reading of the American Constitution, Oxford University Press, 1996; cf. para uma crítica "democrática" recente da justiça constitucional, principalmente americana: Jeremy Waldron, Law and Disagreement, Oxford University Press, 1999.

5   O Estado de Direito contém outros elementos que importam menos para esse assunto, como a redução da violência em conflitos juridicamente acertados e a determinação da ordem jurídica. Eu esboço uma teoria mais completa nesse projeto editorial lusófono, agora publicado pela Editora InterSaberes. Ver aqui "Prolegômenos para uma teoria normativista do 'Estado de Direito'".

Mas ele não comanda nem um pouco, como juiz, a possibilidade de os destinatários individuais das normas do sistema poderem se dirigir ao juiz da constitucionalidade. Porém, o mais antigo sistema de justiça constitucional da Europa, o sistema austríaco, prevê, desde as origens, um recurso aberto às pessoas. Historicamente, de fato, o Tribunal Constitucional sucede ao Tribunal do Império que acolhia desde a Constituição de dezembro de 1867 os pedidos contra atos administrativos contrários às disposições da Lei Fundamental do Estado sobre os direitos gerais dos cidadãos, um dos elementos dessa mesma Constituição. As decisões dessa jurisdição eram unicamente declarativas; foi esse o órgão mais tarde renomeado "Tribunal Constitucional" pela jovem República, quando suas competências serão rapidamente estendidas e conterão aquela de quebrar atos administrativos contrários aos direitos garantidos pelo texto constitucional. Enfim, ele será inteiramente redefinido pela Lei Constitucional Federal do dia 1º de outubro de 1920, que lhe concederá a atribuição exclusiva de todo litígio, implicando uma questão de constitucionalidade, mas também de todo litígio implicando a legalidade de um regulamento. O contencioso constitucional dos atos administrativos individuais é mantido e sistematizado, mas as pessoas não podem atacar diretamente nem as leis, nem mesmo os regulamentos. Outros órgãos, principalmente as jurisdições de segunda ou de última instância, como também o Tribunal Administrativo ou o Tribunal Constitucional, poderiam acionar para fins de controle concreto, enquanto somente órgãos políticos poderão recorrer abstratamente a esse juiz constitucional para examinar uma lei. O que se tornará modelo austríaco vem, na verdade, da junção de concretizações do Estado de Direito e da proteção dos direitos dos indivíduos.

Generalizando, de fato, a ideia de que a determinação das liberdades dos destinatários da ordem jurídica deve ser (ou não) somente integrada formalmente na Constituição, mas que essas liberdades devem ser garantidas contra violações por parte de órgãos do "Estado", construímos o princípio chamado aqui de *direitos fundamentais*[6]. O Estado de Direito não implica, em si, a existência de direitos fundamentais, mas, existindo direitos fundamentais, eles constituem, por definição, fora seu conteúdo específico, um enriquecimento do Estado de Direito, visto que eles fazem parte das normas superiores e que estas devem prevalecer sobre as normas inferiores. Contudo, isso não implica consequências sobre os meios pelos quais pessoas lesadas em seus direitos poderiam encontrar

---

6   A definição dos *direitos fundamentais* considerada aqui é voluntariamente mais vaga e principalmente mais fraca que aquelas propostas no "Esquisse d'une théorie des droits fondamentaux", in: Louis Favoreu et al., *Droits des libertés fondamentales*, Paris, Dalloz, 2000, p. 89-140. A distinção essencial em relação às "liberdades públicas" é mantida no sentido em que esses direitos se beneficiam de um fundamento constitucional, e não simplesmente legislativo ou dependendo de indescritíveis "princípios gerais do direito" inventados pelo juiz administrativo, mas sempre concebidos como vindo do direito legislativo, e não constitucional.

remédio. Os direitos fundamentais, entendidos nesse sentido (ainda fraco) em que são formulados em textos de domínio constitucional e protegidos contra as violações imputáveis à administração, agindo por meio de atos (ou de exercício de um poder de obrigação individual), não requerem, como tais, uma garantia por um juiz habilitado a anular leis, mesmo se tal juiz anular, entre outras, leis contrárias às disposições constitucionais contendo esses direitos. É justamente disso que trata a originalidade do **primeiro**[7] modelo austríaco: ele articula a proteção dos direitos fundamentais com aquela do Estado de Direito constitucional, atribuindo essas duas competências a uma jurisdição única.

No entanto, pergunta-se: por que esses direitos fundamentais deveriam ser protegidos unicamente contra atos ou ações imputáveis à Administração? Uma generalização do princípio de que certas liberdades deveriam se beneficiar de uma formulação e de uma proteção constitucional requereria também alguns mecanismos assegurando que qualquer violação pudesse ser corrigida. Os direitos fundamentais seriam, então, inteiramente integrados no Estado de Direito. Contudo, mesmo assim, nenhuma necessidade conceitual comanda a atribuição de todos esses controles a uma instância jurisdicional única, que seria, além disso – e ao mesmo tempo –, competente em termos de exame de constitucionalidade das leis. É a concentração e a distribuição dessas exigências que torna originais os modelos de recursos introduzidos pelas pessoas apresentadas aqui, como exemplo: o sistema espanhol inclui o controle dos atos jurisdicionais, mas exclui aquele dos regulamentos e das leis; o sistema austríaco inclui os atos administrativos, as leis, os regulamentos e os tratados, mas exclui os atos jurisdicionais; o sistema alemão inclui "todo ato da potência pública" e apresentar-se-á, nesse ponto de vista, como o mais compreensivo. O sistema francês separou inteiramente esses dois aspectos, ou seja, os direitos garantidos pela Constituição são certamente direitos que o legislador deverá respeitar, mas não são direitos por meio dos quais as pessoas que se julgam lesadas poderão apelar ao juiz a fim de que controle a lei, estando o acesso dos indivíduos excluído[8].

---

7 A ligação processual entre os dois é a seguinte: o tribunal poderá ele mesmo recorrer ao controle de constitucionalidade de uma lei se considerar que as disposições legislativas serviram de fundamento ao ato administrativo inconstitucional, sendo elas mesmas inconstitucionais. Como veremos, e como a apresenta em detalhes a contribuição austríaca de Gabriele Kucsko-Stadlmayer, o sistema atual não é aquele de 1920. Suas competências foram estendidas a outros tipos de recursos (principalmente de modo direto contra a lei ou o regulamento) tal como a possibilidade de recusar recurso contra atos administrativos, até mesmo admissíveis.

8 Claro que os cidadãos podem recorrer ao Conselho Constitucional como juiz eleitoral, e poderá se dizer que o direito ao voto é um direito fundamental. Mas não é esse direito constitucional (ao voto) garantido que pode ser invocado como tal nesse processo. Na França, o juiz eleitoral é um juiz da legalidade, isto é, da concretização legislativa do direito constitucional ao voto e à elegibilidade.

Não é essa, no entanto, a única especificidade do sistema francês. Todo ajuste entre o Estado de Direito e direitos fundamentais supõe, até aqui, uma concepção corretiva do Estado de Direito, se existe uma norma que torna obrigatória, permitida ou proibida outra coisa daquilo que a norma que regula a produção lhe permite prever então um procedimento jurisdicional deve permitir sua eliminação do sistema. Mas podemos, ao inverso, introduzir **mecanismos preventivos** para evitar a produção de novas normas defeituosas. Tal concepção pode ser, por sua vez, mais ou menos compreensiva, podendo ser um pouco articulada com uma concepção corretiva do Estado de Direito. Contudo, um sistema preventivo não implica, de jeito nenhum, como tal, um sistema corretivo qualquer. Em contrapartida, um sistema estritamente preventivo exclui obviamente alguns direitos fundamentais corretivos. **Assim é o modelo francês!**

Qualquer que seja a concepção adotada, ela permanece, em todos os casos, abstrata. Existindo uma exigência de conformidade preventiva ou corretiva (ou repressiva), existindo ou não direitos fundamentais mais ou menos fortes, até mesmo o fato de existir um controle jurisdicional deixa totalmente indeterminada a obrigação de conformidade. A conformidade não é, como tal, a consequência imediata do princípio do Estado de Direito; ela constitui um conjunto de operações complexas e submetidas a obrigações factuais mais ou menos pesadas. Não pode haver um Estado de Direito sem procedimentos corretivos ou preventivos, assim como não pode haver tais procedimentos se não prevemos os meios de realizá-los. Ora, é justamente aí que intervêm necessariamente as escolhas, pois todas as exigências não podem ser realizadas simultaneamente. Considerando que convém adotar uma concepção fortemente compreensiva e atribuir o controle a um só órgão jurisdicional, e estimando que tal órgão deva ser composto por um pequeno número de pessoas para preservar certa unidade em sua jurisprudência (vamos chamar isso de *concepção monomicrodicástica*), a manutenção da concepção compreensiva imporá que o tempo de liquidação dos dossiês se calculará em função do número de casos em trâmite. Querendo evitar esse resultado, então é preciso renunciar ao princípio monomicrodicástico ou renunciar à concepção compreensiva. Ora, renunciando à concepção compreensiva, limitamos por hipótese o Estado de Direito e, especificamente, o Estado de Direito integrando os direitos fundamentais. Renunciando à concepção monomicrodicástica, renunciamos, também, à concepção compreensiva, já que esta condiciona aquela. Tanto um princípio "polidicástico" quanto um princípio "macrodicástico" afetarão a compreensibilidade, e então o Estado de Direito. Em outras palavras, temos simplesmente a escolha entre diferentes maneiras de limitar o Estado de Direito.

Todos os sistemas enfrentam esse polilema: o de saber qual aspecto do modelo convém privilegiar em relação a outros – e em detrimento de outros –, e a necessidade factual dessa escolha é ainda mais dramática que todos os sistemas, menos um: primeiramente eles se dirigem para concepções mais compreensivas, ligando fortemente o Estado de Direito e os direitos fundamentais. Paradoxalmente, os instrumentos orgânicos concretos da realização do Estado de Direito compreensivo fazem aparecer as limitações desse mesmo Estado de Direito; então, sua realização desaparece na duração, ou ela não é mais compreensiva, ou porque ela é limitada como tal, ou porque ela se torna seletiva, ou porque ela perde sua unidade.

6.2 O alargamento aleatório do recurso contra atos individuais

Se as pessoas puderem recorrer ao juiz constitucional, notaremos primeiro que o conceito de "pessoa" é geralmente estendido de maneira generosa, abrigando tanto as pessoas físicas quanto as morais[9], os cidadãos e os estrangeiros. Os limites recuam, mas sem desaparecer inteiramente os direitos de cidadania ativa recusados aos estrangeiros; mas essas questões mais problemáticas não dizem respeito ao nosso assunto, sendo elas obviamente ligadas ao direito de acesso ao território. As pessoas morais são limitadas em seus direitos unicamente pelo seu caráter artificial. A questão mais problemática se refere, aqui, com o estatuto das pessoas morais de direito público. A doutrina alemã nega o benefício aos direitos fundamentais, invocando sua natureza estatal, mas o sistema alemão admite que se trata de uma questão de grau e institui até mesmo um recurso específico para os municípios, que não será desenvolvido aqui.

A proteção de direitos é, historicamente, primeira e, conceitualmente, segunda na emergência dos sistemas de justiça constitucional concentrada. A Constituição protege os direitos e se ela faz isso, permitindo às pessoas que se dirijam ao juiz constitucional, os beneficiários são, então, titulares também, isto é, eles têm o direito de segunda ordem de reclamar a proteção de seus direitos de primeira ordem. Todavia, tal acesso diz respeito somente a uma parte da Constituição. Ora, além do mais, várias opções são possíveis de acordo com as normas contestáveis e de acordo com as modalidades de recurso (ou acesso ao juiz constitucional): o recurso pode ser admitido contra atos administrativos, ele pode ser contra decisões de justiça e contra normas gerais – regulamentos europeus, leis nacionais, tratados internacionais. A diversidade das situações aparece muito nitidamente no sistema austríaco. O recurso diante do juiz constitucional é,

---

9   **Nota do tradutor (NT):** *pessoas morais* no sentido lusitano de "pessoas colectivas", ou no senso brasileiro de "pessoas jurídicas".

primeiro, aquele contra os atos administrativos; o "requerimento individual" contra normas gerais tem outro nome e segue outras regras de procedimento, muito mais rigorosas.

É o recurso contra os atos administrativos que marcam, inicialmente, o sistema austríaco. Nascido no contexto da monarquia, o Executivo é considerado como uma ameaça potencial aos direitos fundamentais, e não, até 1975, o legislador como tal. O questionamento da lei permanece, em princípio, reservado às jurisdições ou as autoridades políticas. Também não é o juiz que é concebido como um perigo para os direitos. A ideia tradicional é, ao contrário: que a Administração seja submetida ao poder de injunção, enquanto o juiz decide de maneira independente e segundo o direito, ou seja, um juiz protegendo os direitos lá onde ele fazia falta até então, e não lá onde ele já intervinha. O sistema austríaco exclui consequentemente (e sempre) as decisões de justiça dos atos, podendo constituir objeto de um recurso.

A situação é inteiramente diferente na Alemanha e na Espanha, onde a justiça constitucional é mais recente e a intenção constituinte é mais compreensiva. Esse princípio é claramente expresso pela Lei Fundamental que pretende proteger a pessoa através do recurso constitucional contra a violação de seus direitos pela "potência pública", qualquer que seja a forma orgânica sob a qual ela age. A Espanha mostra a importância da concepção do recurso contra o juiz como uma das percepções dominadoras da justiça constitucional. O recurso contra os atos administrativos não é obviamente excluído, mas as prerrogativas do juiz administrativo são mais fortes e os atos jurisdicionais de última instância são contestáveis diante do juiz constitucional. Isso significa que os tribunais constitucionais são integrados na organização judiciária, enquanto os dois são simplesmente articulados nos sistemas austríaco ou italiano por meio de recurso às jurisdições para que se efetive o controle concreto. O recurso contra os atos jurisdicionais, de fato limitados às questões de constitucionalidade, passa a visar funcionalmente a abertura de um novo grau de jurisdição.

Enquanto os sistemas ponderam assim de maneira muito diferente a contestação de constitucionalidade, os três sistemas se assemelham em dois elementos. **Primeiro**, tanto na Alemanha quanto na Áustria ou Espanha, a imensa maioria dos dossiês que, partindo da jurisprudência em matéria de direitos fundamentais, concerne à contestação de atos individuais. A justiça constitucional estará sendo, nesse caso, justiça administrativa ou justiça judiciária extraordinária. **Em segundo lugar**, é nessa área da justiça extraordinária que aparecem primeiro os procedimentos de admissão ou não admissão. Trata-se da mais forte limitação do Estado de Direito compreensivo, já que os recursos não são somente para condições de admissibilidade, mas sim subformações do Tribunal Constitucional em questão de poder decidir (de fato, sob certas condições) após uma motivação inteiramente estereotipada.

O recurso contra a lei ou mais amplamente contra as normas gerais violando direitos fundamentais não existe no sistema espanhol, mesmo se o relatório mostre as tendências jurisdicionais visando alargar a área nesse sentido. A contestação da lei é admitida na Áustria e na Alemanha, mas ela é nitidamente distinta do recurso contra os atos administrativos na Áustria, enquanto na Alemanha é o reforço das exigências de admissibilidade. Nos dois casos, trata-se de um recurso estritamente subsidiário no sentido de que ele só pode ser aviado após todos os outros meios previstos. Isso mostra até que ponto predomina a concepção segundo a qual os direitos fundamentais são violados por atos individuais e podem ser defendidos por recursos contestando as concretizações das normas gerais, e não as normas gerais em si. De fato, a violação de um direito por uma norma geral deve ser imediata no tempo e direta no plano normativo, isso é, para ser atacável, uma norma geral deve **não ser** abstrata, mas ser como tal uma violação concreta de uma liberdade constitucional protegida. Para dizê-lo de outra maneira, é preciso que uma norma geral e abstrata não seja, de fato, abstrata, **já que ela afeta diretamente seus destinatários** sem concretização. Uma lei ou um regulamento é atacável quando se aproxima até ser confundido com um conjunto de atos de concretização inconstitucionais. Uma regra estritamente abstrata, uma lei no sentido estrito e material da palavra, não pode, contudo, ser objeto de um recurso. O princípio é então aquele de não permitir um recurso que contraria normas gerais de estatuto formalmente legislativo ou regulamentador que se afasta da exigência constitucional de abstração.

O sistema alemão, que parece ser o mais compreensivo, é aqui mais restritivo ainda, pois ele impõe prazos que o modelo austríaco não conhece. É particularmente chocante, já que, de acordo com a concepção alemã, uma lei não é simplesmente anulada *pro futuro* em caso de inconstitucionalidade, mas declarada nula ou não vazia, privada então de validade *ab initio*[10].

A exigência de concretização parece tão severa que podemos nos perguntar se tal recurso pode ter qualquer realidade, e alguns verão alguma coisa tão insignificante e limitada a ponto de duvidarem da utilidade ou até mesmo da existência jurídica de tal procedimento. As mesmas perguntas para as jurisprudências extremamente severas dos Tribunais alemão e austríaco, que só reconhecem a

---

10 Esse princípio é objeto de várias exceções e remanejamentos, já que a nulidade estrita não se impõe por exemplo à validade (que seria então retroativa) das normas individuais tendo as disposições legislativas em questão como fundamento. O conjunto das regras de conformidade das normas de grau inferior constitui o modelo particular do Estado de Direito, e não a proclamação do princípio geral que, por sua vez, só indica os objetivos ou a ideologia.

admissibilidade a um pequeno número de requerimentos e somente uma pequena parte daqueles que passaram a primeira etapa são atendidos.

Essas considerações levantam três observações. **Em primeiro lugar**, o recurso existe em termos jurídicos, o que não é afetado pela frequência empírica de seu uso e que a construção do requerimento, para ser restritivo, não é tampouco mais que a simples descrição de um objeto impossível. **Em segundo lugar**, alguns desses recursos tiveram uma incidência importante sobre a ordem jurídica. A legislação sobre os horários de aberturas dos comércios ou a interdição das vendas a um preço inferior à compra[11] são alguns exemplos famosos. **Em terceiro lugar**, a tradição francesa, fundamentalmente oposta à introdução da possibilidade de tal questionamento da lei promulgada de uma maneira geral e do recurso individual em particular, conhece, desde muito mais tempo e de modo regular (empiricamente), o questionamento pelas pessoas de normas gerais regulamentares, às vezes muito importantes, por meio do recurso direto contra as normas gerais (leis, regulamentos, tratados), o que constitui, em termos de política constitucional, uma escolha entre os dados "compossíveis[12]" do Estado de Direito compreensivo. Nesse ponto de vista, o recurso subsidiário contra a lei violando diretamente os direitos constitucionalmente garantidos das pessoas constitui mesmo uma concretização do princípio do Estado de Direito compreensivo corretivo. Os riscos ligados à sua realização são, além de tudo, limitados aos casos em que a legislação produz efeitos imediatos e concretos sobre as situações jurídicas das pessoas; são de estrutura fraca, já que as normas gerais e abstratas apresentam raramente tais efeitos concretos.

6.3 O enfraquecimento do Estado de Direito compreensivo

Os diferentes recursos diretos constituem direitos acessórios aos direitos fundamentais das pessoas nos sistemas de Estado de Direito compreensivo corretivo. Eles estão ausentes dos **sistemas preventivos** – e consequentemente **do sistema francês**. Demonstrando também um aumento sensível dos dossiês e processos ao longo dos anos, o Conselho Constitucional francês atual não pode enfrentar o conjunto das petições e/ou aplicações defeituosas passíveis de exigências constitucionais que prometem em princípio acolher os sistemas corretivos. A sobrecarga do juiz constitucional francês é materialmente limitada pela capacidade

---

11 V. detalhes em minha "Crônica de Jurisprudência Constitucional", in: *Annuaire International de Justice Constitutionnelle* – 1990, Paris, p. 461-486, 1992.
12 **Nota do tradutor (NT)**: sobre "compossíveis", v. nota do próprio autor final.

de legislar do Parlamento e, até agora, ele conseguiu manter os prazos estritos que lhe são atribuídos sem alterar, fundamentalmente, seu modo de funcionamento. Por outro lado, todos os tribunais do modelo corretivo enfrentam fenômenos de saturação que podem ir até o curto-circuito total, conforme já aconteceu na Áustria, quando o tribunal teve que acolher onze mil recursos em poucos dias[13]. É obviamente impossível saber o que aconteceria exatamente se fossem introduzidos elementos corretivos no modelo francês, e ainda menos o que aconteceria se as pessoas pudessem diretamente apresentar requerimentos contra normas inconstitucionais legislativas. É certo que tal modificação é incompatível com o sistema monomicrodicástico atual, assim como também é certo que esse sistema é como tal incompatível com o princípio de Estado de Direito compreensivo numa ordem jurídica de complexidade igual ou superior àquela dos exemplos estudados.

Os tribunais corretivos estão todos numa situação de asfixia estrutural que ainda não atingiu seu ponto mais alto, mas que transforma pouco a pouco o sistema de proteção jurídica. A situação atual do recurso individual, em suas diversas variantes, apresenta três propriedades: enfraquecimento e "aleatorização" do direito fundamental acessório de recorrer; abandono progressivo do princípio monomicrodicástico; manutenção ideologicamente enfraquecida do Estado de Direito compreensivo corretivo.

Com relação à construção originária, o direito fundamental acessório de recorrer enfraquece progressivamente à medida que se reforçam os mecanismos de aceitação discricionária, às vezes qualificados de "filtragem". Todavia, é esse direito que constitui um dos dois elementos fundadores da justiça constitucional europeia. O acesso ao juiz não vem da aplicação estrita de regras de admissibilidade, mas de uma avaliação subjetiva da importância ou do prejuízo que o torna amplamente aleatório[14]. O resultado é curioso, mas à primeira vista somente mais favorável no caso do recurso direto contra a lei na Áustria, onde as condições de admissibilidade são, como na Alemanha, muito severas, e onde não há, para esse tipo de litígios, um procedimento de admissão ou de recusa. O caráter aleatório

---

13 V. o discurso do presidente Ludwig Adamovich, in: *Cahiers du Conseil Constitutionnel*, 7 (1999), p. 55-60.

14 A escola realista francesa discutirá aqui que toda decisão é discricionária, já que é sempre o juiz quem decide discricionariamente acerca da aplicação das regras que o ligam estritamente. Isso implica negar as diferenças entre estruturas normativas distintas; então – para o "realista" francês somente seriam normativas as decisões em espécie (normas individuais e concretas, ou simplesmente sentenças judiciais). Seguindo esse raciocínio, não existe como tal nenhuma diferença entre diferentes sistemas de proteção jurídica. Contudo, o que interessa aqui são justamente essas diferenças entre estruturas de regras, já que elas enquadram normativamente as decisões. Desse ponto de vista, a questão de saber se essas regras são aplicadas torna-se uma questão factual cujos resultados podem ser objeto de uma análise jurídica em relação a regras que juízes tinham o dever (jurídico) de aplicar. Se a regra permite decidir sem justificação, o exame se resume na análise do respeito à regra de produção.

tem como resultado a ausência relativa de coerência jurisdicional, por vezes mais generosa, outras vezes mais restritiva, mesmo quando grandes linhas se liberam, ainda assim, de uma aplicação das regras constitucionais há mais de vinte anos.

O princípio monomicrodicástico se torna também enfraquecido à medida que todos os tribunais têm uma estrutura de divisão vertical do trabalho, na qual os juízes ficam com a função de decidir, mas onde o preparo dos dossiês está cada vez mais delegado a "juristas" ("assessores") que não têm o estatuto de juiz[15] (ou seja, que não são juízes!). Na Alemanha, esse procedimento já ultrapassou um importante limite: a decisão de admissão tomada por uma simples seção de três juízes, sem motivação em caso de unanimidade, é por sua vez precedida por um exame feito por simples funcionários públicos (não juízes) que notificam ao requerente que seu recurso não terá chances de procedência; 185.814 casos foram eliminados dessa maneira de 1951 a 1997. A dissociação entre os trabalhos extrajudiciais e a decisão judicial pode ir muito longe, mas não podemos esconder o fato de que todo preparo com efeito seletivo depende da missão jurisdicional, e que sua delegação constitui um abandono do princípio monomicrodicástico. Querendo ou não, uma manutenção do princípio monomicrodicástico formal acompanha uma evolução **(in)sensível** para o modelo norte-americano (não no que diz respeito à distinção entre controle concentrado e controle difuso) de seleção de grandes causas cuja solução poderia se reforçar de efeitos estruturantes mais importantes, o que modificaria no final, fundamentalmente, o sistema de proteção jurídica constitucional europeu.

Esses dois deslizes progressivos coexistem com a manutenção dos textos constitucionais fundadores, prometendo sempre, principalmente nos casos alemães e espanhóis, um Estado de Direito integralmente compreensivo e um direito fundamental acessório ao recurso em princípio inalterado. Assistimos, assim, a modificações que não são claramente assumidas na formulação das normas constitucionais. Ora, os problemas vindos da incompatibilidade entre as exigências dos aspectos diferentes do Estado de Direito não vão obviamente diminuir, mas ao contrário aumentar até atingir novos limites de não funcionamento. Haverá, contudo, um contraste cada vez mais importante entre a afirmação do princípio compreensivo e o perfil concreto do Estado de Direito.

---

15 Essa evolução pode ser seguida em detalhe para o caso austríaco em meu estudo "Les méthodes de travail du juge constitutionnel autrichien", in: *Annuaire International de Justice Constitutionnelle*, VIII (1992), Paris: Economica, 1994, p. 179-214. Essas observações valem largamente para os outros tribunais corretivos. Em contraste, as outras jurisdições supremas usam geralmente o caminho inverso: elas se tornam cada vez mais polimacrodicásticas.

6.4 Especificar as preferências

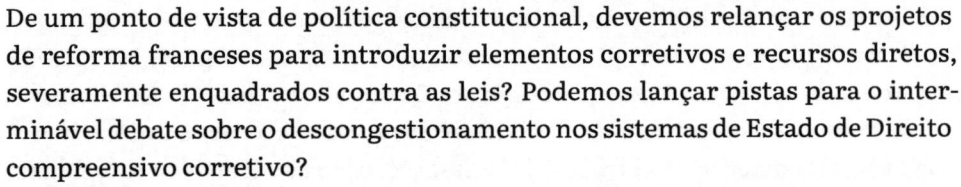

De um ponto de vista de política constitucional, devemos relançar os projetos de reforma franceses para introduzir elementos corretivos e recursos diretos, severamente enquadrados contra as leis? Podemos lançar pistas para o interminável debate sobre o descongestionamento nos sistemas de Estado de Direito compreensivo corretivo?

Essa problemática não poderia ser seriamente abordada em algumas linhas, e as informações trazidas teriam (é o que esperamos!) principalmente contribuído para que tal debate, obviamente necessário, fosse desenvolvido a partir de informações jurídicas e empíricas asseguradas. Vamos fazer duas observações conclusivas: a primeira vinda da análise das experiências nacionais; a segunda sendo somente uma tese sem demonstração para futuras discussões.

Toda proposta de modificação de mecanismos de proteção constitucional deve considerar obrigações sobre a compatibilidade das exigências normativas. Ora, em relação ao imperativo da realização concreta da conformidade da ordem jurídica com seus princípios estruturantes, isso implica uma articulação explícita, e não ideológica, das preferências que pretendemos conservar, e que assumimos sinceramente a frustração e o luto por um Estado de Direito integral factualmente irrealizável.

Se consideramos sob essas condições que uma das contribuições principais do controle de constitucionalidade corretivo consiste em que ele dispense o cidadão de confiar em que outros respeitarão ou farão respeitar seus direitos (ilusão do "não pode mal fazer") e que lhe dá um direito acessório e subsidiário, mesmo fraco e estritamente enquadrado, de ele mesmo questionar a conformidade da lei – enquanto outros deixarem de se preocupar –, o recurso direto contra a lei (sem prazo, pois são muitas vezes leis antigas que se afastam das exigências constitucionais mais recentes) constituiria um reforço dos direitos fundamentais e uma democratização cívica da justiça constitucional. Sua manutenção parece necessária nos casos alemão e austríaco (em que o direito fundamental ao recurso se enfraquece necessariamente no que concerne ao controle de constitucionalidade dos atos individuais administrativos ou jurisdicionais). Sua introdução poderia ser benéfica para essa França onde os direitos fundamentais dissociam estritamente beneficiários e titulares (as autoridades de consulta, com a condição de assumirmos claramente as condições de sua realização).

Observações terminológicas[16]

— Polilema é termo usado para um dilema com mais de duas alternativas contraditórias.

Um tribunal é dito *monomicrodicástico* quando um órgão jurisdicional decide em formação plenária e quando ele é composto por um pequeno número de pessoas. Ele é, por outro lado, "polidicástico" quando composto por várias subformações (câmaras, seções etc.) e "macrodicástico" quando contém um grande número de pessoas (as jurisdições ordinárias supremas são geralmente polimacrodicásticas).

Uma jurisdição pode também ser monomacrodicástica ou polimicrodicástica.

O Estado de Direito (entendido como a exigência de uma ordem jurídica coerente, relativamente determinada, precisa e com concretização relativamente previsível, tal como a possibilidade de um controle, confiado a órgãos jurisdicionais, da conformidade das normas inferiores em relação às normas superiores) é "compreensivo" quando esse princípio se aplica a todos os elementos de uma ordem jurídica. Ele é "corretivo" quando a ele se aplicam as normas (individuais ou gerais) já em vigor. E "preventivo" quando ele se aplica a normas em produção, antes da entrada em vigor.

Dados são "compossíveis" quando eles são simultaneamente realizáveis em um conjunto dado.

---

16 **Nota do tradutor (NT):** feitas pelo próprio autor Otto Pfersmann no original francês.

Capítulo 7
O reenvio prejudicial sobre exceção de inconstitucionalidade: o novo procedimento de controle concreto a posteriori – os arts. 61-1 e 62 da Constituição francesa

A revisão constitucional deu à França novas estruturas de justiça constitucional. As novas normas se integram em um sistema muito particular e complexo, ao qual foram acrescentadas inúmeras questões – às quais, espera-se, a Lei Orgânica evocada para concretizar os princípios conservados, pelo menos em parte, responderá.

O controle da constitucionalidade das leis desperta na França grande interesse. Isso decorre do fato de que ele se desenvolveu de maneira imprevista e da constatação de que ele se revela – em certos aspectos – extremamente eficaz, mas essa eficácia é, contudo, em outros aspectos, precária. A ideia de completar essa estrutura muito particular por outros mecanismos mais próximos das formas de justiça constitucional conhecidas em outros países da Europa não é nova nem na França, tampouco nos estudos de **Direito Comparado**. Várias tentativas haviam sido lançadas para dotar a França da possibilidade de examinar disposições legislativas em vigor. Todas suscitaram forte resistência e foram abandonadas; inclusive um "pacote" reformista que dizia respeito à modificação de todos os elementos do edifício constitucional gaulês, proposto pelo "Comitê Balladur". Apesar dos reveses, uma nova iniciativa conheceu o sucesso negado às propostas anteriores de reforma constitucional. Ela aproxima a França da maioria dos países europeus – com exceção, obviamente, da Grã-Bretanha, dos Países Baixos e dos Países Escandinavos, mas apresenta especificidades, indeterminações e incertezas.

O controle de constitucionalidade foi uma das inovações da Constituição francesa de 1958. Todavia, não se tratava nem um pouco do que é conhecido sob esse título na realidade jurídica contemporânea. Naquele tempo, ele foi concebido como uma estrutura auxiliar da supremacia governamental em relação ao Parlamento. De fato, na arquitetura originária, enquanto a iniciativa e a parte material essencial da legislação eram atribuídas ao governo, e o Parlamento somente interviria para a deliberação e a adoção das medidas propostas em certos âmbitos nitidamente delimitados, o Conselho Constitucional velaria pelo respeito das competências parlamentares antes que um ato vindo desse órgão pudesse entrar em vigor. Como se sabe, várias medidas adotadas pelo constituinte reformador fundamentalmente modificaram essa estrutura de 1958, de modo que, na contemporaneidade, o Conselho Constitucional francês abriga as significativas novidades que seguem, entre outras, aquelas que podem ser compreendidas em se utilizando da interpretação (pelo Conselho) do constitucionalismo francês positivado no pós-1958; nesse sentido – e graças à interpretação pelo Conselho – mudanças advieram, tais como: (i) o Conselho redefiniu os campos e o domínio da Constituição, incluindo o Preâmbulo num (con)texto do qual ele tinha sido excluído intencionalmente (1971); (ii) ele conferiu às jurisdições ordinárias a competência de controlar a conformidade das leis com os Tratados Internacionais (1975); (iii) ele devolveu ao Parlamento a competência legislativa que a Constituição lhe retirou enormemente (1982); (iv) ele passou a operar, tal como os juízes constitucionais de outros países, um controle de proporcionalidade.

Essa extensão das normas de referência e das normas controladas conjugada com a intensidade do exame das disposições litigiosas fez do **Conselho Constitucional francês um dos juízes constitucionais mais potentes em termos de Direito Comparado: é o único a ser regularmente – e previamente – instado a se manifestar acerca do conjunto de um dispositivo legislativo, e também é o único a se pronunciar obrigatoriamente em curto prazo sobre dados tão relevantes.** Esse poder é às vezes contestado, já que as jurisdições ordinárias deverão concretizar as considerações do Conselho, que não poderá, portanto, garantir *a priori* a conformidade das atuações das jurisdições ordinárias com sua própria jurisprudência. Nesse sentido, a justiça constitucional francesa apresenta um elemento de fraqueza estrutural. Vê-se, destarte, que a revisão constitucional acrescentou a esse controle abstrato (pelo Conselho) e *a priori* um segundo procedimento de exame jurisdicional (pela justiça ordinária) das leis. Ao final e ao cabo, trata-se isso de um controle concreto e *a posteriori*.

Enquanto o controle abstrato é pouco difundido (existe, por exemplo, na Polônia, onde está naturalmente longe de conhecer a importância que ele tem na França), essa nova competência parece, comparativamente, mais comum.

A competência para o controle abstrato de constitucionalidade existe na Áustria desde 1920, e, por sua vez, o princípio do exame da constitucionalidade de uma disposição legislativa em um litígio – em que ela deveria ser aplicada para a solução da espécie em si – foi naturalmente um dos elementos constitutivos do controle de constitucionalidade norte-americano (este, inteiramente diferente, já que difuso e cujas decisões da justiça ordinária incidem exclusivamente no caso concreto). Alemanha, Itália, Espanha, Bélgica, Portugal e Polônia se juntaram à Áustria em momentos sucessivos diferentes. Nos sistemas de controle de constitucionalidade em que outros modos de encaminhamento são conhecidos de maneira muito menos restritiva, o controle concreto se tornou o modo de contencioso constitucional por excelência e os problemas que causam as relações entre **jurisdição de reenvio** (juiz ordinário) e **juiz** (eminentemente) constitucional se tornaram objeto de estudo e de reflexão principal da doutrina, como na Itália.

Do perfil exato do controle concreto à francesa se sabe por enquanto pouca coisa, pois as disposições mais claras e factíveis resultarão de uma Lei Orgânica ainda por vir[1]. O interessante que já se pode notar no sistema francês de controle de constitucionalidade é a exigência de um controle abstrato e *a priori*

---

1   Artigo 46-1 da Lei Constitucional francesa.

obrigatório. Se o texto constitucional restou amplamente indeterminado ou redigido sem bom senso gramatical[2], as indicações que ele contém determinam as especificações possíveis. Se o controle concreto se apresenta como uma estrutura relativamente comum e bem conhecida, ela apresenta uma multiplicidade de variantes. A França simplesmente seguiu um modelo ou desenvolveu algum outro? A solução desse problema exige um curto retorno sobre a natureza da justiça constitucional como elemento do Estado de Direito (i), que dá a esse novo controle uma aparência de estrutura híbrida, específica e sensivelmente diferente dos sistemas estrangeiros (ii), antes de analisar alguns desses principais problemas que encontrará o legislador orgânico (da Lei Orgânica exigida constitucionalmente) encarregado de concretizar os princípios extremamente genéricos positivados pelo constituinte reformador (iii).

7.1 Para um estado de direito seletivo compreensivo

A justiça constitucional é uma técnica que tem como objetivo a melhora do Estado de Direito formal, entendido como estrutura jurídica em que cada ato de concretização e de particularização normativa pode ser examinado nos termos de sua conformidade em relação às normas de referência que determinam as exigências relativas à sua produção e ao seu conteúdo[3]. O Estado de Direito assim concebido não é obviamente e por definição nunca inteiramente realizável, visto que o controle de um ato exige, por sua vez, a produção de outro ato pelo qual teremos novamente o problema de sua conformidade em relação às normas de referência que determinam as exigências relativas à sua produção e ao seu conteúdo. Dessa maneira, cada subsistema introduz certo grau de intensidade e de sistematicidade de controle dos atos dos quais ele regula a produção.

Desse ponto de vista, a França tem-se dirigido rumo a uma espécie de Estado de Direito compreensivo fortemente seletivo (b) após ter, por muito tempo, representado um sistema que fazia prevalecer a segurança da validade da lei formal sobre eventuais dúvidas relativas à sua conformidade constitucional (a).

---

2 "Artigo 61-1 [...] Se no curso de um processo perante um Tribunal é sustentado que uma disposição legal viola os Direitos e Liberdades garantidos pela Constituição, a matéria poderá ser encaminhada pelo Conselho de Estado ou pela Corte de Cassação **ao Conselho Constitucional**, que se pronunciará dentro de um determinado período." (tradução nossa)

3 V. aqui neste meu livro os textos "Prolegômenos por uma Teoria Normativista do Estado de Direito" e "O recurso direto: entre proteção jurídica e constitucionalidade objetiva". V. também a minha publicação estrangeira *Figures de l'État de droit. Le Rechtsstaat dans l'histoire intellectuelle et constitutionnelle de l'Allemagne*, Presses Universitaires de Strasbourg, 2001, p. 53-78.

a) Um modelo original de conformidade da lei com a Constituição

Contrariamente à maioria dos modelos de justiça constitucional, a França **havia optado**, como se sabe, por uma estrutura **exclusivamente preventiva**. De fato, a maioria dos sistemas de controle de constitucionalidade se inscreve em uma concepção compreensiva e corretiva do Estado de Direito – no sentido em que toda norma válida (editada respeitando as condições da produção pertinentes) poderia eventualmente não ser conforme (respeitando, além do mais, eventuais exigências suplementares sem pôr em causa a pertinência ao sistema considerado) e poderia desse modo tornar-se objeto de uma correção (anulação ou retificação por outro órgão que aquele habilitado a produzir normas).

É naturalmente o modelo alemão aquele que foi mais longe nesse sentido, isso de um duplo ponto de vista. Por um lado, o Estado de Direito é materialmente compreensivo no sentido de que nenhuma manifestação de não conformidade escapará, em princípio, ao controle. Todos os atos administrativos, todos os atos jurisdicionais, todos os atos legislativos e até mesmo as normas constitucionais passíveis de revisão estão aqui susceptíveis de ser controladas pelo Tribunal Constitucional Federal (alemão) nos termos de normas de referência superiores. Por outro lado, todos os atos que não estejam em **conformidade** serão considerados nulos (*nitchig*) pela simples constatação de que são juridicamente defeituosos. Assim seria o ideal do Estado de Direito compreensivo: tudo o que não é estritamente conforme não é jurídico de modo algum. Em sua radicalidade ideológica, tal construção não comporta nenhuma correção já que a nulidade – a inexistência jurídica – constitui a consequência lógica da presença de um defeito. Esse modelo é, contudo, incoerente porque ele introduz um mecanismo corretivo de declaração de inconstitucionalidade que faz paradoxalmente existir o que já nascera desprovido de realidade jurídica. Além do mais, esse modelo se torna altamente seletivo das condições de admissibilidade de ações e recursos de inconstitucionalidade, produzindo o afastamento de mais de 95% das petições apresentadas. O modelo austríaco, o mais antigo, tornou-se progressivamente mais compreensivo no que diz respeito às normas gerais (que os particulares não podiam diretamente por em causa antes de 1975), assim como mais seletivo nos termos das regras de admissibilidade – e da extensão – dos atos atacáveis, tanto que as decisões jurisdicionais foram sempre excluídas do controle do Tribunal Constitucional da Áustria.

O modelo francês era: (i) **preventivo** no que dizia respeito aos atos suscetíveis de se tornarem normas formalmente **legislativas**; (ii) e **corretivo** para as normas **regulamentares** mediante controle *a posteriori* pela chamada *justiça administrativa* (que exclui, no entanto, a referência direta à Constituição, pelo menos segundo a Constituição – que não contém dispositivo algum sobre justiça administrativa e atribui competência exclusiva, em termos de controle da lei formal por anulação, ao único Conselho Constitucional do país). O modelo francês, entretanto, não havia aderido à concepção compreensiva do Estado de Direito: os atos legislativos válidos eram considerados constitucionalmente **conformes**, visto que não era possível pô-los em causa. Essa situação pôde ser considerada como politicamente pouca satisfatória. Ela não era – de modo algum – e ao contrário de uma opinião ideológica muito difusa, "contrária à hierarquia das normas", visto que é justamente a hierarquia das normas em direito positivo que organizava constitucionalmente a forma legislativa como inatacável e então juridicamente livre de defeito. Esse argumento deve ser criticado como estritamente ideológico porque transforma a hierarquia das normas (que é a maneira pela qual uma ordem jurídica estrutura a produção e a modificação das normas e as relações de prevalência entre elas) numa teoria que exigiria que a Constituição fosse modificada porque ela não estaria em conformidade consigo própria, o que soa absolutamente absurdo. Um controle de constitucionalidade *a posteriori* que acaba por não manter e sustentar a teoria da hierarquia das normas (já que por hipótese essa hierarquia – aquela da Constituição anterior à revisão – exclui esse controle), mas modifica a vigente[4].

b] Um sistema híbrido completando a conformidade constitucional pela possibilidade de uma inconvencionalidade pontual

Esse sistema foi alargado de um aspecto corretivo pelo controle de convencionalidade tal como pela aplicação, pelo juiz ordinário das motivações das decisões do juiz constitucional, sobretudo no que diz respeito às declarações de **conformidade sob reserva**. O controle da conformidade das leis aos tratados internacionais foi delegado pelo Conselho Constitucional às jurisdições ordinárias na sequência da decisão sobre o aborto (Décision IVG) do dia 15 de janeiro de 1975. O artigo 55 da Constituição é entendido como a habilitação e a obrigação de não aplicar as normas legislativas contrárias aos tratados internacionais. As declarações de conformidade sob reserva permitem ao Conselho Constitucional tomar uma decisão de conformidade, indicando aos órgãos de aplicação da lei que esta

---

4 Esse erro muito frequente está, por exemplo, na contribuição – aliás, muito bem informada – de Valérie Barnaud e Marthe Fatin-Rouge Stéfanini (nota 131). V., sobre essa questão, O. Pfersmann, "Relativité de l'autonomie ontologique, confirmation de l'autonomie disciplinaire institutionnelle, paradoxe de l'hétéronomie épistémologique", in: B. Mathieu (ss. la dir.), 1958-2008. Cinquantième *anniversaire de la Constitution française*, Paris, Dalloz, 2008, p. 527-544.

(a lei) deverá ser concretizada somente sob certos aspectos – e não em todos os sentidos que sua interpretação admitiria.

Enquanto o que chamamos de *modelo austríaco* parte do princípio que não deve haver norma sem texto, nem texto sem norma (é a razão pela qual não basta declarar uma disposição inaplicável, mas que exigimos eliminar com seu suporte textual tornando obrigatória a publicação das disposições não conformes e anuladas), as decisões de conformidade sob reserva e de não aplicação pontual mantêm um texto eliminando um ou vários elementos de seu significado (aqueles que não seriam conformes à Constituição). O sistema admite assim uma indeterminação que o controle de constitucionalidade queria justamente evitar. A possibilidade de não aplicar, pelo menos sob certo aspecto, uma norma que permanece em princípio válida introduz um elemento de contingência na validade das disposições legislativas.

7.3 A natureza do novo controle *a posteriori*

A introdução do controle concreto acrescenta um elemento corretivo e seletivo. Doravante uma disposição legislativa poderá constitucionalmente ser válida e não conforme e, então, ser objeto de uma anulação; isso é possível somente sob certas condições, e os efeitos de tal controle são por enquanto suscetíveis de múltiplas variantes. O novo controle diz respeito somente aos direitos fundamentais (a) e ele combina elementos de dois tipos de recursos bem diferenciados nas ordens jurídicas estrangeiras (b).

a] O controle concreto seletivo: a restrição do âmbito das normas de referência unicamente aos direitos e liberdades fundamentais

Só as normas legislativas contrárias às normas constitucionais garantindo "Direitos e Liberdades" podem ser controladas. Isso exclui à primeira vista todas as disposições que não confiram uma autorização de agir aos indivíduos ou aos cidadãos como tais. Isso leva a um problema de interpretação e uma especificidade seletiva do sistema francês.

A Constituição francesa não conhece nenhum catálogo homogêneo e limitador dos direitos que ela garante. Enquanto as Constituições alemã e espanhola, por exemplo, mencionam explicitamente os direitos que poderão ser invocados num recurso, os direitos inseridos pela Constituição francesa são espalhados nos textos heterogêneos ligados *a posteriori* ao *corpus* que se denomina *Constituição do dia 4 de outubro de 1958*. A extensão e a natureza dessas normas são incertas e passíveis de ajustes jurisdicionais. O Preâmbulo da Constituição se refere ao Preâmbulo da Constituição de 1946, que, por sua vez, refere-se aos "princípios fundamentais reconhecidos pelas leis da República", e podemos então perguntar em qual medida a legislação republicana anterior a 1940 constitui um catálogo difuso de direitos garantidos pela Constituição, desde que ela reconhece um direito de agir a todos os indivíduos ou a todos os cidadãos ou a todas as pessoas morais[5]. Podemos na sequência perguntar em qual medida e sob quais aspectos os "direitos" evocados pelo Preâmbulo de 1946, mas não concebidos como direitos manejáveis pelo juiz (tribunal), podem cair no âmbito de aplicação do art. 61-1. O Conselho Constitucional não considera o direito à moradia como um direito fundamental[6] nem considera direito fundamental o "direito de obter um emprego", o qual é interpretado pelo Conselho como sendo uma proibição de impedir a formação de um contrato de trabalho, e não um verdadeiro direito reclamável perante a Justiça (ou seja, vinculativo), fator que mudaria radicalmente o sistema econômico francês (e seria dificilmente compatível com o Direito Comunitário). Interrogações comparáveis dizem respeito ao "direito de viver num ambiente equilibrado e respeitoso da saúde", evocados pelo artigo 1º da Carta do Meio Ambiente de 2004.

Essa limitação distingue o controle concreto à francesa de todos os sistemas no Direito Comparado e permite entender melhor sua natureza, pois, como controle concreto, os outros modelos são fundamentalmente compreensivos. Assim, de acordo com o artigo 1º da Lei Constitucional italiana n. 1, de 1948,

> A questão da constitucionalidade de uma lei ou de um ato tendo força de lei da República suscitada de ofício pelo juiz ou levantada por uma das partes durante uma instância jurisdicional e não considerada como infundada pelo juiz, é reenviada ao Tribunal Constitucional para que este decida.[7]

A Constituição polonesa admite que:

---

5 **Nota do tradutor (NT):** *pessoas morais* no sentido lusitano de "pessoas colectivas", ou no senso brasileiro de "pessoas jurídicas".
6 Cons. Const., 29 de julho de 1998, dez., n. 98-403 DC.
7 ITÁLIA. Senato dela Repubblica. **Constituição da República Italiana**. [2018] 1947. Disponível em: <https://www.senato.it/sites/default/files/media-documents/COST_PORTOGHESE.pdf>. Acesso em: 10 out. 2023. **Nota do tradutor (NT):** As citações a textos de Constituições, de leis ou de decisões judiciais, as citações efetuadas pelo autor são inscritas em francês. Eu as traduzo para o português com fundamentação em fontes de confiança.

> Toda jurisdição pode levar ao Tribunal Constitucional uma questão jurídica sobre a conformidade do ato normativo à Constituição" (artigo 193)[8].

Enfim, o artigo 140, alínea 1, da Lei Constitucional Federal austríaca dispõe que:

> O Tribunal Constitucional decide sobre a constitucionalidade de uma lei federal ou de *Land* sob reenvio da Suprema Corte, de uma Jurisdição de Apelo, de uma Câmara Independente do Contencioso Administrativo, do Tribunal de Asilo, do Tribunal Administrativo ou do Oficio Federal das Atribuições de Mercados e de Oficio, nos casos em que ele deveria aplicar tal lei num processo.[9]

É a falta de conformidade de uma lei que constitui a razão necessária e suficiente de um recurso operado por uma jurisdição. Toda lei que incida num litígio confere ao tribunal o poder e o dever de verificar se a lei incidente está em contradição com as exigências constitucionais, tratando-se ou não de direitos garantidos aos indivíduos ou aos cidadãos, isto é, do que qualificamos hoje de direitos fundamentais.

Com relação ao **modelo europeu comum do controle incidente**, a concepção francesa é restritiva e seletiva por várias razões: fora a limitação do âmbito de referência, é preciso que a violação de um direito tenha sido sustentada, e só os dois Tribunais Supremos franceses estão habilitados a recorrer ao órgão de controle de constitucionalidade que é o Conselho Constitucional gaulês.

b] Um reenvio prejudicial sobre exceção de violação dos direitos fundamentais (na França), e não um controle concreto de acordo com o modelo europeu

A restrição do âmbito pertinente do controle aproxima a concepção daquela do recurso direto em outros sistemas e livre de indicações relativas à natureza do reenvio próprio.

A adoção do art. 61-1 segue dois projetos de revisão constitucional que têm como objetivo introduzir na Constituição uma forma de controle incidente e um longo e persistente debate sobre a natureza do "acesso dos particulares ao

---

8   OLIVEIRA, I. A. P. S. de. Polônia. Constituição da Polônia de 1997 (revisada em 2009). **Jus.com.br**, 22 maio 2022. Disponível em: <https://jus.com.br/artigos/98104/constituicao-da-polonia-de-1997-revisada-em-2009>. Acesso em: 10 out. 2023.
9   OLIVEIRA, I. A. P. S. de. Constituição da Áustria de 1920 (reinstaurada em 1945, revisada em 2013). **Jus.com.br**, 19 maio 2022. Disponível em: <https://jus.com.br/artigos/97944/constituicao-da-austria-de-1920-reinstaurada-em-1945-revisada-em-2013>. Acesso em: 10 out. 2023.

juiz constitucional" ou da "proteção dos direitos fundamentais" procurados: **tratar-se-ia isto de uma exceção de inconstitucionalidade ou de um reenvio prejudicial**[10]? A distinção parece, no entanto, bem estabelecida: a **exceção** é – independentemente da denominação, naturalmente – um ato processual praticado por uma das partes num litígio e ao qual a jurisdição teve de responder com uma decisão judicial, seja antes de se tornar direito, seja incluída no julgamento.

É de fato assim que é concebida a exceção de inconstitucionalidade nos Estados Unidos, na Noruega, na Grécia ou no Japão. O reenvio – ele também, obviamente, independentemente da terminologia adotada nas disposições pertinentes – não é um ato processual das partes, mas um ato autônomo do juiz atuante na causa (*juge du fond*), como está estatuído muito claramente por exemplo no artigo 80, alínea 3, da Lei alemã sobre o Tribunal Constitucional federal. A consulta jurisdicional acerca da inconstitucionalidade não depende das partes alegando a nulidade de uma disposição normativa num processo. É o juiz da causa (= *juge du fond*) e só ele que tem legitimidade para de ofício recorrer – através do reenvio – e formular uma demanda justificada por uma motivação elaborada. Nos sistemas que conhecem o controle concreto, o juiz da causa (*juge du fond*) deve demonstrar a prejudicialidade da norma legislativa atacada. O critério pode variar em intensidade: assim o juiz constitucional austríaco aceita o reenvio se a aplicação da disposição requerida é pelo menos concebível nos termos dos dados do litígio, ele não admite por outro lado a prejudicialidade de uma norma legislativa que ele deverá aplicar ele mesmo (a hipótese é em geral aquela do exame de um recurso contra um ato administrativo inconstitucional), caso ela seja verdadeiramente demonstrada. O juiz italiano deverá demonstrar que se trata de uma questão verdadeiramente significativa.

A construção francesa se inspira em uns e outros sistemas, e isso levou à confusão que o reitor e jurista Louis Favoreu[11] denunciara a seu tempo. De acordo com os termos do art. 61-1, deve-se considerar que uma disposição legislativa

---

10 É útil ver o número 4 (1990) da RFDC e o projeto – Inabouti – anunciado no dia 14 de julho de 1989 pelo presidente François Mitterrand, e depositado no dia 30 de março de 1990 na mesa da Assembleia Nacional francesa. Sobre o projeto de 1993, v. o volume *Association française des constitutionnalistes, La révision de la Constitution*, Paris, Economica, 1993, principalmente a contribuição de Constance Grewe, *L'élargissement de la saisine du Conseil Constitutionnel*, p. 235-240; sobre o relatório do Comitê Balladur v. o número por encomenda 2008 da RFDC, *Après le comité Balladur. Reviser la Constitution en 2008?*, principalmente a contribuição de V. Barnaud e M. Fatin-Rouge Stéfanini, *La réforme du contrôle de constitutionnalité une nouvelle fois en question? Réflexions autour des articles 61-1 et 62 de la Constitution proposés par le Comité Balladur*, p. 169-195.

11 Foi por intermédio do mui saudoso amigo **Louis Favoreu** que tive a honra de conhecer e trabalhar em Aix-En-Provence (França) com o ilustre Senhor Professor Doutor **Jorge Miranda**, autor do Prefácio deste livro. Aliás, este projeto editorial em língua portuguesa me rendeu uma especial homenagem por ter recebido também a Apresentação escrita pelo eminente Ministro aposentado do Supremo Tribunal Federal brasileiro e ex-Juiz da Corte Internacional de Justiça (Haia, ONU), o Professor Doutor **Francisco Rezek**, a quem tive a honra de conhecer e com quem tive a felicidade de palestrar na cidade brasileira de Aracaju, Sergipe.

que prejudica os direitos e liberdades garantidos pela Constituição possa ser de alguma maneira questionada; mas o art. 61-1 supõe que são mesmo as partes que suscitam de algum modo a questão da inconstitucionalidade, e fazem isso com a ajuda de um ato mais ou menos formalizado. Parece que com isso toda ação do juiz está condicionada por tal ato das partes, mesmo se tratando do Ministério Público quando é parte num caso concreto. Esse ponto precisaria ser especificado, pois mal se percebe quais seriam os direitos e liberdades garantidos pela Constituição que poderiam ser violados. Ora, o texto parece mesmo exigir que o fato de levantar o meio suponha que estejamos nós mesmos imbricados logicamente pela violação de tal direito.

De fato, lá onde existe um sistema de recurso direto, ou contra os atos inconstitucionais individuais (administrativos como na Áustria, ou administrativos e/ou jurisdicionais como, por exemplo, na Alemanha e na Espanha), ou até mesmo contra normas gerais e abstratas (como na Alemanha, na Áustria e na Bélgica, por exemplo), é exigido do requerente não só que ele demonstre a inconstitucionalidade do ato atacado, mas também que ele seja uma vítima direta; que se trata de seus direitos constitucionalmente garantidos que estão sendo lesados como tais pela norma deferida. Considerando então que o reenvio prejudicial propriamente dito geralmente não conhece nenhuma restrição de domínio (ou âmbito), os recursos diretos, lá onde eles existem, ficam geralmente limitados à contestação das disposições violadoras dos direitos fundamentais mais ou menos precisamente delimitados. Assim, de acordo com os termos da Lei Fundamental alemã, o Tribunal Constitucional federal decide

> Sobre os recursos constitucionais que podem ser ajuizados por qualquer um que pensa ter sido lesado pelo Poder Público num dos seus Direitos Fundamentais ou num dos seus direitos garantidos pelos artigos 20, alínea 44, e 33, 38, 101, 103 e 104 (art. 93, alínea 4).[12]

Por sua vez, de acordo com a regra ainda mais restritiva da Constituição Federal austríaca, "O Tribunal Constitucional decide também sobre a constitucionalidade de uma lei mediante recurso(s) de uma pessoa que afirma ser diretamente lesada nos seus direitos pela inconstitucionalidade dessa lei, à condição que esta se lhe aplique sem intervenção de uma decisão jurisdicional ou administrativa" (art. 140, alínea 1); entendemos bem essa construção. Cabe ao requerente, que será o beneficiário da anulação e que é o titular do requerimento, estabelecer a ligação entre a inconstitucionalidade objetiva da norma e

---

12 In: BUNDESVERFASSUNGSGERICHT [Tribunal Constitucional Federal da Alemanha]. Disponível em: <https://www.bundesverfassungsgericht.de/DE/Homepage/homepage_node.html>. Acesso em: 10 out. 2023. (tradução nossa)

a violação subjetiva de seus direitos fundamentais. A construção francesa faz[13], no entanto, da jurisdição suprema da qual depende o juiz (diante de quem acontece o litígio), o requerente, como ocorre no controle concreto clássico, mas é exigido que esse requerente (o juiz competente) manifeste a indignação contra uma violação dos direitos fundamentais apresentada, prévia e formalmente, por uma das partes que terá efetivamente se utilizado desse recurso, o que não parece aplicável ao Ministério Público, salvo se este oficiar como um segundo defensor dos direitos, tal como aquilo que prevê, em termos mais gerais, o novo art. 71-1 da Constituição francesa.

A razão desse caráter híbrido parece residir no fato de que, para uma parte da doutrina e dos protagonistas dos projetos anteriores – bem como, provavelmente, para **pelo menos alguns** dos autores da disposição finalmente adotada –, o novo controle incidente se constituiria num meio de acesso dos indivíduos ao juiz constitucional e numa nova garantia de seus direitos. Sem poder entrar nos detalhes da história do art. 61-1, podemos formular a hipótese segundo a qual **tentaram introduzir** um controle concreto no espírito de um recurso direto muito limitado. Nesse sentido, e contrariamente a uma opinião provavelmente majoritária, não se trata de um reenvio prejudicial no sentido estrito, mas mesmo de uma construção híbrida que **transporte a estrutura do recurso individual no mecanismo do reenvio prejudicial**. Ele deverá provar não só a inconstitucionalidade, a prejudicialidade, mas também o aspecto subjetivo que não resulta necessariamente da inconstitucionalidade e/ou da prejudicialidade.

A Constituição francesa queria provavelmente ser simples e abrir somente uma pequena janela, mas acabou por se tornar de fato muito mais complicada que outras Cartas Magnas europeias. **Trata-se mesmo, portanto, do um reenvio prejudicial sobre exceção de violação de direitos fundamentais**; frise-se essa conclusão!

7.4 A estrutura do processo constitucional

O texto muito sucinto da nova disposição normativa levanta muitas outras perguntas. Por exemplo, da leitura do novo texto não é possível perceber qual será exatamente a construção do processo constitucional. A Lei Orgânica será uma grande oportunidade de esclarecer muitas perguntas relativas ao processo constitucional que se desenvolveu de maneira inteiramente extralegal depois da

---

13   **Nota do tradutor (NT):** Faz no sentido de "transforma": a França **transforma** o juiz em requerente.

abertura do recurso aos parlamentares em 1974. O legislador orgânico poderá naturalmente se contentar em resolver somente problemas ligados ao reenvio sobre exceção, mas uma reformulação sistemática do conjunto seria altamente desejável. Em todo o caso, essa lei tratará do estatuto dos participantes (a) e dos efeitos de anulação (b).

a) O estatuto dos participantes

Uma primeira interrogação diz respeito naturalmente ao problema de acesso ao juiz; acesso tanto aos juízes de mérito (*juges du fond*) quanto ao próprio Conselho Constitucional: o juiz de mérito será obrigado, naturalmente sob certas condições, a transmitir a exceção levantada ("defendida") pela(s) parte(s) ou ele terá para isso um poder – mais ou menos – discricionário? A jurisdição suprema será por sua vez obrigada a introduzir o reenvio fundado, ou ela poderá decidir quando for o caso? A determinação das condições necessárias e suficientes do ato de reenvio se revela assim de uma importância particular se pretendemos seriamente realizar a intenção do poder **constituinte de reforma** em melhorar a garantia dos direitos fundamentais. Para respondermos às interrogações constantes neste parágrafo, seria necessária uma síntese entre a possibilidade da fazer valer esses direitos e a manutenção da capacidade de decisão do Conselho, mas parece melhor determinar esse equilíbrio de maneira precisa – em vez de deixar essa capacidade de equilibrar sob a responsabilidade discricionária dos tribunais implicados. Tanto as condições de propositura do reenvio quanto aquelas condições de sua admissibilidade deverão ser regradas de modo pontual, objetivo, certeiro, a fim de que o jurisdicionado possa razoavelmente prever suas chances de ver sua exceção examinada. Isso responderia pelo menos às exigências do princípio do Estado de Direito.

O argumento, sustentado pelo primeiro presidente do Conselho Constitucional, Guy Canivet, durante uma conferência em Varsóvia, no dia 25 de outubro de 2008, segundo o qual obrigações mais ou menos determinadas estariam de qualquer modo sem "sanção" e que por isso o estabelecimento das obrigações não teria sentido, não parece convincente. De fato, todos os atos das jurisdições supremas estão por hipótese sem consequências jurídicas em termos de controle por uma outra instância jurisdicional dotada das mesmas competências (de fato, a Corte Europeia de Direitos Humanos, por exemplo, pode realmente julgar que um Estado signatário cometeu uma violação da Convenção, mas não pode nem anular uma norma legislativa, nem encaminhar ou apresentar um reenvio ao juiz constitucional nacional). Invocar esse fato para argumentar a ausência de obrigação equivale a dizer que o conjunto de regras que se aplicam às jurisdições supremas estaria desprovido de caráter obrigatório. Além do mais, se de fato não há outras instâncias de controle, disso não resultaria de modo algum que não houvesse outros meios jurídicos para modificar atos jurisdicionais. Esses meios são naturalmente muito pesados (eles poderão ir até a revisão constitucional), mas eles estão mesmo presentes no sistema jurídico, globalmente considerado. Está na natureza das coisas que as jurisdições supremas não possam mais simplesmente ultrapassar suas competências e suas obrigações, mas isso não significa que elas estariam desprovidas de existência. Ninguém, aliás, considera seriamente que os juízes singulares e/ou jurisdições supremas possam agir ao arrepio do que está prescrito no sistema jurídico.

Se as jurisdições supremas não fazem mais do que filtrar as demandas nas quais elas não são as autoras; em outras palavras, se o aspecto excepcional domina, elas – as jurisdições supremas – deverão igualmente ser partes do processo constitucional. Se o aspecto objetivo do controle concreto domina e é o juiz ordinário – supremo – o detentor de legitimidade ativa para recorrer – na modalidade do reenvio –, as coisas não se passam necessariamente assim. De fato, se as partes do litígio são "convocadas para a audiência" na Áustria (art. 63, alínea 1, da Lei Federal sobre o Tribunal Constitucional) ou se o Tribunal Constitucional federal alemão "permite" às partes do processo apresentar seus pontos de vista, convoca-as para a audiência e lhes dá a palavra quando estiveram presentes (art. 82, alínea 3), nem por isso elas têm os mesmos direitos que o juiz que traz pela toga o direito de aviar o recurso de ofício. A Lei Orgânica deverá precisar o perfil do controle concreto à francesa e decidir em favor de uma concepção objetiva ou subjetiva desse novo mecanismo.

Se as partes do litígio são partes no processo constitucional, naturalmente é de se perguntar acerca da articulação dos seus direitos com aqueles do juiz do reenvio. Deve-se descobrir então – se e em qual medida – o juiz de mérito deverá examinar a alegação de violação de direitos fundamentais sustentada no caso. O fato de levantar a exceção é indubitavelmente uma condição necessária do reenvio, mas não, como tal, uma condição suficiente – a menos que a Lei Orgânica conceba as coisas assim.

Pergunta-se se as partes poderão, em seguida e na hipótese em que o reenvio teria chegado até o juiz constitucional, apresentar meios, independentemente e eventualmente, até mesmo opostos àqueles que o juiz de reenvio aduzirá em sua peça judicial de reenvio? Pergunta-se, outrossim: as partes estarão submetidas à exigência do ofício do advogado ou elas poderão postular de maneira autônoma (como é o caso de alguns sistemas que conhecem o recurso individual: assim, na Áustria, o recurso deve ter a assinatura de um advogado, mas não é obrigatório que o requerente seja representado por um advogado na audiência – no entanto, uma audiência acontece em muitos poucos casos)?

Haverá uma limitação do ofício advocatício diante do Conselho Constitucional francês? O processo de uma norma legislativa apresenta, de fato, fortes afinidades com aquele de uma norma jurisdicional, já que se trata de uma estrita questão de direito, mas os sistemas que conhecem o controle incidente têm geralmente uma concepção menos restritiva e o controle de convencionalidade (internacional) já acostumou os advogados, mais geralmente considerados, com a problemática da conformidade de disposições legislativas às exigências de nível superior.

Qualquer que seja o papel das partes, a questão é a função do juiz de mérito no processo constitucional. Nos sistemas clássicos, o juiz de reenvio age como requerente (Alemanha, Áustria, Itália, por exemplo); **no sistema francês, o juiz constitucional é acionado pelas jurisdições supremas**, mas essas jurisdições supremas poderão ser e serão – sem dúvida e muito frequentemente – antes provocadas por juízes de instância inferior.

Esses juízes deverão e poderão dirigir suas observações à jurisdição suprema da qual eles dependem? **O Conselho de Estado e a Corte de Cassação** serão ligados pelos meios levantados por esses juízes? Eles poderão, de acordo com a concepção da "filtragem", ir menos longe e considerar o pedido infundado ou sem pertinência? Em segundo lugar, os tribunais superiores franceses apresentam uma organização interna complexa, tal como ocorre na "Subseção da Seção do contencioso do Conselho de Estado", e entre esses órgãos múltiplos pode não haver uniformidade de opiniões, liberdade de formação opinativa esta que também pode marcar alguma Câmara da Corte de Cassação – que poderá ter outra interpretação da Lei e da Constituição.

Trata-se, portanto, primeiro de resolver um problema de coordenação e de repartição das tarefas nesses órgãos para que sejam mesmo unicamente os supremos tribunais – como tais – que tenham competência para apresentação do reenvio. Em seguida teremos naturalmente o mesmo problema que aquele para as partes no processo: como será configurada a função de parte no processo constitucional, função esta atribuída ao juiz de reenvio? Ele será simplesmente um requerente ou ele poderá também lhe outorgar deveres, como é o caso da maioria dos sistemas estrangeiros? Assim, por exemplo, na Alemanha o Tribunal Constitucional federal pode pedir aos supremos tribunais da federação ou dos *Länder* como e por força de quais considerações eles interpretaram a Lei Fundamental até o dia do requerimento, em relação à questão litigiosa; e, ainda, se e como eles a aplicaram em sua jurisprudência; e quais problemas jurídicos em relação com ela deverão ser decididos por si?

O Tribunal Constitucional alemão pode também pedir aos tribunais superiores que apresentem suas considerações relativas a uma condição jurídica pertinente em relação à decisão que ele (o Tribunal Constitucional federal da

Alemanha) deverá levar a cabo (art. 82, alínea 4). Tal concepção acusa um aspecto inquisitorial do procedimento constitucional e reforça o caráter que qualificamos aqui de *objetivo*: é o juiz da constitucionalidade das leis que pode e deve dirigir uma sindicância compreensiva sobre o problema levantado, e as partes, que são preferivelmente participantes, devem contribuir (as observações dos supremos tribunais requeridas pelo Tribunal Constitucional federal são, aliás, transmitidas às partes). Todavia, outro modelo também viável é aquele no qual o juiz decide *secundum allegata probataque partium*.

Outra pergunta diz respeito à determinação da "parte da lei". Haverá um defensor das disposições atacadas? No procedimento constitucional informal abstrato, o governo apareceu naturalmente nessa função já que ele é considerado como o portador da iniciativa legislativa. Na maioria dos sistemas que codificaram o procedimento constitucional, essa regra é também adotada, provavelmente por força da suposição de que é o governo que tem interesse natural na manutenção da estabilidade legislativa.

No entanto, é possível que o reenvio diga respeito a uma lei adotada quando o governo atual estava na oposição ou desejava a anulação por outras razões. No que diz respeito a uma lei em vigor, não existe defensor natural e a tarefa de lhe atribuir tal advogado aparece como uma missão delicada para a qual seria judicioso conceber um órgão *específico* que não seja simplesmente o representante de uma maioria política, perfeitamente contingente em relação à Constituição.

b) Da anulação das disposições legislativas à modulação de suas consequências

Uma questão essencial e extremamente delicada é também aquela dos poderes de decisão do juiz constitucional (leia-se também, do Tribunal Constitucional). Ela diz respeito tanto à sua competência de anulação da lei quanto àquela da modulação dos efeitos de sua decisão.

De acordo com a prevalência da concepção objetiva ou subjetiva, a medida na qual o juiz constitucional estará ou não vinculado pelo reenvio do juiz de mérito ou os meios levantados – além disso, pelas partes – será construída de maneira diferente – se tal direito de intervenção é reconhecido às partes. A lei austríaca limita explicitamente a competência para anulação aos termos apresentados (*petita*): "A Corte Constitucional só pode anular uma lei por inconstitucionalidade na medida em que sua anulação foi expressamente pedida ou no caso em que a Corte deveria aplicá-la num processo em instância diante dela" (art. 140, alínea 3)[14]; a única exceção é o caso de uma publicação inconstitucional levando à anulação da lei na íntegra.

Outros sistemas são menos estritos ou simplesmente menos explícitos. O controle abstrato convida naturalmente a um exame integral e à utilização de todo meio invocado de ofício. É, de qualquer maneira, o que decorreria da regra francesa atual, que só exige do recurso a transmissão do texto da lei atacada e as assinaturas requeridas para a sua validade. O controle *a posteriori* é por hipótese delimitado pelo litígio originário, e responde assim a outra construção. Mas nada impede de conferir ao juiz constitucional a faculdade de decidir *ultra petita* sob certas condições. Um esclarecimento seria, de qualquer modo, altamente desejável.

A questão dos efeitos da anulação de uma disposição legislativa é não só muito importante, mas também altamente complexa, como mostram as experiências estrangeiras, principalmente austríaca e italiana. É um problema particularmente delicado na França, onde se desenvolveu uma confusão sabiamente mantida entre motivos (fundamentação) e decisão jurisdicional propriamente dita. Os motivos constituem argumentos verdadeiros ou falsos (em relação a premissas), válidos ou inválidos (em relação a conclusões tiradas das premissas) e **sem valor normativo**; a motivação não é norma! De fato, tratando-se de normas, isso deveria ser previsto como forma normativa específica, e, principalmente, não poderão ser argumentos da fundamentação (motivação). As decisões são normas sem nenhum valor de verdade, mas impondo certas obrigações ou proibições (por exemplo, a proibição de promulgar certas disposições, a obrigação de promulgar outras e a de publicar o texto da decisão própria através de dispositivo dela própria etc.).

Visto que não existe nenhum mecanismo permitindo ao Conselho Constitucional controlar a aplicação dos dados normativos que ele tenta incluir em suas decisões (reservas, princípios constitucionais gerais ou disposições constitucionais derivadas), o Conselho e uma parte da doutrina tentaram reforçar o caráter normativo de elementos aos quais a Constituição não atribuiu essa propriedade. O controle concreto causa naturalmente problemas mais circunscritos, mas no contexto de uma **utilização normativa de dados não normativos** seria necessária – nesse contexto – uma atenção particular.

Podemos evocar pelo menos os cinco pontos seguintes: (i) os prazos do fim da aplicação da lei; (ii) seu efeito sobre a situação jurídica do litígio originário; (iii) a eventual possibilidade (ou obrigação) de aplicar a disposição anulada a fatos ocorridos antes da contestação; (iv) a intervenção de uma modificação

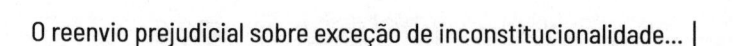

---

14 OLIVEIRA, I. A. P. S. de. Constituição da Áustria de 1920 (reinstaurada em 1945, revisada em 2013). **Jus.com.br**, 19 maio 2022. Disponível em: <https://jus.com.br/artigos/97944/constituicao-da--austria-de-1920-reinstaurada-em-1945-revisada-em-2013>. Acesso em: 10 out. 2023.

legislativa no meio do percurso; e (v) as consequências financeiras da anulação de uma disposição violando um Direito Fundamental do interessado.

(i) Quais serão os prazos que o juiz constitucional poderá prever para a cessação da aplicação de uma disposição legislativa? A Constituição austríaca tinha previsto no início um prazo máximo de seis meses, mas revisões sucessivas o aumentaram para dezoito meses em razão da complexidade de certos dispositivos legislativos. É bom lembrar aqui que tal prazo implica normalmente que uma disposição declarada inconstitucional se torne incontestável durante a duração acordada com o legislador para reparar o dano.

Esse instrumento deve, portanto, ser manuseado com uma grande prudência. A Alemanha, que não conhece nenhuma delimitação precisa, deixou esse cuidado sob a responsabilidade do Tribunal, que, por sua vez, não se contentou em inventar detalhes, mas desenvolveu amplamente o instrumento das "injunções"[15] pelas quais o juiz constitucional dita ao legislador os elementos da legislação de substituição que ele considere constitucionalmente indispensáveis.

(ii) O problema do prazo[16] interfere igualmente sobre aquele das exceções levantadas. Qual então será o destino? A parte que terá seu caso finalmente deferido ao exame do Conselho Constitucional será privada dos frutos de sua contestação por causa de um prazo dado ao legislador? Os sistemas estrangeiros diferenciam geralmente as consequências. Na Áustria, todos os requerimentos protocolados antes da audiência ou, senão, da deliberação não pública, beneficiam-se da anulação, **podendo** o Tribunal – mas **não sendo obrigado a isso** – ordenar tal benefício aos outros. Se o Conselho Constitucional francês estendesse o benefício a todos os casos, então essa questão do prazo ficaria esvaziada de objeto; se, por outro lado, o prazo é muito longo e se detecta que poucos casos ou nenhum se beneficiaria diretamente da anulação, a estrutura então desencoraja um procedimento que já é muito pesado em razão da filtragem.

(iii) Uma disposição legislativa pode ser ao mesmo tempo anulada e ainda permanecer aplicável a casos anteriores à contestação. A Lei Orgânica deverá então decidir entre os modelos e informar o destinatário da lei sobre a questão de saber se haverá uma distinção entre a lei em vigor e a lei "ainda aplicável"[17].

(iv) A contestação de uma disposição legislativa estimula frequentemente a tentação legislativa de corrigir o objeto litigioso antes que o juiz constitucional

---

15 V. C. Behrendt, *Le juge constitutionnel, un législateur-cadre positif: les normes juridictionnelles relatives à la production et au contenu de normes législatives futures. Une analyse comparative en droit français, belge et allemand* (Préface O. Pfersmann), Bruylant LGDJ, Bruxelles-Paris, 2006.

16 **Nota do tradutor (NT):** *prazo no sentido de dead line.*

17 Para uma discussão detalhada dessas distinções, v. O. Pfersmann, "Temporalité et conditionnalité des systèmes juridiques", *Revue de la Recherche Juridique*, Bd. XIX (1994), p. 221-243. "Nouvelle publication", in: Jean-François Kervégan (Ss. la dir.), *Crise et pensée de la crise en droit. Weimar, sa République et ses juristes*, ENS, Editions Lyon 2002, p. 55-86.

tome uma decisão de inconstitucionalidade. Certos sistemas estrangeiros, sobretudo na Áustria, preveem que em tal caso o procedimento segue e que o Tribunal tome uma decisão segundo a qual a disposição atacada era ou não inconstitucional (art. 140, alínea 4).

(v) Uma questão muito sensível para as partes será naturalmente aquela de uma eventual compensação pelo dano causado em razão da inconstitucionalidade da disposição litigiosa. O direito administrativo francês já inventou a **responsabilidade do fato das leis**, que ressurgiria aqui com um fundamento constitucional preciso. Os modelos estrangeiros consideram geralmente que a satisfação consiste na anulação – nela própria – e seus efeitos.

Uma reflexão mais profunda sobre esse assunto certamente não seria inoportuna.

7.5 Destaque: arts. 61-1 e 62

Após o art. 61 da Constituição francesa, foi inserido um art. 61-1[18] assim redigido:

> Artigo 61-1: Se, durante um processo em curso perante um Tribunal, é sustentado que uma disposição legal viola os Direitos e Liberdades garantidos pela Constituição, a matéria poderá ser encaminhada pelo Conselho de Estado ou pela Corte de Cassação ao Conselho Constitucional, que se pronunciará dentro de um determinado período.
>
> Uma Lei Orgânica determinará as condições para a aplicação do presente artigo.[19]

A primeira alínea do artigo 62 da Constituição é substituída por duas alíneas assim redigidas:

> Uma disposição declarada inconstitucional com fundamento no artigo 61 não pode ser promulgada, nem aplicada.
>
> Uma disposição declarada inconstitucional com base no artigo 61-1 deve ser considerada abrogada a partir da publicação da decisão do Conselho Constitucional ou a partir de uma data posterior determinada pela referida decisão. O Conselho Constitucional determina as condições e os limites dos efeitos que a disposição produziu, e/ou se tais efeitos são suscetíveis de revisão.[20]

---

18 Tradução nossa.
19 FRANÇA. **Constituição [da República da França]**, de 3 de junho de 1958. Disponível em: <https://www.conseil-constitutionnel.fr/sites/default/files/as/root/bank_mm/portugais/constitution_portugais.pdf>. Acesso em: 10 out. 2023.
20 Op. supra cit.

Capítulo 8

Classificações organocêntricas e classificações normocêntricas da justiça constitucional em Direito Comparado

O **Direito Comparado**[1] analisa estruturas normativas comuns a várias ordens jurídicas para alcançar, principalmente, um melhor conhecimento de suas diferenças significativas. A justiça constitucional sempre foi uma das principais preocupações do Reitor Delpérée. Além de se dedicar a vários trabalhos sobre a jurisprudência do tribunal de arbitragem, ele sempre se interessou com muita paixão pelo conjunto das jurisdições constitucionais, conforme demonstram suas contribuições e publicações e manifestações do antigo Grupo de Estudos e de Pesquisas sobre a Justiça Constitucional, hoje "Institut Louis Favoreu". Gostaríamos aqui de continuar uma reflexão que nos convida às trocas que tivemos com os pioneiros do Direito Constitucional Comparado: a questão da classificação dos modelos de justiça constitucional.

A formulação específica da justiça constitucional permanece uma questão arduamente discutida. Segundo os critérios, uns dirão que o Tribunal de Justiça das Comunidades Europeias (Tribunal de Justiça da União Europeia, de Luxemburgo)[2] não é um Tribunal Constitucional porque lhe falta um modo de designação de seus membros pelas instâncias cuja produção normativa será eventualmente sancionada ou porque a União Europeia não conhece nenhum procedimento legislativo democrático ou porque os indivíduos não podem ao Tribunal europeu recorrer para a anulação de atos normativos gerais e abstratos; outros dirão, ao contrário, que o Tribunal Europeu dos Direitos Humanos é mesmo um procedimento legislativo porque ele se pronuncia sobre a violação de direitos fundamentais e porque os Estados se submetem regularmente a suas sentenças. Na mesma ordem de ideias, conhecemos o eterno debate sobre a natureza do Conselho Constitucional francês, que consideramos como uma instância política, um "Conselho", por oposição a um "Tribunal"[3], um Tribunal Constitucional incompleto[4], ou um verdadeiro Tribunal Constitucional com umas variantes específicas[5].

Essas controvérsias provocam, em ampla medida, falsos problemas. Um objeto jurídico depende de uma categoria comparativa em função dos critérios adotados na definição dessa categoria, e não para uma pretendida natureza intrínseca do objeto assim designado. Os debates em torno da natureza de determinado órgão não têm quase nunca nenhum valor explicativo em termos jurídicos e visam simplesmente à sua justificação ou, ao contrário, à sua ilegitimidade política. Uma conceituação e uma classificação precisas e específicas dos

---

1 Ou a Ciência do Direito Comparado.
2 Esta era, bem sabemos, a posição de Louis Favoreu. V. principalmente sua contribuição in: "Quel(s) modèle(s) constitutionnel(s)?", *Revue Universelle des Droits de l'Homme* (RUDH), 1995, p. 337.
3 Assim Elizabeth Zoller, Conclusions de synthèse, in: mesma autora (Sld.), *Marbury v. Madison: 1803, 2003, Un dialogue franco-américain*, Dalloz, 2003.
4 É a posição da "École de Strasbourg", especialmente de Olivier Jouanjan e de Patrick Wachsmann.
5 É obviamente a posição de Louis Favoreu e da "École d'Aix-en-Provence".

dados de ordens jurídicas diferentes são ainda mais importantes. Os critérios deverão ser explícitos e se basear somente em dados jurídicos objetivos, não em avaliações externas que somente comprometem os autores[6].

O controle de constitucionalidade aparece hoje sob uma grande e sempre crescente quantidade de variantes. As principais estratégias de classificação desse fenômeno são, ao contrário, bastante antigas. Elas distinguem duas famílias principais[7]: o modelo norte-americano e o modelo austríaco ou europeu. Além de várias ramificações, é essa grande distinção que parece, ainda hoje, levar o maior consenso. E, de fato, a diferença parece facilmente estabelecida: no modelo americano, a justiça constitucional é difusa[8] – ela é exercida por toda jurisdição durante todo litígio – e seus resultados são válidos unicamente *inter partes*; no modelo europeu, essa justiça é concentrada[9] –, ela é exercida por um tribunal especial dotado de competência exclusiva, e seus resultados são válidos *erga omnes*. Essa distinção parece sempre bastante plausível: a experiência norte-americana permanece muito diferente das evoluções europeias, bem como daquelas dos países que adotaram um sistema que se inspira nessa tradição. Nem por isso ela deixa de ser problemática, visto que deixa na sombra a justificação dos critérios nos quais ela crê se basear. Tais critérios deverão obviamente se fundar sobre dados jurídicos significativos. Ora, ocorre que uma estrutura de controle de constitucionalidade é composta por vários elementos, de modo que qualquer classificação, para fins de Direito Comparado, deverá então indicar o que há de comum e o que há de variantes nos sistemas sob análise ou em comparação. Quanto mais largo é concebido o elemento comum, mais isso reduz a margem das variantes.

A justiça constitucional contém de fato três conjuntos de dados, quais sejam: (1) alguns dizem respeito à organização e às competências de certos órgãos jurisdicionais; (2) outros dizem respeito ao exercício dessas competências: a solução de conflitos entre normas constitucionais e infraconstitucionais, principalmente legislativas; (3) os últimos, enfim, relativos às consequências dessas decisões. Ora, justamente a delimitação do núcleo comum permanece confusa na literatura comparatista. Sua orientação principal gira em torno primeiro da jurisdição como instituição, mesmo quando ela analisa uma jurisprudência.

---

6 Isso não é para proibir julgamentos ou apreciações políticas de dados jurídicos. Elas não dependem simplesmente de uma Ciência do Direito, mas supõem, ao contrário, um conhecimento de seus resultados. Isso vale especialmente para o Direito Comparado, que não é uma avaliação comparativa.
7 Helmut Steinberger, *Models of constitutional jurisdiction* (versão francesa: *Modeles de juridiction constitutionnelle*), Council of Europe Press Strasbourg, 1998.
8 Incidental, concreta.
9 Direta, abstrata.

Defenderemos que a classificação da justiça constitucional só pode ser organizada em torno da concepção do conflito de normas que ela deve resolver. É bom mostrar que a tipologia tradicional não dá distinções juridicamente pertinentes (i), visto que a diferença das concepções se manifesta principalmente na organização dos conflitos de normas (ii).

8.1 Critérios orgânicos contingentes

No sentido jurídico, a justiça é um modo de particularização e de concretização de exigências (relativamente mais) gerais e abstratas por órgãos que são submetidos a essas normas e também a obrigação de motivação, e não a umas instruções (normas particulares relativas ao exercício concreto de suas funções orgânicas). Restringindo o âmbito da justiça constitucional – no sentido estrito – ao controle da lei formal em relação à Constituição, o conceito deixa, por definição, aberta a questão da organização do modo de particularização e de concretização das exigências constitucionais. Ora, a teoria clássica parece aqui ver uma ligação intrínseca entre dois dados de natureza completamente diferentes. De fato, segundo o Reitor Favoreu, não se pode falar em modelo europeu (a partir da experiência austríaca) de controle de constitucionalidade – isto é, um Tribunal Constitucional –, quando, fora de certo "contexto institucional" (regime parlamentar ou semiparlamentar), os dados seguintes não estejam presentes: um estatuto constitucional do órgão de controle, um monopólio da competência de controle das leis com efeitos *erga omnes*, a designação dos membros por autoridades políticas, um caráter verdadeiramente jurisdicional do órgão, um lugar para esse órgão fora do aparelho judiciário[10].

É naturalmente perfeitamente legítimo definir por convenção certa estrutura de maneira muito estreita e dizer que somente será chamado de *Tribunal Constitucional* aquele que preenche o conjunto dos critérios mencionados. Também é totalmente legítimo notar que os órgãos que correspondem a certos elementos da definição tenham correspondência entre si. Poderemos, igualmente, admitir ou pelo menos aderir à doutrina – mas isso depende de outra ordem de considerações – segundo a qual um Tribunal Constitucional deveria mesmo corresponder ao conjunto dessas exigências. A conclusão é a de que o que parece ao contrário problemático é a ideia subjacente que os elementos requeridos pela definição sejam dados inseparáveis, de modo que a ausência de um levaria necessariamente

---

10 Louis Favoreu, "Modèle américain et modèle européen de justice constitutionnelle", in: AIJC, 1988, v. IV, p. 57; "La notion de Cour constitutionnelle". in: *De la constitution*, Mélanges Aubert, p. 15-28. – (s. l.): Helbing & Liechtenhahn, 1996; *Les cours constitutionnelles*, 3. ed., PUF, 1996.

à ausência do outro. O erro é justificado por razões teóricas gerais, mas também por considerações jurídicas particulares.

De um ponto de vista teórico, é bom notar que nenhuma construção normativa pode conter em si as razões de seu sucesso ou de seu fracasso. De fato, uma norma obriga, proíbe ou autoriza; ela não produz as ações que ela exige, já que pode por definição ser violada. Ela também não pode realizar como tais os objetivos que seus produtores tinham eventualmente em vista, pois pode ser que o mais estrito respeito das obrigações impostas tenha efeitos completamente diferentes daqueles nos quais os geradores pensavam. Assim, a justiça constitucional pode, em certos casos, contribuir para pacificar a vida política e facilitar as alternâncias, tanto quanto ela pode, em outras hipóteses, estimular os conflitos, reforçar a coesão social ou, ao contrário, enfraquecê-la. Ela pode promover os direitos fundamentais e mais geralmente o respeito às regras constitucionais e, em caso de violação, se os juízes dominam corretamente e de maneira convincente a interpretação dos textos e o raciocínio jurídico, e se as decisões são corretamente aplicadas pelos órgãos encarregados da aplicação. Contudo, qualquer que seja o grau de sofisticação das regras constitucionais, elas não podem dominar o real. O sucesso de certa organização normativa é, então, na verdade, o sucesso de certa aplicação factual em relação à da questão empírica contingente. Um fracasso factual total não diz nada sobre a pertinência da definição, tampouco explicita necessariamente um sucesso – que pode muito bem ter sido atingido por vias completamente diferentes. Deixaremos fora dessas considerações, por exemplo, as questões relativas à relação entre o lugar do juiz na sociedade (sem dúvida muito diferente, sociologicamente, em países da *common law* e aqueles do *civil law*) e o sistema apropriado de justiça constitucional.

Do ponto de vista da análise das estruturas jurídicas, a classificação tradicional reúne dois elementos inteiramente heterogêneos: (i) a organização da jurisdição e (ii) a natureza das decisões tomadas.

Podemos de fato perfeitamente pensar num órgão com competência exclusiva que só produziria atos valendo entre as partes (como quando o tribunal de arbitragem decide uma questão prejudicial ou quando o Tribunal Constitucional português é invocado pela parte de um processo considerando que ela foi lesada pela aplicação de uma lei inconstitucional ou de um regulamento ilegal) ou até mesmo de natureza simplesmente declaratória (como era o caso na Monarquia austríaca). Ao contrário, nada impede que uma jurisdição ordinária, pelo menos de última instância, seja chamada a decidir, entre outras coisas, o destino de uma disposição legislativa com efeitos *erga omnes*.

Certos autores pensam aliás que é o caso nos Estados Unidos[11]. Poderíamos invocar primeiro facilmente o fato que a regra do anterior produz um efeito de generalização. Todavia, sempre se pode dizer que tal generalização só diz respeito ao conjunto dos casos que apresentam efetivamente propriedades amplamente idênticas àquele que está em causa na decisão, enquanto a regra legislativa pode mirar constelações completamente diferentes. Ora, justamente, a Corte Suprema parece, principalmente quando se trata de proteger a liberdade de expressão, decidir de maneira geral[12] e até mesmo às vezes antes da entrada em vigor das disposições contestadas[13]. É notável, a propósito, que esse ponto, que parece absolutamente essencial ao constitucionalismo de tradição europeia, faça objeto de controvérsias nos Estados Unidos e que é possível apoiar opiniões diametralmente opostas[14].

Observando os tribunais europeus, constata-se que eles devem, cada vez mais, interrogar-se sobre a constitucionalidade de decisões judiciárias ou administrativas, como é o caso dos recursos constitucionais alemães ou **de amparo** espanhóis há muito tempo. Vendo o exemplo do Tribunal Constitucional austríaco, paradigma do modelo europeu, pode-se notar que ele pode (e deve) recorrer a si mesmo, em caso de dúvida, do exame da constitucionalidade da lei aplicável à elaboração de um ato administrativo contestado por violação de direitos fundamentais, mas nem por isso a carga principal, pelo menos do ponto de vista empírico, implica o exame de atos administrativos e não o contencioso das normas gerais. Quando as jurisdições do modelo americano evoluem para funções europeias anulando disposições legislativas mediante efeitos *erga omnes*, nota-se, ao contrário, que os tribunais europeus dedicam, com a exceção

---

11 É assim exposto por exemplo por Laurence Tribe no seu livro *American Constitutional Law*, 2. ed., Foundation Press, 1988, v. 1, p. 1023 e ss.), mesmo não usando essa terminologia. V. mais recentemente a controvérsia entre Matthew Adler e Alexander Fallon (sustentando a posição do alcance relativo específico): Matthew D. Adler, "Rights Against Rules. The Moral Structure of American Constitutional Law", 97, *Michigan Law Review* (1998), p. 1-172; "Rights, Rules, and the Structure of Constitutional Adjudication: a Response to Professor Fallon", *Harvard Law Review*, 2000, p. 1371-1420. Richard H. Fallon, Jr., "As-Applied and Facial Challenges and Third-Party Standing", *Harvard Law Review*, 113 (2000), p. 1321. Para Alec Stone a doutrina do "*overbreadth*" revela mais o desenvolvimento de um controle abstrato (contrário à regra do "*case and controversy*") e mostraria assim uma tendência de toda jurisdição constitucional de se dar os meios de responder às perguntas feitas pelos requerentes ("La Cour suprême: contrôle abstrait ou contrôle concret?" *Revue Française de Droit Constitutionnel*, 34 (1998), p. 227-250). Se o foco está na ausência de relação entre certas decisões e um caso concreto, não há dúvida, para este autor, que o supremo tribunal invalide então disposições legislativas como tais.
12 V. principalmente: *Cour suprême, Thronhill v. Alabama*, 310 U.S. 88 (1940); *Brockett. v. Spokane Arcades*, 472 U.S. (1985).
13 V. Stone, op. cit., p. 234 e ss.
14 V. Michael C. Dorf, "Facial Challenges to State and Federal Statutes", *Stanford Late Review* 46 (1994), p. 235 e s.; Marc E. Isseries, "Overcoming Overbreadth: Facial Challenges and the Valid Rule Requirement", *American University Law Review*, 48 (1998), p. 359 e ss.; Henry P. Monaghan, "Third Party Standing", *Columbia Lane Review*, 84 (1984), p. 277 e ss.

notável do Conselho Constitucional francês, a maior parte de sua atividade não ao estudo da constitucionalidade de disposições legislativas, mas àquele de atos individuais, administrativos ou jurisdicionais, enquanto a generalização dos resultados jurisprudenciais vem do fato de que essas decisões são em seguida consideradas como precedentes. O sistema europeu se aproxima assim de um sistema de *common law* e, contudo, concomitantemente, do sistema americano, assim como o sistema americano se aproxima progressivamente – e de algum modo – do europeu.

Poder-se-ia afirmar que a *common law* tem como marca específica seu monismo jurisdicional, enquanto o sistema europeu teria aparecido nos países onde existe um pluralismo de ordens jurisdicionais. Ora, ainda, a relação não é nem conceitualmente necessária, nem mesmo empiricamente comprovada. Definindo um sistema de *common law* pela competência legislativa concorrente parlamentar e jurisdicional e concebendo esta como sendo exercitada pela elaboração de precedentes, isso não implica nenhuma forma de organização jurisdicional particular. Foi, ao contrário, o dualismo das jurisdições civis e administrativas que permitiu ao Conselho de Estado francês, por exemplo, tornar-se, pelo desenvolvimento de regras externas ao *corpus* legislativo, e, contudo, consideradas como gerais, um juiz da *common law*, assim entendido. Ao inverso, a África do Sul, país do sistema *common law*, adotou um Tribunal Constitucional especializado, e em Israel assistimos a um debate recorrente acerca da criação de um Tribunal Constitucional especializado[15].

Uma última particularidade poderia então estar na Lei Orgânica da Magistratura (ou no Estatuto Funcional) para o juiz ordinário europeu: o juiz europeu é funcionário público e integrado num percurso de carreira, é "boca da lei" de acordo com a fórmula de Montesquieu, de modo que, para o magistrado, seria impossível pensar numa invalidação dessa mesma lei; enquanto isso, o Justice americano (juiz atuante na Suprema Corte) – federal –, recrutado entre os melhores profissionais e universitários após um procedimento de confirmação diante do Senado, beneficiar-se-ia imediatamente de uma independência real mais importante. O modelo europeu reservaria justamente esse modo de designação para os membros de um tribunal especializado. Esse argumento, admitido para as necessidades da causa, mostra simplesmente que sistemas diferentes podem adotar métodos de designação comparáveis. Se esses métodos são de fato amplamente convergentes, então a consequência disso é que a diferença diminui, pelo menos para a comparação entre as jurisdições supremas do tipo americano e os tribunais constitucionais europeus. Ora, o outro elemento do argumento não

---

15 V. sobre isso Guy E. Carmi, "A Constitutional Court in the Absence of a Formal Constitution? On the Ramifications of appointing the Israeli Supreme Court as the only Tribunal for Judicial Review", *Connecticut Journal of International Law*, 21 (2005), p. 67-91.

depende mais da comparação de normas jurídicas, mas de uma hipótese relativa à relação entre regras e práticas: o modo de recrutamento teria um efeito diferente sobre as mentalidades dos juízes. Essa hipótese não carece de plausibilidade, mas ela trata na verdade de dados de uma complexidade que ela não pode mais controlar. Assim, por exemplo, a aplicação, na França, do art. 55 da Constituição permite hoje ao juiz ordinário verificar a conformidade da lei com as convenções internacionais, e não aplicar a lei formal interna. O Direito Comunitário diretamente aplicável nos países da União Europeia prevalece sobre toda norma interna, qualquer que seja seu grau. Num caso ou noutro, os juízes não se privam nem um pouco do uso dessas estruturas, enquanto seu modo de designação não for modificado. Ao inverso, o juiz britânico, igualmente com grande prestígio social e recrutado depois de uma prática coroada com sucesso – e não no início da carreira de funcionário público –, mostra-se, no entanto, muito reticente em questionar a "soberania" do Parlamento.

Tendo em vista o conjunto desses elementos, os dois modelos são tradicionalmente considerados como sendo resultado, cada um, da aplicação de um conjunto de propriedades constitutivas inseparáveis, dando-lhe um perfil estritamente distinto. Ora, esses dados são separáveis e combináveis. Pode haver uma grande consciência da diferença nas doutrinas e nas jurisdições respectivas, mas isso não diz muita coisa sobre o funcionamento propriamente jurídico. Muitos dos traços distintivos são de fato juridicamente significativos, mas nem por isso tal elemento tem uma incidência sobre o funcionamento jurídico da justiça constitucional concebida como controle das disposições legislativas formais. Ora, nesse âmbito, a convergência é muito desenvolvida sem que isso cause problemas particulares de adoção. Desse ponto de vista, a diferença principal parece hoje se resumir ao modo de inserção da função constitucional na organização da justiça. Ora, se, nesse domínio, tal solução pode parecer mais ou menos apropriada ao contexto factual, isso não leva a nenhuma consequência de natureza da justiça constitucional como estrutura normativa.

Mesmo considerando as múltiplas variantes em termos de organização, de recursos, de procedimentos, de decisões, a utilidade da grande classificação tradicional parece, no entanto, insignificante, refletindo diferenças culturais mais que dados jurídicos.

Uma tipologia não é, contudo, inútil; ela deverá seguir outras considerações.

8.3 A estrutura necessária dos conflitos de normas

Indubitavelmente, as confusões em torno da classificação dos modelos nascem da ideia que se trata de uma mesma exigência que poderia achar diferentes traduções em estruturas jurídicas concretas. No entanto, é possível que o encontro dos modelos americanos e europeus não resulta diretamente do problema da constitucionalidade da lei formal, como é possível que esse problema tenha de fato realmente existido, mas que em seguida foi substituir outro enquanto a construção orgânica teria ficado a mesma. Talvez, então, há mesmo uma concepção europeia da justiça constitucional que gerou certas estruturas orgânicas em certas ordens jurídicas, enquanto o que aparece como uma variante de justiça constitucional, isto é, o modelo americano, corresponde a uma exigência inteiramente diferente.

Historicamente, a ideia de Tribunal Constitucional se inspira obviamente no "modelo americano"[16], mas no modelo americano como é percebido a partir da perspectiva política e jurídica austríaca do fim do século XIX. Para Jellinek, trata-se politicamente de dar um quadro jurídico certo à aplicação das normas de repartição de competências entre o Império e os *Länder*. A técnica jurídica pensada é aquela da anulação da lei imperial ou provincial contrária à Constituição de 1867. O autor nota que a concepção americana da separação dos poderes se opõe a uma destruição estrita da lei por via jurisdicional, mas ele nota que a lei se torna "vazia" e que o efeito é "equivalente na prática"[17].

Na concepção kelseniana, o controle de constitucionalidade é concebido sob o modelo da cassação judiciária[18]. Se o texto da Constituição federal austríaca de 1920 não guarda a expressão, ela reaparece no estudo de 1929[19]. Compreende-se isso melhor numa perspectiva de continuidade e aprofundamento das ideias de Jellinek, as quais se integram na teoria das ordens normativas dinâmicas. Ela é

---

16 V. Georg Jellinek, *Ein Verfassungsgerichtshof für Osterreich*, Wien Höder 1885, p. 56.
17 Eod. loc.
18 V. o primeiro projeto de Kelsen para essa competência: "La décision par laquelle la Cour constitutionnelle fédérale donne droit à la demande produit la cassation (Kassation) de la loi de Land contraire à la loi fédérale et oblige le gouvernement compétent à la publication de l'annulation dans le Journal officiel du Land"; texto reproduzido in: Felix Ermacora, Christiane Wirth (Eds.). *Die österreichische Bunderverfassung und Hans Kelsen*, Wien, Braumüller, 1981, p. 458; a anulação das leis constitucionais só aparece a partir do projeto ministerial.
19 "Wesen und Entwicklung der Staatsgerichtsbarkeit", in: *Verhandlungen der Deutschen Staatsrechtslehrer*, 1929, p. 30-88; reproduzido in: *Die Wiener Rechtstheoretische Schule*, Vienne, 1968, v. 2, p. 1813 e ss., versão francesa: "La garantie juridictionelle de la constitution", *Revue du Droit Public et de la Science Politique en France et à l'Etranger*, 1928. Para a palavra cassação, p. ex.: p. 1830, 1831, 1832.

baseada de um lado em uma observação e de outro lado em uma concepção de Estado desejável do Direito.

A análise teórica distingue, como se sabe, a nulidade da anulabilidade. Ela mostra, mais precisamente, que os atos com pretensão normativa contradizendo normas válidas de grau superior não são nulos *ipso facto*, mas a partir de certo grau de distância somente, grau este normativamente determinado. Além disso, as normas supostamente inconstitucionais são válidas, podendo suscitar controles [futuros] e, eventualmente, uma anulação ou uma reforma, de acordo com o grau do caráter incorreto e em razão de um **ato** tendo ele próprio como significação normativa a destruição do ato incorreto. Tratar-se-á o **ato** também de norma.

Sem ato (normativo, posterior, judicial) não haverá de se falar em anulação! O ato de controle determina o destino da norma. A questão política é então aquela de saber qual técnica de ato de anulação ou de reforma é desejável. A resposta principiológica de Kelsen é que tal ato deve apresentar a maior clareza possível: a lei deve ser destruída, ela deve ser (em princípio) *pro futuro* e ela deve ser inteiramente, mais exatamente, o objeto destruído (quebrado), devendo se tornar ela própria objeto de uma publicação no mesmo órgão que gerou o início de sua validade. Não distinguindo precisamente, nesse texto, entre o texto e sua significação, fica claro, nessa construção, que o destino da norma e aquele do texto são estritamente ligados: **não há texto sem norma, não há norma sem texto**! A anulação da disposição incorreta é integral ou ela não é, se certo grau de "erro" é atingido; isso constitui a condição suficiente e necessária da obrigação de anular, e *anular* quer dizer: fazer desaparecer a norma com o texto que a expressa.

A concepção norte-americana da relação entre lei e Constituição permanece, ao contrário da experiência europeia (de controle concentrado, direto e abstrato), é considerada, ainda hoje, amplamente indeterminada e profundamente marcada por uma visão estática do Direito[20].

Ora, já que o Direito é um sistema normativo dinâmico, uma concepção estática acaba por produzir, paradoxalmente, efeitos hierárquicos importantes, isto é, dinâmicos. Nas opiniões – e nas fundamentações – expressadas pelo juiz Marshall na famosa decisão *Marbury v. Madison* (de acordo com a qual a lei em

---

20 "Une conception statique du rapport entre normes envisage la particularisation et la concrétisation comme des opérations logiques ou argumentatives, autrement dit on pense données toutes les solutions de cas concrets implicitement à partir de la position des prémisses. Pour une conception dynamique, toute particularisation exige un acte. La question de savoir si un système est statique ou dynamique n'est évidemment pas une question de conception, mais de construction. Une construction dynamique se traduit par l'institution d'organes, c'est à dire de compétences de particularisation et de concrétisation. Les systèmes dynamiques sont aussi appelés 'hiérarchisé'; la hiérarchie des normes n'est autre chose que la structuration particularisante et concrétisant du matériau normatif" (cf. Otto Pfersmann, "Hiérarchie des normes", in: Stéphane Rials, Denis Alland (Dir.), *Dictionnaire de la culture juridique*, Presses Universitaires de France, 2003, p. 779-783).

contradição com a Constituição é nula e vazia), percebe-se uma verdadeira visão hierárquica das relações normativas. É essa, de fato, uma leitura possível e é com certeza assim que, no início de maneira bastante confusa, esse texto (o julgamento) do *Justice Marshall* foi entendido na Europa a partir do fim do século XIX. A teoria da hierarquia das normas só aparece, no entanto a partir dos anos vinte do século XX[21]. Ao contrário da ideia ingênua piramidal que frequentemente encontramos – até hoje – em certas apresentações e em escritos doutrinários[22], "hierarquia" não quer somente dizer que "o superior" determina como tal "o inferior", mas que toda relação de produção ou de derrogação normativa resulta de um ato normativo produtor desse efeito (de produzir norma ou de derrogar norma). A concepção americana admite, em contrapartida, uma hierarquia estática para a qual um conflito entre regras é um conflito lógico e se inscreve na continuidade do pensamento jurídico britânico expressado na opinião do juiz Coke no caso do doutor Bonham em 1610[23]; a norma em contradição com a norma superior é como tal nula e vazia[24]. Ao mesmo tempo, todos reconhecem, pelo menos implicitamente, que a solução normativa do conflito exige um ato. Mas esse ato será considerado como uma consequência, e não como a razão da nulidade. E como o conflito se aprecia nos termos do caso, a validade da norma será dissociada do destino do texto.

---

21 A teoria da hierarquia das normas foi desenvolvida por Adolf J. Merkl principalmente nos dois seguintes textos: "Das doppelte Rechtsantlitz. Eine Betrachtung aus de Erkenntnistheorie des Rechts", in: *Juristische Blätter*, 47 (1918), p. 425-427, 444-447, 463-465, reproduzido in: Hans Klecatsky, René Marcic, Herbert Schambeck (Hg.), *Die Wiener Rechtstheoretische Schule. Schriften von Hans Kelsen, Adolf Merkl, Alfred Verdross*, Wien Europa-Verlag 1968, v. 1, pp. 1091 e ss.; "Prolegomena einer Theorie des rechtlichen Stufenbaues", in: *Gesellschaft, Staat und Recht. Festschrift für Hans Kelsen*, Wien 1931, p. 252-294, reproduzido in: Klecatsky, v. 2, p. 1311 e ss.: *Allgemeines Verwaltungsrecht*, Wien Berlin, 1927. A obra de Merkl, recentemente, foi objeto de uma edição completa: *Gesammelte Schriften*, Dorothea Mayer-Maly, Herbert Schambeck, Wolf-Dietrich Grussmann, Berlin, Duncker & Humblot, 1994-2006. Sobre Merkl, cf. Wolf-Dietrich Grussmann, "Adolf Julius Merkl. Leben und Werk", *Schriftenreihe des Hans-Kelsen-Instituts*, Bd. 13, Wien Manz, 1989; Robert Walter (Ed.), *Adolf J. Merkl, Werk und Wirksamkeit: Ergebnisse eines internationalen Symposiums*, Schriftenreihe des Hans-Kelsen-Instituts, Bd. 14, Wien Manz, 1990; Stanley L. Paulson, Gesammelte Schriften, in: *Ratio Juris*, 17 (2004), p. 263-267.
22 V. sobre isso Otto Pfersmann, "Carré de Malberg et la 'hiérarchie des normes'", *Revue Française de Droit Constitutionnel*, n. 31 (1997), p. 481-509.
23 8 Co. Repp. 107a, 114a C. PP. 1610: "And it appears in our books, that in many cases the common law will controul acts of Parliament and sometimes adjudge them to be utterly void: for when an Act of Parliament is against common right or reason, or repugnant, or impossible to be performed, the common law will controul it and adjudge such Act to be void". Sobre a posteridade dessa motivação, v. o belíssimo artigo de Gerald Stourzh, "Vom Widerstandsrecht zur Verfassungsgerichtsbarkeit: Zum Problem der Verfassungwidrigkeit im 18. Jahrhundert", in: *Wege zur Grundrechtsdemokratie. Studien zur Begriffs und Institutionengeschichte des liberalen Verfassungssta ates* (Studien zu Politik und Verwaltung, Bd. 29, Wien – Köln, 1989), p. 37-74 e também John Wiedhofft Gough, *Fundamental Law in English Constitutional History*, Oxford University Press, 1955.
24 Como o diz muito claramente o federalista – Hamilton – (78): "No legislative act, therefore, contrary to the Constitution, can be valid".

A concepção estática do sistema dinâmico transpõe a modificação da norma no raciocínio. E se o caso concreto é geralmente resolvido com a procedência ou a improcedência do pedido – isto é, por uma norma individualmente determinada –, **o destino da norma geral que lhe serve de fundamento**, causando considerações relativas à sua justificação, e não prescrições explícitas e textualmente identificáveis, **permanecerá amplamente indeterminado**. Haverá então normas sem texto e textos sem normas e, em toda hipótese, não pode haver conteúdo exatamente determinado de uma norma, já que ela é objeto de uma elaboração argumentativa permanente.

Em segundo lugar, a concepção europeia percebe nos órgãos, primeiramente – e independentemente do grau de clareza dessa visão das coisas – algumas atribuições. Mesmo quando a doutrina admite, curiosamente, que pode haver um "poder criador", em outras palavras uma competência sem competência, ela a imagina mais como transgressões pontuais pondo em causa a definição geral. Ora, se o Direito é concebido a partir de um modo estático, não se deve falar de órgãos, mas simplesmente de raciocínios mais ou menos apropriados. Mas, como de fato existem mesmo órgãos, serão indeterminadas aquelas normas que determinam suas competências. A parte que formalmente mais sobressai nesse sistema é a organização judiciária; isto é, as regras de designação, tomadas de decisões e de relações entre instâncias. A hierarquia formal determina a evolução das competências. Em consequência, em termos de conflitos entre normas de graus diferentes, o conteúdo das normas será amplamente indeterminado tanto em termos de ações quanto em termos de competências.

Até aqui a concepção europeia foi oposta àquela dos juristas americanos e dos elaboradores de sua ordem jurídica. No entanto, se existe mesmo uma filiação histórica específica, as figuras de raciocínio e as concepções, culturalmente condicionadas, podem naturalmente ser transferidas nos contextos diferentes. Uma concepção "europeia" pode aparecer nos Estados Unidos, uma concepção "americana" na Europa. Nossa tese será justamente que, se os modos da organização jurisdicional permanecem por enquanto nitidamente diferentes, as concepções das relações entre Constituição e leis ordinárias[25] tais como os modos de concretização jurisdicional se aproximam cada vez mais do modelo americano de normatividade constitucional. Imaginando assim o conjunto das soluções sobre uma escala contínua, teremos, de um lado, uma estrutura de validade material geral indeterminada articulada a uma validade material

---

25 Na verdade, o ideal seria expandir o quadro redutor e binário das relações entre "lei" e "Constituição", pois existe hoje uma multidão de normas supremas, e aquelas que o Parlamento adota pela maioria simples. A questão é muitas vezes saber se e em qual medida a jurisdição constitucional controla a constitucionalidade inferior em relação a uma constitucionalidade superior, posição aceita, por exemplo, pelos juízes alemães, austríacos e italianos, mas rejeitada pelo Conselho Constitucional francês.

estrita das obrigações e permissões individuais, e, **de outro lado**, uma validade formal estrita das regras de organização e de decisão.

Desse ponto de vista, verificam-se cada vez menos sistemas (ou subsistemas) de validade estrita e cada vez mais sistemas (ou subsistemas) com validade indeterminada. O uso da "interpretação conforme"[26] e das relações hierárquicas de primado direto aumenta progressivamente o grau de indeterminação, de elaboração permanente da norma geral e da determinação estrita da norma individual e organizacional.

Em vez da classificação tradicional dos sistemas de justiça constitucional de acordo com a especialização da jurisdição competente em ligação estrita com os efeitos da decisão, **propomos uma classificação de acordo com as concepções de determinação dinâmica das normas incorretas.**

Temos então uma oposição entre os modelos americano e europeu, mas ela vale somente de maneira relativa e historicamente datada, e está entre os sistemas de validade estrita como o sistema austríaco originário, e entre os sistemas de validade indeterminada como aquele que causa a dissociação entre norma e texto[27]. Tal classificação poderá e deverá ser progressivamente afinada, a fim de comunicar os dados, não só dos sistemas jurídicos diferentes, mas também do fato de uma mesma ordem jurídica conter, muitas vezes simultaneamente, várias formas diferentes de controle. Essa tipologia permite também articular o destino do caso concreto, da norma geral e do texto que lhe serve de suporte, assim como analisar as relações entre as hierarquias normativas e a organização jurisdicional.

---

26 Não se trata, obviamente, de uma interpretação no sentido da análise da significação de um texto, mas de uma técnica de anulação ou de emenda parcial baseada sobre uma dissociação entre norma e texto.

27 O sistema alemão apresenta propriedades específicas. Ele parece adotar uma relação hierárquica estática entre a lei e a Constituição (nulidade das leis inconstitucionais), mas dá ao mesmo tempo ao Tribunal Constitucional federal o monopólio da declaração autêntica da validade da lei. Em termos lógicos, seria simplesmente contraditório, mas, em sua dinâmica concreta, esse sistema depende assim da validade estrita, uma vez que o destino da norma é explicitamente decidido. Mas já que esse juiz (ou seja, o Tribunal alemão) **considera seus raciocínios como dados normativos**, esse sistema usa a elaboração permanente da norma geral e depende da validade indeterminada.

Título IV
Direito Internacional e Direito Comunitário

Capítulo 9

O primado do Direito Comunitário: duplo, parcialmente direto, organicamente indeterminado e provisoriamente fechado

O primado do Direito Comunitário (tanto hoje quanto amanhã, do Direito da União Europeia) é, em combinação com o efeito direto, o aspecto mais marcante da construção jurídica da integração europeia.

Sabemos como a concepção do primado foi apoiada (e construída) pelo Tribunal de Justiça da União Europeia (TJUE, ou Corte de Luxemburgo); também sabemos o quanto certas jurisdições nacionais tentaram resistir a tal situação, e como estas, finalmente, aceitaram-na. Sabemos que o primado fez parte daquilo que se construiu como sendo o "acervo comunitário" (de l'acquis communautaire) e que ele foi, pela primeira vez, explicitamente enunciado pelo – não vigente – Tratado estabelecendo uma Constituição para a Europa (arts. 1-6), assinado em Roma no dia 29 de outubro de 2004, e pelo seu substituto (o vigente Tratado de Lisboa, na Declaração n. 17 anexa à Ata Final). Poucos temas foram tão comentados, e parece difícil, em algumas linhas, tanto resumir décadas de pesquisas quanto trazer conhecimentos novos. Contudo, a natureza precisa do chamado *primado* parece frequentemente obscura.

Uma dúvida diz respeito, ainda e sempre, à natureza e ao estatuto preciso do "primado". Ela é sempre concebida a partir de vários "pontos de vista"; todavia, a construção do primado exclui, por si só, os pluralismos de pontos de vista.

Admitindo que o primado foi uma construção do TJUE antes de ser integrado no **acervo comunitário**, admitimos também que sua definição é mesmo aquela que esse Tribunal lhe deu. Admitimos, geralmente, que se trata de um princípio do Direito Comunitário; que é por causa desse princípio que o Direito Comunitário, diretamente aplicável, prevalece sobre toda norma nacional, qualquer que seja o estatuto. É por isso, sobretudo, que os Estados-membros da UE não podem se valer de suas próprias regras domésticas com o intuito de se desviarem de suas obrigações comunitárias (ou supranacionais).

Contudo, vendo as coisas assim, admitimos, mais uma vez, que elas poderiam ser apresentadas de outra maneira **do ponto de vista** do Direito interno. Seguindo, por exemplo, o raciocínio habitual, referente à prevalência dada pelos Tribunais franceses às normas comunitárias, até mesmo posteriores em relação às normas nacionais, não o explicamos invocando a aplicação de um princípio do Direito Comunitário como tal, mas com alusão ao art. 55 da Constituição francesa, de acordo com a interpretação dada pelo Conselho Constitucional em sua decisão do dia 15 de janeiro de 1975¹. Admitimos, portanto, que a razão jurídica dessa prevalência **comunitária** é uma opção **constitucional** (doméstica) francesa; e, se ela é francesa, ela poderia ser francesa de outro jeito, não contendo, por exemplo, a regra da autoridade superior dos tratados comunitários em relação às leis nacionais. Se a regra relativa ao primado francês é uma regra francesa e se essa regra francesa é elaborada de acordo com as regras do Direito Constitucional francês, seu conteúdo não é deduzido a partir do Direito Comunitário. Ela pode mudar na França e ela pode mudar em todos os Estados-membros. Aliás, a maioria dos outros países europeus (membros da UE) **não conhece a regra do primado comparável ao art. 55 da Constituição francesa.**

Podemos adiantar, logo, que a França seria, justamente em razão de suas regras constitucionais, um país "monístico"; enquanto isso, a maioria dos **outros países** seria "dualista": essa dicotomia consistiria, de um lado, (i) na integração direta do Direito Internacional Público (DIP) no Direito interno francês, (ii) e, para os outros países, na **eventual** adoção do DIP, ou em sua transformação em Direito interno por via de regras internas específicas. Precisamente, o Direito Comunitário não considera tais diferenças e ordena os Estados-membros para que também não considerem. Assim consideradas, as regras internas são simplesmente sem pertinência jurídica. Porém, os Estados-membros, como sistemas jurídicos, devem aplicar o primado e, visto nesse ângulo, ele comanda os procedimentos e uma organização que não vem simplesmente por via da dedução abstrata. O monismo próprio seria, então, um dualismo. O primado parece dificilmente claro em sua construção e, portanto, sua concretização convencional e jurisprudencial se torna ainda mais problemática.

Uma dúvida talvez ainda mais grave seja aquela do alcance do primado. Isso porque, se o Tribunal de Justiça o impôs, fora os dados dos tratados estritamente compreendidos, o reconhecimento explicita um ato de força, podendo ser considerado como o reconhecimento da competência de operar atos de força por parte do TJUE para a garantia do primado.

Com relação a essas dúvidas persistentes, adiantamos, aqui, que o primado comunitário – ou seja, o primado do Direito da União – é duplo (i), é organicamente indeterminado (ii) e, enfim, não é aberto (iii).

---

1 V. sobretudo a apresentação canônica do acórdão Nicolo em *Les Grands arrêts de la jurisprudence administrative* (13. ed., Paris, Dalloz, 2001, p. 723), segundo a qual "o Conselho de Estado admitiu que o princípio da supremacia do artigo 55 da Constituição francesa vale também para o Direito Comunitário originário [...] no que diz respeito ao Direito Comunitário derivado". Para o juiz administrativo, há um problema somente em termos de Direito francês interno. **Nota do tradutor (NT):** O Direito Comunitário **originário** é posto pelos Estados-membros da UE nos tratados internacionais constitutivos da realidade da UE; já o Direito Comunitário **derivado** é positivado pelos órgãos da UE nos regulamentos, nas diretivas e nas decisões comunitárias.

9.1 Duplo primado

Convém distinguir várias questões.

Em primeiro lugar, o "monismo" ou o "dualismo", tais como são geralmente concebidos, são somente técnicas pelas quais os sistemas jurídicos estatais impõem a seus destinatários as obrigações cuja realização permite a essas ordens o cumprimento de suas obrigações como destinatários dessas normas do Direito Internacional; e isso é largamente entendido. Essa questão, que depende estritamente das ordens jurídicas qualificadas pelo Direito Internacional como "Estados", não tem nada que ver com aquela de saber se o Direito Internacional e o Direito interno são sistemas unidos ou separados.

O **dualismo**, no sentido teórico da palavra, assegura que se trata de ordens sem relação entre si e que o Direito interno elabora, livremente, atos de acordo (ou não) com o Direito Internacional. **O monismo**, no sentido teórico da palavra, afirma, pelo contrário, que tal concepção é somente a negação pura e simples do Direito Internacional – ou, pelo menos, uma concepção que o torna incompreensível, como conjunto de normas, tendo os Estados como destinatários imediatos (obviamente, não exclusivos) e que, portanto, o sistema internacional e as ordens estatais formam somente subconjuntos de um único sistema jurídico global.

Admitindo – aqui – o monismo, entendido antes como a premissa suplementar, e não como fundamento da validade dos sistemas estatais, é mesmo o Direito Internacional, e não o contrário, o superior hierarquicamente, ou seja, temos, necessariamente, um primado da ordem internacional, compreendido no sentido de que são mesmo às normas internacionais que estão submetidas às ordens estatais como tais – e não o contrário.

Trata-se mesmo de uma relação hierárquica e todo o interesse do monismo teórico consiste, de fato, em estabelecer a ligação entre a questão da hierarquia das normas e aquela das relações de sistemas. A teoria monista diz que vários subsistemas constituem um único sistema, e a Teoria da Hierarquia das Normas diz que se existem vários subsistemas em um sistema normativo global, então há, necessariamente, entre seus componentes, relações normativas, e, se há relações normativas, então um dos sistemas prescreve obrigações ou atribui habilitações aos outros sistemas (e pode, obviamente, ter ramificações de um grau muito elevado de complexidade). Contudo, o primado assim concebido não diz nada além disto: se há relações entre sistemas de normas (e os Estados não ultrapassam o conceito de sistemas de normas), trata-se de relações normativas. Nada procede quanto ao conteúdo concreto dessas relações. A concretização dessas relações depende do Direito positivo. Elas poderão variar consideravelmente, não só no que tange à evidência quanto aos atos efetivamente permitidos, obrigatórios ou proibidos, mas também no que diz respeito às modalidades próprias da articulação hierárquica, isto é, da maneira com que o Direito Internacional exige, devendo ser realizado pelos Estados ou por outros destinatários do Direito Internacional.

Assim entendido, o primado do Direito Internacional apresenta propriedades muito interessantes, que a Corte Permanente de Justiça Internacional tinha projetado muito bem: o sistema estatal deve se conformar com a regra internacional, pouco importando como ele fará isso e, naturalmente, sem que, para cumprir uma obrigação, viole outra. O Estado não poderá invocar suas regras internas para escapar de seus compromissos, visto que ele precisará, justamente, adequar as regras nacionais às internacionais[2]. Essas regras que a jurisprudência traz à baila são, também, afirmadas pela Convenção de Viena sobre o Direito dos Tratados (arts. 26 e 27).

9.2 O primado direto

O TJUE não dirá nada que não isso mesmo (o primado!), e, desse ponto de vista, não há nada de novo ou original. Original é o fato de que o primado europeu é, para certos atos, diretamente derrogatório, isto é, em certas hipóteses, a norma comunitária não determina, simplesmente, uma obrigação para os Estados-membros, mas torna inaplicável uma norma interna, incidindo sobre as mesmas ações e exigindo um resultado diferente, que qualificamos geralmente de "contrário". Há, portanto, aqui, um primado indireto "clássico" e um primado direto. Outras formas de prevalência teriam sido pensadas: a nulidade estrita da norma contrária, com ou sem procedimento jurisdicional declarativo, a anulação pronunciada por um órgão jurisdicional de controle de conformidade ou, enfim, a não aplicação explicitamente pronunciada por um órgão jurisdicional.

A União Europeia se beneficia, dessa maneira, de uma hierarquização mais forte que muitos Estados com estrutura federal ou regional, nos quais as normas federadas ou regionais que não respeitam a distribuição das competências devem, primeiro, ser anuladas, antes que os outros órgãos possam aplicar diretamente o Direito da federação[3].

A especificidade do primado comunitário consiste em ser, ele mesmo, imediato em certos casos. Assim, "o efeito direto" não é um elemento separado nessa

---

2   CPJI, acórdão de 25-5-1926, *Intérêts allemands em Haute-Silésie polonaise*, Série A, n. 7 (avis du 4 févr. 1932), *Traitement des nationaux polonais et des autres personnes d'origine ou de langue polonaise dans le territoire de Dantzig*, série A/B, n. 44.

3   Tal é, de fato, o caso da Áustria (art. 140 da Lei Constitucional federal) e da Itália (art. 134, alínea 1, da Constituição italiana). O primado comunitário se aproxima, contudo, dos primados federais alemão (art. 31 da Lei Fundamental) e suíço (art. 49, alínea 1, da Constituição suíça do dia 18 de abril de 1999), isto é: da regra *Bundesrecht bricht Landesrecht*.

estrutura: são as normas comunitárias diretamente aplicáveis que prevalecem como tais sobre as normas nacionais contrárias. Normas que não são diretamente aplicáveis só podem prevalecer indiretamente, ou seja, levar uma obrigação de concretização por normas nacionais; e voltamos, então, ao caso do primado clássico. Normas que seriam diretamente aplicáveis, mas sem primado, não serão diretamente aplicadas porque elas não podem sobrepor normas com as quais elas entram em conflito. Toda verdadeira aplicação direta de uma norma (e não uma norma cuja aplicação direta seria simplesmente possível) supõe que, de fato, não haja outra norma contrária cuja aplicação direta seja também possível, e que seja mais forte.

9.3 Indeterminação orgânica

Se adotarmos uma concepção monista para a relação entre sistemas, isso quererá dizer que a primazia específica do Direito Comunitário terá abolido as colisões entre sistemas, bem como que o Direito Comunitário e os Direitos Nacionais seriam juntos um sistema e um só? Essa é a pergunta! E essa é uma ideia frequentemente defendida pela doutrina alemã sob o título inglês *Multilevel Constitutionalism*[4]. É preciso distinguir.

Obviamente, a União de vários sistemas em um só leva, por hipótese, ao estabelecimento de um só sistema; e é o caso quando falamos de monismo no sentido teórico. Mais exatamente, o monismo permite colocar o problema das relações de sistemas em termos de hierarquia e de grau de centralização. Nos casos clássicos de organização estatal, os dois vão, geralmente, juntos. Eventualmente, a aplicação direta será assegurada nos subsistemas por órgãos imputáveis ao sistema que as elabora, como os órgãos federais que concretizam normas federais nos Estados federados, mas não é uma necessidade, e o caso europeu mostra uma forte hierarquização parcial com uma fraca centralização orgânica: os sistemas dos Estados-membros sempre devem estabelecer os órgãos que vão concretizar tanto as normas, dependendo de sua própria competência, quanto aquelas cuja elaboração depende da Comunidade (da UE). Mesmo quando a Comunidade atribui, diretamente, direitos e deveres aos destinatários dos sistemas jurídicos dos Estados-membros, a Comunidade não instaura, diretamente, os órgãos que

---

[4] Cf., p. ex., 1. Pernice, Ingolf, "Multilevel Constitutionalism in the European Union", *European Lane Review* (2002), p. 511-529. De acordo com esse autor, "Multilevel constitutionalism is meant to describe and understand the ongoing process of establishing new structures of governement complementary to and building upon-while also changing-existing forms of self-organization of the people or society" (p. 31).

poderão fazer respeitar essas permissões e essas obrigações. Temos, então, duas consequências.

De um lado, o primado comunitário direto **deve**, como obrigação comunitária, tornar-se obrigatório pelos órgãos imputáveis aos Estados-membros; e como essa obrigação nasceu de um tratado internacional e não, primeiro, de atos internos dos Estados, é preciso que a obrigação internacional seja transformada em obrigação interna, senão o primado direto se torna indireto e emprega somente as consequências que o tratado prevê em termos de responsabilidade. Em razão da descentralização orgânica, o primado direto se torna, precipuamente, uma obrigação cuja realização depende do primado indireto clássico. Por outro lado, o primado direto parcial imposto a um subsistema só pode ser realizado se as estruturas orgânicas desse subsistema corresponderem. De fato, as ordens jurídicas dos Estados-membros respectivos exigem de suas estruturas orgânicas a concretização direta do Direito Comunitário diretamente aplicável. No entanto, se a estrutura orgânica não estivesse isolada das exigências que ela deve cumprir, não existiria a expressão de reservas, como, por exemplo, nas decisões *Solange I e II ou Maastricht* do Tribunal Constitucional Federal alemão. Este agiu, simplesmente, como poderia ter feito uma autoridade instituída por uma Constituição local, em relação às exigências das autoridades nacionais e com a diferença, no que toca a este último caso, de que nem a Comunidade de ontem, nem a União de hoje e do amanhã dispõem da competência de intervir, diretamente, na estrutura orgânica de um Estado-membro sem uma improvável modificação dos tratados constitutivos. Os conflitos que podem nascer aqui hoje, como no futuro, vêm do fato de que o primado direto ou indireto é, somente, ainda, um primado parcial, determinado por uma distribuição das competências cuja competência é dos Estados, e não da Comunidade ou da União Europeia.

9.4 Primado fechado

Contudo, justamente aqui assinalamos uma objeção: essa distribuição das competências não é apenas muito aberta e indeterminada, assim como também foi constantemente transgredida em benefício da Comunidade (e da UE), e o estabelecimento do primado direto é um dos exemplos disso. A integração do primado, tanto no que se refere ao acervo comunitário (e à jurisprudência comunitária) quanto no tocante aos tratados futuros, não poderia ser muito mais que a elaboração de um dado que já faz parte do Direito Comunitário positivo? Tal aceitação não implica o reconhecimento de uma competência para alargar, por sua vontade própria, suas competências e para reestruturar o modo de centralização do Direito da União? Simplesmente, reconhecemos o resultado de atos inicialmente não habilitados[5]? Ou então a habilitação para agir fora das habilitações explicitamente consentidas? Tal concepção seria o mesmo que atribuir à União a competência para modificar a divisão das competências fora dos mecanismos explicitamente previstos nos tratados vigentes e vincendos. Uma interpretação tão exorbitante conduz ao ônus da prova. Também, a formulação muito específica dos modos de revisão e a exclusão muito clara de uma leitura alargadora dessas disposições nos trabalhos da Convenção "Constitucional"[6] (Giscard) e das Conferências Intergovernamentais indicaram o contrário[7]. No entanto, se a União for fraca do ponto de vista orgânico no interior dos Estados, os Estados-membros também assim (fracos) serão no que diz respeito à revisão dos tratados. O peso do procedimento que lhes permite reter a **competência da competência** torna o exercício cada vez mais difícil. E a violação dos limites mais simples para o posterior controle pelo TJUE.

---

5 **Nota do tradutor (NT):** sobre a palavra *habilitação* – essa expressão é constantemente usada por Pfersmann como a significação de um modal deôntico específico, qual seja: a permissão, de modo, que habilitação e permissão são palavras sinônimas.
6 Que propôs a célebre Constituição Europeia.
7 Cf. O. Pfersmann, "The New Revision of the Old Constitution", in: *International Constitutionalism*, 2005.

Capítulo 10
Contra o pluralismo mundializante: por um monismo jurídico aberto e diferenciado

Um espectro de dupla face atormenta a Teoria do Direito: aquele de um Direito ao mesmo tempo **mundial** e fragmentado[1]. Tal evolução é paradoxal, pois, pelo contrário, poder-se-ia pensar que as teorias sobre a globalização jurídica se associariam com certa forma de monismo na concepção do Direito; mas não, é o inverso que parece se produzir. O monismo é uma teoria relativamente jovem, tendo emergido durante a segunda década do século XX, respondendo aos problemas jurídicos que a Primeira Guerra Mundial fez aparecer. Esse projeto era ligado a uma concepção científica do Direito no quadro do positivismo jurídico. Nesse sentido e na sequência, conseguimos, durante certo tempo, guardar a esperança de que os problemas jurídicos se tornariam problemas científicos; isto é: perguntas pelas quais poderíamos elaborar soluções de acordo com métodos precisamente articulados, cada vez mais aperfeiçoados e com resultados testáveis. É no quadro dessa mesma teoria que foi desenvolvida a ideia que o mundo jurídico era único, e não uma reunião de sistemas diferentes[2]. Essa posição pode ser provisoriamente, mais especificamente, formulada como a tese segundo a qual o Direito só pode ser pensado como sistema de sistemas de tal maneira que cada elemento jurídico apresentaria, de uma maneira ou de outra, uma relação com qualquer outro elemento jurídico.

O monismo não é, portanto, somente uma ontologia unitária dos dados jurídicos; ele as liga a certa epistemologia, aquela da disciplina jurídica como ciência. Considerando a literatura teórica contemporânea, a imagem parece ser exatamente invertida. O sonho científico é abandonado quando não é considerado como ingênuo, simples de espírito (ou até abobalhado)[3]. Em segundo lugar, a ligação jurídica é considerada como fragmentada, e isso de maneira definitiva e irremediável. Lá onde o positivismo normativista via uma ligação universal, a teoria contemporânea parece não poder identificar nada mais do que somente as redes e as dependências fracas, senão a ausência pura e simples de ligação entre sistemas, ou simplesmente reuniões setoriais. Contudo, ao contrário do

---

1   Esse tema é objeto crescente de muitas publicações. V. por exemplo: Klaus Friedrich Röhl/Stefan Magen, "Die Rolle des Rechts im Prozess der Globalisierung", *Zeitschrift für Rechtssoziologie*, 17 (1996), p. 1-57; Gunther Teubner, *Global Law Without A State*, Dartmouth, Gunther Teubner éd., 1997; Mireille Delmas-Marty, *Trois défis pour un droit mondial*, Paris, Le Seuil, 1998; Sabino Cassese, *Lo spazio giuridico globale*, Roma/Bari: Laterza, 2003; Tania Lieckweg, *Das Recht der Weltgesellschaft: systemtheoretische Perspektiven auf die Globalisierung des Rechts am Beispiel der Lex Mercatoria*, Stuttgart: Lucius und Lucius, 2003; Jürgen Schwarze/Reinhard Zimmermann (Éds.), *Globalisierung und Entstaatlichung des Rechts*, Tubingett; Mohr Siebeck, 2008, 2 v.

2   V. para uma primeira formulação compreensiva desse programa: Hans Kelsen, *Das Problem der Souveränität und die Theorie des Volkerrechts. Beitrag zu einer Reinen Rechtslehre*, 2. ed., Siebeck: Tübingen/Mohr, 1928. Essas propostas serão mais tarde integradas na *Théorie pure du droit* (Vienne: Franz Deuticke, 1934, 2. ed., 1961) que dedica um capítulo às relações entre Direito interno e Direito Internacional Público.

3   Para um exemplo programático e representativo dessa tendência, v. Gustavo Zagrebelsky, *Il diritto mite*, Turin: Enaudi, 1992.

monismo, o pluralismo é uma teoria muito mais antiga pela qual existe uma diversidade de ordens sem relação entre si. Ela pode se apresentar, por sua vez, sob um grande número de formas e denominações. Na discussão contemporânea, há principalmente considerações relativas ao caráter não estatal do Direito nas sociedades externas a uma visão jurídica ocidental, à transformação do Direito Público "interno" desde a adoção de sistemas de controle de constitucionalidade, à construção de direitos fundamentais como exigências constitucionais reclamáveis judicialmente, à relação entre os sistemas qualificados de estatais e de outros sistemas jurídicos e, de maneira mais geral, às relações contingentes entre atores, dependendo do sistema e de esferas diferentes.

Em primeiro lugar, o Estado e seu centralismo intrínseco não seria a forma exclusiva do Direito. As teorias dominantes seriam projeções ideológicas de um modelo de centralização, contrário às formas de organização das sociedades que não seguiram esse caminho. Essa concepção do pluralismo jurídico foi principalmente desenvolvida durante os anos setenta e oitenta e foi amplamente animada pelas pesquisas em "antropologia jurídica"[4].

Em segundo lugar, a lei teria perdido seu poder unificador. O Direito contemporâneo seria então constituído por uma diversidade de valores, principalmente os direitos fundamentais (entre os quais convém arbitrar)[5].

Em terceiro lugar, os Estados teriam perdido uma parte significativa de sua soberania para Organizações Internacionais (governamentais ou não governamentais). Isso produziria uma integração mais forte, mas também um enfraquecimento, pois as instâncias internacionais não têm os meios de realizar (executar) as exigências que elas próprias elaboram. Isso produziria também efeitos paradoxais, pois sob certos aspectos as redes não estatais seriam mais eficazes que os próprios Estados. Assistir-se-ia, além do mais, a uma multiplicação de regimes paralelos entre os quais não haveria ligação comum.

Haveria dependências recíprocas mais desenvolvidas, mas elas seriam fracas. É isso que definiria propriamente a mundialização. Ela conteria as seguintes propriedades: cada dado jurídico produz efeitos além do sistema no interior do

---

[4] Há uma ampla literatura sobre esse assunto, e uma das primeiras manifestações vem provavelmente da época de Georges Gurvitch, *L'expérience juridique et la philosophie pluraliste du droit*, Paris: Pédone, 1935. V. por exemplo: John Gilissen (Éd.), *Le pluralisme juridique*, Bruxelles, Editions de Bruxelles, 1972; Michel Barry Hooker, *Legal Pluralism, an Introduction to Colonial and Neo-Colonial Laws*, Oxford, Clarendon Press, 1975; John Griffiths, "What is Legal Pluralism?", *Journal of Legal Pluralism*, 24 (1986), p. 1-55; Sally E. Merry, "Legal Pluralism", *Law and Society Review*, 22 (1988), p. 869 e ss.; Jacques Vanderlinden, "Back to Legal Pluralism. Twenty Years Later", *Journal of Legal Pluralism*, 28 (1989), p. 149-157, Norbert Rouland, "Le pluralisme juridique en anthropologie", *Revue de la Recherche Juridique* (1993), p. 567-571; Andrée Lajoie et al. (Eds.), *Théories et émergence du droit: pluralisme, surdétermination et effectivité*, Montréal/Bruxelles: Themis et Bruylant, 1998; Brian Z. Tamanaha, "A Non-Essentialist Version of Legal Pluralism", *Journal of Law and Society*, 27 (2000), p. 296-321.

[5] G. Zagrebelsky (citado na nota 3 *supra*).

qual ele próprio é produzido. Num mundo com fronteiras abertas, um contrato concluído num país terá efeitos em outros sistemas porque os decorrentes investimentos poderão ser colocados numa gama de outros países e depender de outras regras, o que terá, por sua vez, efeitos em outros sistemas e em subsistemas etc. Em segundo lugar, as questões jurídicas não podem mais ser reguladas no único quadro estatal ou até mesmo no quadro internacional clássico – ou mesmo num sistema paralelo qualquer –, porque cada sistema depende dos outros que por sua vez dependem de outros sistemas, e assim por diante. Um exemplo seria o pretendido "diálogo dos juízes"[6]. Tratar-se-ia esse diálogo do fato de que os juízes supremos de **sistemas (países) diferentes**, que por definição não se submetem uns aos outros, citar-se-iam nas respectivas decisões uns aos outros, utilizar-se-iam como referências uns dos outros, mesmo sendo de sistemas distintos – quando eles encontrassem questões comparáveis e fundamentais, e procurariam extrair, independentemente das regras eventuais em vigor, princípios comuns e se inspirariam mutuamente para chegar a soluções convergentes. A comunidade dos juízes seria, como o diz Marie-Ann Slaughter, universal porque os juízes falariam uns com os outros – pelo menos no topo –, mas ela seria naturalmente fraca, já que nenhum juiz pode impor sua própria solução a outro[7]. Ao mesmo tempo, como quer demonstrar Alec Stone Sweet, esse diálogo internacional dos juízes nacionais seria forte, pois quando uma questão em conflito é submetida à arbitragem de um terceiro – isto é, de um juiz –, este procura se apropriar das competências das quais os atores que se

---

6 A expressão poderia muito bem ter encontrado uma das primeiras ilustrações nas conclusões de M. Bruno Genevois, então comissário do governo, sobre o acórdão Cohn-Bendit de 22 de dezembro de 1978. As misturas que lhe foram dadas ("Le dialogue des juges", in: Mélanges en l'honneur du Président Bruno Genevois, Paris: Dalloz, 2009) têm esse título. A bibliografia sobre esse assunto se tornou imensa, ver por exemplo Boleslaw Lukaszewicz; Henri Oberdorff, *Le juge administratif et l'Europe: le dialogue des juges*. Actes du colloque du 50e anniversaire des tribunaux administratifs (Coll. Europa), Lavoisier, Paris 2005. François Lichaire et al. (eds.), *Le dialogue entre les juges européens et nationaux*: incantation ou réalité, Bruxelles: Bruylant, 2004; Robert Badinter; Stephen Breyer (Eds.). *Judges in Contemporary Democracy*: an International Conversation, New York/London, New York University Press, 2004; *Le dialogue des juges*. Actes du colloque organisé le 28 avril 2006, Bruxelles, Bruylant, 2007; Guy Canivet, "La pratique du droit comparé par les cours suprêmes. Brèves réflexions sur le dialogue des juges dans les expériences française et européenne. En commentaire de l'article de Sir Basil Markesinis/Jorge Fedtke, Le juge en tant que comparatiste", *Tulane Law Review*, 80 (2005), p. 221 e ss., v. também a nota seguinte. Esse conceito é problemático e seu uso doutrinal ainda mais. Ele tem como objetivo, como se fosse um dado jurídico, um fenômeno que não depende de jeito nenhum da normatividade. Juridicamente, só há o Direito do procedimento e da organização judiciária, nacional ou internacional, e as normas aplicáveis diante das jurisdições competentes de acordo com essas disposições. A ideia de um diálogo tem como objetivo justificar uma produção de normas jurisdicionais fora dessas obrigações, mas respeitante de regras de sociabilidade inteiramente externas ao Direito positivo.

7 V. seus inúmeros artigos propondo sua teoria de uma "globalização jurisdictional", por exemplo: "Judicial Globalization", *Virginia Journal of International Law*, 40 (2000), p. 103 e ss.; "A Global Community of Courts", *Harvard Journal of International Law*, 44 (2003), p. 191 e ss.; "A Typology of Transjudicial Communication", *University of Richmond Law Review*, 29 (1994), p. 99 e ss.

encarregam dessa mediação dispunham[8]. Desde que a decisão jurisdicional enseje um diálogo, ela escapa ainda mais daqueles que teriam antes positivado as normas de referência. Globalização e pluralismo caminhariam assim juntos, seriam indissociáveis e irreversíveis.

Essa tese pressupõe que se compreenda exatamente o termo *pluralismo* e seu alcance, especialmente como a afirmação de uma diversidade ou de uma "unidade" de sistemas. Trata-se também de saber como os fenômenos referidos no debate são, por sua vez, identificáveis e elaboráveis.

10.1 Monismo e pluralismo como quantificação da ligação jurídica

O pluralismo é geralmente oposto ao monismo como teoria segundo a qual não haveria ligação entre os sistemas jurídicos que se desenvolveriam lado ao lado, enquanto o monismo expressaria a ideia de que todos os fenômenos jurídicos são ligados uns aos outros de uma maneira ou de outra, e que haveria somente um mundo jurídico. Essas duas teses são, portanto, afirmações relativas à ontologia jurídica. Elas se referem à natureza da ligação jurídica.

Por "ligação jurídica", entendo a relação elementar entre duas ou várias normas jurídicas. É concebida como factual ou como normativa. Uma concepção factual da ligação jurídica toma em consideração a relação que pode haver entre dois ou vários dados jurídicos como fato empírico. Tal teoria é problemática, já que ela imagina dados jurídicos como fatos sem dizer em que eles poderiam se distinguir de outros fenômenos de poder nos grupos humanos. Se, ao contrário, tal concepção admitisse que os dados jurídicos fossem normas, ela enfrentaria uma contradição com a premissa segundo a qual se trataria de fatos. Uma concepção normativa da ligação jurídica admite primeiro que esses dados são normas. Então, uma ligação entre duas normas não pode, por sua vez, ser de natureza factual. Independentemente da questão de saber se há ou não vários sistemas jurídicos, as considerações que seguem vêm, portanto, da ideia que **a ligação jurídica é necessariamente de natureza normativa**.

---

[8] Esse autor propõe uma teoria da dinâmica do regulamento de diferentes ordenamentos por um terceiro, que ele aplica tanto na justiça constitucional quanto no Direito comunitário ou na arbitragem. V. Alec S. Sweet, *The Birth of Judicial Politics in France*, Oxford, Oxford University Press, 2003; Alec Stone Sweet, *Governing with Judges: Constitutional Politics in Europe*, Oxford, Oxford University Press, 2000; Martin Shapiro; Alec S. Sweet, *On Late Politics, & Judicialization*, Oxford, Oxford University Press, 2002; Mark Thatcher; Alec S. Sweet (Éds.), *The Politics of Delegation*, London/Portland, Frank Cass, 2003; Alec S. Sweet, *The Judicial Construction of Europe*, Oxford, Oxford University Press, 2004.

Falando estritamente, o monismo pode ser formulado de maneira relativamente simples:

1] $\forall x,y\, (Fx\, \&\, Fy) \Rightarrow (xRy)$

A fórmula apresentada significa que: para todo x e para y, se x e y dividem a mesma propriedade (aqui, aquela de serem normas jurídicas), então há uma relação entre x e y.

Mas o que é exatamente essa relação?

Ao inverso, o **pluralismo** está primeiro na negação de 1] (*supra*).

2] $[\forall x,y\, (Fx\, \&\, Fy) \Rightarrow (xRy)]$, ou seja: não é verdade que: para todo x e para y, se x e y dividem a mesma propriedade (aqui, aquela de serem normas jurídicas), então há uma relação entre x e y.

O pluralismo permanece então uma tese amplamente indeterminada. Se não é verdade que para todo x e y há uma relação entre eles, desde que eles são ambos objetos jurídicos, isso não exclui também que não há pelo menos um x e y para os quais é o caso. O pluralismo afirma então, em primeiro lugar, simplesmente que não é sempre o caso, mas deixa em aberto uma multidão de hipóteses em que tal relação poderia, no entanto, existir. Convém, portanto, distinguir dois tipos de pluralismo: o pluralismo radical e o pluralismo moderado.

O pluralismo radical é um atomismo jurídico pelo qual jamais haverá ligação jurídica.

3] $\exists x,y\, (Fx\, \&\, Fy) \Rightarrow (xRy)$, ou seja: não existe nenhum x e nenhum y, de tal modo que se x e y dividem a mesma propriedade (aqui, aquela de serem normas jurídicas), então há uma relação entre x e y.

O pluralismo radical (tese segundo a qual toda possibilidade de uma ligação jurídica estaria excluída) deveria mais certeiramente ser qualificado de atomismo jurídico. As Teorias ditas "Realistas" do Direito são de concepção atomistas, pois, segundo elas, nenhuma norma tem a capacidade de ligar outra norma[9]. Isso não será levado em conta na sequência.

---

9   Para o realismo jurídico, é essencial que um dado jurídico não seja determinado por outro dado jurídico: uma decisão não é determinada por uma lei, uma lei não é determinada por uma Constituição e assim por diante. Senão, não seria possível considerar "a realidade observável" (a maneira através da qual um tal juiz decida verdadeiramente, independentemente de toda consideração anterior). Isso não exclui, de acordo com essa concepção, que haja outras relações entre esses dados (por exemplo, relações de poder entre Parlamento e juiz constitucional). Tal teoria enfrentará naturalmente a dificuldade de dever explicar o que é exatamente a juridicidade dos dados "jurídicos", se eles não têm nada em comum de um ponto de vista normativo, pois então esses dados se baseiam de modo geral nas relações de poder entre os quais se distinguem aqueles que se impõem, mas que se impõem naturalmente fora de qualquer ligação normativa (V. Otto Pfersmann, "Contre le néoréalisme. Pour un débat sur l'interprétation", *Revue Française de Droit Constitutionnel*, 52 (2002), p. 789-836).

Por sua vez, o pluralismo moderado constitui, ao contrário, a hipótese interessante para a qual há pelo menos certos casos em que uma ligação jurídica pode ser identificada, mesmo que às vezes se possa enfrentar a ausência de tal ligação.

4] [∀ x,y (Fx & Fy) ⇒ (xRy)] & [∃ x,y (Fx & Fy) ⇒ (xRy)], significando que **não** é verdade: para todo x e para todo y, se x e y dividem a mesma propriedade (aqui, aquela de serem normas jurídicas), então há uma relação entre x e y; e há pelo menos um x e um y para os quais, se x e y dividem a mesma propriedade (aqui, aquela de serem normas jurídicas), então há uma relação entre x e y.

Em todos esses casos, nada é dito sobre a natureza da ligação R.

Essa ligação pode ser concebida sob o modo normativo ou não normativo, e isso muda – naturalmente e inteiramente – a teoria das relações.

Pensada sob o modo normativo, a ligação entre dois objetos jurídicos é uma relação entre duas normas jurídicas, ela própria organizada por uma norma. O modo pode ser constitutivo ou modulatório. Quando é constitutivo, então se trata de uma relação assimétrica como a propriedade F, aquela de ser uma norma do sistema – ou de ser uma norma válida no sistema considerado – é conferido por x, enquanto y recebe essa propriedade de x respondendo a certos critérios enunciados por x sem poder, por sua vez, conferir a mesma qualidade a x. A relação modulatória supõe a existência de uma relação constitutiva. Se x e y são normas do sistema ou válidas no sistema considerado, então x modula y se e somente se x enuncia condições que deve preencher y (além do mais, naturalmente daquelas que ela deve preencher para ser válida) senão y poderá ser anulado, modificado ou não aplicado. Pode-se afirmar, então, que a relação R2 (a relação modulatória) modula uma prevalência e institui um "cálculo dos defeitos"[10].

Isso cobre as três modalidades deônticas [O = obrigação; V = proibição, vedação; P = permissão], pois a permissão é constitutiva, mas também limitativa e combina com a interdição (segundo a qual certos enunciados prescritivos não poderão se tornar formulações de normas do sistema, ou impedem validade, como quando a Constituição francesa impede, isto é, **proíbe** a formulação de qualquer norma que represente um mandato imperativo (art. 27). Fica a obrigação que impõe o respeito de certas condições a certas normas válidas que combinam com a permissão para um órgão diferente daquele que é competente para a produção de anular, de modificar ou de não aplicar a norma errada (aquela que não respeita as obrigações vindo da ligação modulatória). Para simplificar, chamaremos as relações do primeiro tipo de *relações de validade*; aquelas do segundo tipo, de

---

10 A respeito desse conceito, v. Otto Pfersmann, "Carré de Malberg et la 'hierarchie des normes'", *Revue Française de Droit Constitutionnel*, 31 (1997), p. 481-509. Num sistema complexo, falar-se-á de uma teoria das normas, mas se trata simplesmente do fato de que todo conjunto organizado de normas jurídicas é necessariamente regido pela relação modular.

relações de conformidade. Já que não há outras modalidades deônticas,[11] mais exatamente que todas as modalidades deônticas podem ser construídas a partir de uma só, não pode haver outras relações normativas entre normas jurídicas (só pode haver combinações das modalidades mencionadas). Portanto, isso esgota as relações normativas entre normas jurídicas.

A tese do monismo enuncia então que se há pelo menos duas normas jurídicas, trata-se de uma dupla ordenada de normas, entre as quais há uma relação de validade ou uma relação de validade combinada com uma relação de conformidade.

A tese do pluralismo consiste, ao inverso, de uma afirmação indeterminada, que, se existem duas normas jurídicas, não se trata necessariamente de uma dupla ordenada, mesmo se a possibilidade de existirem tais duplas ordenadas não seja tampouco necessariamente excluída.

O monismo assim concebido é naturalmente uma teoria estrita demais. Nenhuma Teoria do Direito afirma que, entre todo par de normas, exista uma relação direta da dupla ordenada. Ela deve, portanto, ser reformulada para que admita que entre todo par de normas exista uma relação direta ou indireta da dupla ordenada. Qualquer que seja o grau de afastamento entre duas normas, sempre deve ser possível mostrar que elas estão ligadas por uma relação pelo menos indireta de validade ou de conformidade. Uma relação indireta é uma relação como aquela que há em todo par de normas jurídicas, qualquer que seja o grau de afastamento, caso em que pelo menos uma terceira norma surge verificável para identificar uma ligação comum de validade, ou de validade e de conformidade. Entre as regras do Código de Trânsito (tráfego) dos Estados federados da "Micronésia" e o art. 1 da Lei Fundamental alemã haveria, de acordo com essa concepção, uma relação pelo menos indireta de validade ou de validade e de conformidade.

O pluralismo indeterminado afirma, ao contrário, que não é necessariamente o caso, mas que também não está excluído que seja assim.

Uma teoria do monismo jurídico – compreendido como ligação jurídica normativa – deverá mostrar como é possível proceder a identificação da ligação para todo par de normas. O pluralismo jurídico deverá mostrar quais são as condições de uma ligação contingente e como é possível identificar, se for preciso, sua própria existência. O pluralismo é, portanto, susceptível de graus, enquanto o monismo, como é concebido até hoje, não é. O pluralismo assim concebido poderá ser chamado de *aberto* ou *gradual*. O monismo é simplesmente, na primeira

---

[11] Propõe-se, às vezes, uma quarta modalidade deôntica, a indiferença (lp, Pp & Pp); ela pode, no entanto, ser formulada graças às outras. Aliás, todas as modalidades deônticas podem ser formuladas a partir de uma só, considerada como primitiva. **Nota do tradutor (NT):** Veja-se, para tanto, a seguinte formulação: "É proibido fumar = Vp"; isso equivale a "É obrigatório não fumar = O – p"; que equivale a "Não é permitido fumar = –Pp".

análise, um pluralismo levado até o limite no qual a ligação contingente se torna finalmente necessária porque ela envolve qualquer norma jurídica.

O monismo pode igualmente também ser construído num quadro mais restrito. A afirmação segundo a qual todo par é uma dupla ordenada só será válida no quadro de um sistema dado. Isso não exclui a existência de sistemas inteiramente apartados do sistema de referência. O que é, no entanto, excluído, são duas normas pertencendo a um mesmo sistema sem formar uma dupla ordenada. Isso exclui também o caso onde haveria dois ou vários sistemas que poderiam entreter relações entre si sem formar um único hipersistema. Tal concepção é chamada de *monismo aberto*. Mas um sistema é de fato um conjunto ordenado de normas. No monismo fechado, só há duplas ordenadas formando um hipersistema; no monismo aberto, o conjunto global das duplas efetivamente ordenadas entre si constituirá um sistema ou um sistema de sistemas.

Assim entendido, o monismo e o pluralismo abertos podem convergir.

Depende das normas jurídicas que certos objetos resultantes de sua aplicação sejam ou não por sua vez normas. Para o monismo aberto ou fechado a ligação jurídica só se aplica naturalmente em relação às normas entre si. Portanto, é trivial compreender que os objetos não normativos resultantes da aplicação de normas jurídicas não podem ser considerados no que diz respeito à identificação dos sistemas. Nesse caso, uma eventual relação entre a aplicação e a norma que o rege não diz respeito à validade, mas somente à conformidade. Assim, por exemplo, a motivação de uma decisão jurisdicional não é uma norma jurisdicional, mas a explicação do raciocínio que justifica ou deve justificar o resultado normativo. Mantendo-se inalterados os restantes fatores, o monismo considera a motivação como o resultado factual da aplicação de uma norma (a obrigação de motivar), mas não como um objeto jurídico em relação ao qual poderia valer uma relação de validade, o que equivale a dizer que **a motivação não é nem forma norma jurídica**! Tratando-se, segundo a nossa hipótese, de uma ação de aplicação de uma norma, haverá uma relação de conformidade. Assim, naturalmente, a motivação pode não ser conforme as exigências que ela deve preencher; o ponto é que ela não é em si uma norma, e se fosse uma norma, ela não seria tecnicamente uma motivação. Ao contrário, para uma teoria que não leva em conta a natureza normativa de uma ligação jurídica, todos os objetos em relação com dados considerados como "jurídicos" poderão por sua vez aparecer como jurídicos. Temos então uma construção paradoxal e circular. Os dados aplicativos factuais (motivação) têm sido (i) considerados como "jurídicos" porque eles são inseridos num dispositivo comandado por uma norma; (ii) eles são eles próprios vistos como normas comandando outras normas, e assim por diante. Assim, as motivações são muitas vezes consideradas como objetos "jurídicos" simplesmente porque elas acompanham uma decisão jurisdicional. Essas concepções são muito problemáticas, já que elas deixam aparecer como normativos dados que não são e como externos à ligação jurídica dos dados normativos organizados por normas. Pode se falar de um monismo dispositivo, naturalmente totalmente oposto ao monismo discutido aqui. Uma teoria hermenêutica do Direito vai, por exemplo, considerar toda forma de discurso que se refere ao Direito como jurídico e incluirá, portanto, as motivações.

Em todo o caso, o monismo – como o pluralismo – supõe uma resposta plausível ao problema do monismo ou do pluralismo normativo direto. Eu excluo, portanto, aqui as considerações sobre os modos de representações do Direito como universo simbólico unificado. Dado que uma teoria do monismo ou do pluralismo normativo direto supõe uma teoria da ligação jurídica, uma teoria que não especifica a natureza dessa ligação não é susceptível de ser tecnicamente monista ou pluralista. Ela é juridicamente vazia.

10.2 O mal-entendido pluralista

Olhando as teorias ditas pluralistas atualmente apresentadas, percebemos que elas se baseiam em mal-entendidos, ou porque elas pretendem se opor às teorias que não existem e que são artificialmente construídas para denunciação, ou por causa de suas contradições com suas próprias premissas, ou, enfim, por conta da ausência de uma teoria da ligação jurídica.

a) O falso pluralismo jurídico-antropológico

O pluralismo da antropologia jurídica ataca principalmente a concepção "estatista" e "centralista" do Direito. O Direito positivo estatal, para o "jurista-antropólogo", seria contrário à realidade de muitas sociedades, principalmente coloniais e pós-coloniais. Esses ataques se baseiam geralmente em um mal-entendido. O monismo, fechado ou aberto, não é um estatismo.

O estatismo é uma teoria segundo a qual só "o Estado" encarna o Direito. Mas não está claro o que "encarnar o Direito" quer dizer, e ainda é menos claro o que o conceito de "Estado" significa juridicamente. Em termos jurídicos, o Estado só pode ser um conjunto de normas e a afirmação que se trataria de uma forma exclusiva da organização da normatividade jurídica exigiria uma demonstração que as teorias estatistas nunca trouxeram. Poder-se-ia dizer que a forma estatista seja politicamente a mais desejável, mas tal afirmação supõe – fora o argumento político como tal – que se saiba exatamente o que se deve entender por *Estado* no sentido jurídico da palavra.

O monismo só conhece sistemas jurídicos e admite que possa haver sistemas de natureza diferente de acordo com o grau de centralização e de composição. A forma jurídica tradicionalmente qualificada de Estado não tem, portanto, nada de exclusivo. A centralização é considerada como uma questão de grau e o fato de saber qual é o grau de centralização de uma sociedade juridicamente organizada não pode ser decidido com antecedência: é justamente um problema de Direito positivo. O pluralismo jurídico pode então sempre objetar que o monismo não deve admitir uma pluralidade de sistemas jurídicos em um só espaço, e é justamente nisso que se manifestaria o estatismo centralizador do monismo. Essa crítica supõe que se sabe o que se deve exatamente entender por "várias ordens jurídicas em um só espaço". Isso pode cobrir várias hipóteses.

Em primeiro lugar, pode-se tratar de um mecanismo de distribuição de competências em relação a certos âmbitos ou certas pessoas ou certos subconjuntos de um território. Tal mecanismo pode apresentar todo grau de complexidade desejado. Ele constitui, de acordo com a hipótese, um elemento jurídico central. O sistema, que pode muito bem formar um subconjunto de um sistema mais amplo, contém vários subconjuntos. A hipótese é monista. Poder-se-ia imaginar, **em segundo lugar**, que, ao lado de um primeiro conjunto organizado de normas, existe um conjunto de comportamentos humanos que certas pessoas consideram como sujeitas às normas que não são aquelas do primeiro sistema e sem haver, como no primeiro caso, uma habilitação do segundo (ou enésimo) sistema. Poder-se-ia dizer que haveria efetivamente dois (ou vários) sistemas coexistentes no mesmo espaço. Isso não é exato. Isso porque, do ponto de vista do primeiro sistema, o segundo sistema não é totalmente um sistema jurídico, mas um conjunto de comportamentos eventualmente qualificáveis com ajuda de normas do primeiro sistema. Naturalmente, o mesmo raciocínio vale no sentido inverso: do ponto de vista do segundo (ou enésimo) sistema, o primeiro sistema não é um sistema jurídico porque, por hipótese, não há ligação jurídica permitindo essa ligação. O pluralismo assim compreendido é um dos pontos de vista, mas não de sistemas jurídicos. Em caso de distância entre os dois sistemas, principalmente se certos comportamentos são qualificados como permitidos por uns e como proibidos por outros, a questão se torna um problema de prevalência factual. Uma coexistência efetiva de vários sistemas opostos em suas exigências, e considerados como jurídicos por destinatários pertinentes, não é possível nesse sentido, pois que nem um nem outro apresentaria o grau de efetividade sem o qual seria difícil ver nesses sistemas mais que conjuntos de regras morais, isto é, sem efetividade e sem mecanismo de sanção[12]. Isso exclui o único caso teoricamente interessante de pluralismo jurídico no sentido ou no entendimento geral de uma antropologia jurídica. O argumento segundo o qual seria justamente a concepção do Direito como sistema relativamente eficaz e sancionado que constituiria um obstáculo "epistemológico" à admissão do pluralismo se baseia numa confusão, pois pode naturalmente haver uma coexistência entre vários sistemas considerados como normativos[13] e se pode obviamente lhes dar o nome que queremos, mas não se tratará de sistemas normativos jurídicos no sentido aqui proposto.

b] As teorias da rede como concepções hierárquicas do Direito

O pluralismo é frequentemente oposto a uma teoria concebida como monista segundo um modelo ingenuamente hierárquico. Um excelente exemplo está dado no livro *De la Pyramide au Réseau* (de François Ost e Michel van de Kerchove)[14]. De acordo com esses autores, haveria uma teoria da hierarquia das normas imputável a Hans Kelsen. Ela consistiria numa representação "linear e arborescente da estrutura de um sistema jurídico" (p. 43) em que a lei seria soberana, emanaria do Parlamento e em que ela (a lei) teria um âmbito de competência exclusivo. A teoria assim logo encontraria inúmeras dificuldades: o fato de que a interpretação possa ir em sentidos completamente diferentes daqueles indicados pela norma interpretada, os problemas ligados às relações entre as ordens jurídicas nacionais e a internacional, a impossibilidade de impor o respeito da Constituição na ausência de um Tribunal Constitucional, a existência de normas não derivadas, como o costume ou a jurisprudência, ou ainda os princípios gerais do Direito.

Tal teoria talvez tenha existido, mas não seria de fato muito interessante. Talvez seja uma concepção da qual se podem achar traços num autor como Carré de Malberg, mas de jeito nenhum em Kelsen, pelo menos não depois de 1920, e os autores não se referem aos escritos anteriores a essa época.

A teoria de Kelsen é de fato uma teoria reivindicada como monista e isso pode conter uma fraqueza, mas não é ela que está senda atacada e discutida, e

---

12 A respeito das dificuldades que essas propriedades das ordens normativas jurídicas levantam em relação às outras espécies de sistemas de normas, v. Otto Pfersmann, "Pour une typologie modale de classes de validité normative. La querelle des normes-Hommage à Georg Henrik von Wright, Jean-Luc Petit" (Sld.), *Cahiers de Philosophie Politique et Juridique de l'Université de Caen*, 27 (1995), p. 69-113.

13 **Nota do tradutor (NT)**: Por exemplo, podem coexistir – e coexistem – moral e Direito. Ambos são sistemas normativos. O Direito, constituído necessariamente por normas jurídicas, será acompanhado da sanção imposta ou pelo Estado ou pela Comunidade Internacional de Estados.

14 François Ost; Michel van de Kerchove, *De la Pyramide au Réseau? Pour une théorie dialectique du droit*. Bruxelles: Publications des Facultés Universitaires Saint-Louis, 2002. Ver a esse respeito o meu resumo publicado in: *Revue Internationale de Droit Comparé*, 55-2 (2003), p. 730-742.

voltaremos a falar sobre isso. Primeiramente, a lei não é soberana em hipótese alguma, mas simplesmente uma forma entre outras, e a questão de saber quais são as formas jurídicas pertinentes não é uma questão teórica, mas um problema de análise do Direito positivo. Ainda menos quando a lei emana necessariamente do Parlamento, a questão de se saber qual é o órgão competente para produzir a forma (a espécie normativa) "lei" depende naturalmente também do sistema considerado. O que os autores chamam de *interpretação* não é uma interpretação no sentido de uma análise da significação de um conjunto de enunciados, mas um ato jurídico de aplicação produzido por uma jurisdição. Ora, a questão de saber se e em qual medida uma produção aplicativa pode se afastar da norma de referência é ainda uma questão de Direito positivo, e a teoria dita da hierarquia das normas mostra precisamente que nenhum mecanismo normativo permite eliminar a possibilidade de produção de normas erradas desde que a validade esteja dissociada da conformidade. Isso não quer dizer, como o compreendem os realistas atomistas, que o juiz pode fazer e faz o que bem entende, mas significa simplesmente que toda concretização particular dispõe – de maneira juridicamente organizada – de uma margem mais ou menos ampla de diferença da conformidade. E o que vale para o legislador, vale naturalmente para o juiz que deve corrigir o legislador que se afasta da Constituição.

O costume apresenta outro tipo de problema. Admitindo que o costume existe e que ele tem um estatuto normativo num sistema, precisará ele (o costume) então mostrar o porquê; é isso justamente o que procura fazer uma teoria da ligação jurídica. Afirmando a existência jurídica do costume, supõe-se que tal ligação existe e deverá se mostrar em que ele consiste exatamente. Contudo, se tal ligação existe, a explicação será dada em termos de relação de validade, o que é próprio de uma concepção monista aberta ou hierárquica no sentido de Kelsen. Se não houver tal ligação, a afirmação, segundo a qual o costume existe no interior de um sistema, é contraditória já que ela não teria nenhum fundamento normativo e poderia então somente constituir um fenômeno factual.

O caso o mais interessante para nossa discussão é aquele das ordens "jurídicas" aparentemente distintas, tais como a ordem normativa esportiva ou a ordem normativa religiosa. Tratar-se-ia de sistemas que não achariam sua razão de ser **jurídicas** no sistema estatal, mas que existiriam, no entanto, como sistemas autônomos. A razão seria que juízes se referiram a esses sistemas (não jurídico-estatais) em suas decisões. Esse argumento é contraditório já que ele se baseia num fato hierárquico para demonstrar a ausência da hierarquia. Se for realmente um juiz que decide, a razão da validade de sua decisão como norma é a norma que institui a norma "acórdão" ou "despacho" ou qualquer que seja o nome que lhe foi dado enquanto norma do sistema. Se uma norma é instituída como norma do sistema, é obviamente impossível decidir com base em normas fora do sistema, ainda menos naturalmente sobre o fato que elas seriam externas e internas ao sistema considerado; assim parecer ser o sistema belga.

Sem dúvida a única saída para escapar desse tipo de conclusão é admitir que normas possam se desenvolver sem fundamento normativo. É incontestável, de fato, que enunciados prescritivos possam ser pronunciados sem ter sido anteriormente autorizados por outra coisa que já seria considerada como normativa. O problema é que um enunciado prescritivo é, em circunstâncias inalteradas, nada além do que ele próprio, ou seja, um caso pouco interessante para essa discussão, a menos que queiramos de novo afirmar uma forma de atomismo para o qual todo enunciado prescritivo é *ipso facto* uma norma, mas para o qual nenhuma norma funda outra. O caso interessante consiste justamente na tese da pertença de tal objeto a um conjunto que o inclua. Contudo, para isso, o objeto "incluso" precisa de um critério de pertença, e tal critério não pode ser por sua vez um fenômeno factual. Pode-se naturalmente renunciar à **Lei de Hume**[15], mas então o assunto de nossa reflexão desaba inteiramente, pois o normativo e o factual não se distinguem.

c] A fragmentação jurídica no contexto das leis de procedimento

Linhas comparáveis de argumentação foram desenvolvidas principalmente por Gunther Teubner[16]. Esse autor afirma que a fragmentação do Direito é radical e inexorável. Poder-se-ia observar o crescimento de "regimes de Direito(s) priva-

---

15 **Nota do tradutor (NT):** "A Lei de Hume, pela qual um *dever ser* não pode resultar de um *ser*, e a sua recíproca, pela qual um *ser* não pode resultar de um *dever ser*, ocupam posições proeminentes nas discussões de metaética" (THOMAS, Frank. *Um breve estudo histórico-analítico da Lei de Hume*. Disponível em: <https://www.scielo.br/j/trans/a/Z6nczTKfvX3dBbZ7N4xJgcv/?lang=pt>. Acesso em: 3 out. 2023, grifo do original).

16 V. Gunther Teubner, Globale Bukowina. "Zur Emergenz eines transnationalen Rechtspluralismus", *Rechtshistorisches Journal*, 15 (1996), p. 255-290; do mesmo autor: "Privatregimes: Neospontanes Recht und duale Sozialverfassungen in der Weltgesellschaft", in: *Zur Autonomie des Individuums*, Mélanges Spiros Simitis; Dieter Simon; Manfred Weiss (Éds.), Baden-Baden: Nomos, 2000, p. 437-453; mesmo autor, "Des Königs viele Leiber. Die Selbstdekonstruktion der Hierarchie des Rechts", in: *Globalisierung und Demokratie: Wirtschaft, Recht, Medien*, Hauke Brunkhorst; Matthias Kettner (Éds.), Frankfurt: Suhrkamp, 2000, p. 240-273; do mesmo autor, "Digitalverfassung: Alternativen zur staatszentrierten Verfassungstheorie", in: *Zeitschrift für ausländisches öffentliches Recht und Völkerrecht*, 63 (2003), p. 1-28, disponível em: <http://www.jura.uni-frankfurt.de/ifawz1/teubner/dokumente/globale_zivilverfas-sungen.pdf>; do mesmo autor, "Wandel der Rolle des Rechts in Zeiten der Globalisierung: Fragmentierung, Konstitutionalisierung und Vernetzung globaler Rechtsregime", in: *Globalisierung und Recht: Beiträge Japans und Deutschlands zu einer internationalen Rechtsordnung im 21. Jahrhundert*, Junichi Murakami; Hans-Peter Marutschke; Karl Riesenhuber (Eds.), Berlin: De Gruyter, 2007, p. 3-55, disponível em: <http://www.tokyo-jura-kun-gress2005.de/documents/teubner_de.pdf>; do mesmo autor, *Societal Constitutionalism: Alternatives to State-Centered Constitutional Theory?*, disponível em: <http://papers.ssm.com/sol3/papers.cfm?abstract_id=876941>.

dos(s) – não estatais" que obrigariam a alargar o conceito de Direito para além das fontes dos Estados-nações e do Direito Internacional. Ele cita como exemplo a lex *mercatoria*, a lex *digitalis* e a lex *constructionis*.

De início, as teses de Teubner são certas, radicais e vigorosamente formuladas, mas elas encontram as mesmas dificuldades que os argumentos já mencionados. A questão é de fato a de se saber qual estatuto normativo o autor confere aos fenômenos que ele pretende identificar. Essa teoria não está explicada em lugar algum. Sabe-se simplesmente que os regimes são aplicados por juízes. A questão é novamente sobre o estatuto das normas jurisdicionais, e até mesmo Teubner não parece considerar que as normas jurisdicionais seriam o resultado de uma geração espontânea: pois não são!

Em todos os casos, o efeito paradoxal ou inesperado resulta de decisões que parecem suspensas à existência de objetos aos quais o sistema clássico estatal não teria dado autoridade. Contudo, o problema é primeiro saber por que qualquer fenômeno deveria ser considerado como jurídico, e isso supõe sempre uma teoria da ligação jurídica.

Desse ponto de vista, a questão do monismo e do pluralismo fica simplesmente sem resposta. Em circunstâncias inalteradas, a ligação jurídica se baseia em dados internos aos sistemas dados. Mesmo quando a relação é mantida ou derivada, ela se baseia numa concepção implícita da ligação jurídica que é compatível tanto com uma teoria monista aberta quanto com uma teoria pluralista aberta. Até mesmo os exemplos aparentemente mais difíceis não saem desse quadro.

10.3 Apologia monista para um pluralismo aberto

A discussão deixa claramente aparecer uma fraqueza do monismo kelseniano geral. Essa teoria é adotada para responder a um debate relativo ao estatuto do Direito Internacional. O argumento é simples: se o Direito Internacional tem como destinatários e produtores originários os Estados (sendo eles próprios estruturas jurídicas), o dualismo é contraditório, pois então os Estados não poderiam, ao inverso da hipótese, ser os destinatários e os produtores desse sistema. Só pode então tratar-se de um único sistema do qual os Estados são subsistemas habilitados pelo Direito Internacional. Isso permite, perfeitamente, explicar os fenômenos de supremacia setorial como aqueles que caracterizam as relações entre as ordens jurídicas dos Estados-membros e o Direito Internacional (o da União Europeia, por exemplo), ainda mais nos tempos atuais em que a antiga Comunidade Europeia é dotada de personalidade jurídica única e própria (a da

União Europeia), de modo que a superposição de diversas supremacias setoriais – e de conflitos disso resultantes – é algo de se esperar sem que isso descaracterize a tese do único sistema, pois haver conflitos não é incompatível com a existência de tal monismo. Ao contrário, um conflito só pode acontecer quando se tem um só e mesmo sistema que permite produzir exigências contraditórias.

Como as normas não são submetidas ao princípio da não contradição, as contradições podem acontecer e de fato ocorrem, provavelmente com mais frequência que se pode imaginar, e isso até mesmo em quadros mais clássicos que são os sistemas ditos *estatais*.

A fraqueza do monismo kelseniano está em outro lugar. De fato, mesmo admitindo o monismo assim concebido com todas as suas consequências, nem por isso todo par de normas é necessariamente uma dupla ordenada num único sistema. Admitamos que haja um grupo insular nomeado *Nomonese*. Esse grupo teria conseguido manter suas condições de existência sem nunca entrar em contato com o resto do mundo, e teria conseguido dotar-se a si próprio como um sistema jurídico. Tal hipótese – isso é certo hoje – seria difícil de imaginar, já que a Comunidade Internacional parece ter conseguido impor uma ligação jurídica, mesmo pequena, no mundo inteiro. Mas, historicamente, o fenômeno aconteceu naturalmente inúmeras vezes.

Até o momento em que a Terra X (o espaço territorial X, uma colônia, por exemplo) foi descoberta e submissa ao Reino de tal Estado ou grupo de Estados já existentes, essa Terra X corresponderia à hipótese de Nomonese. Por outro lado, poderia ocorrer uma hipótese em que um sistema já submisso conseguisse sair da submissão jurídica, por exemplo, porque o subsistema se desagregou e que a população local tenha conseguido sobreviver graças à pirataria – não submissa às regras que a condenam e a sancionam teoricamente –, mas que não se aplicam a nenhum caso na espécie. Isso mostra simplesmente que a questão de saber se verdadeiramente existe um sistema único não é uma questão teórica à qual se poderia responder *a priori*. É uma questão empiricamente aberta, e sempre foi assim. A resposta não é necessária, mas contingente, e isso de acordo com os próprios dados da teoria em causa.

Defendo, portanto, o abandono do monismo geral necessário, assim como defendo um monismo ou pluralismo aberto de acordo com a existência de ligações jurídicas efetivamente identificáveis, mesmo que, naturalmente, tal identificação suponha sempre um ponto de partida hipotético. Mesmo admitindo tal **ponto de partida** de validade originária não positivado, nada permite excluir a hipótese de que se chega aos **limites do sistema**, o qual poderia de novo encontrar outros sistemas para os quais lhe seria conveniente adotar, para fins de explicação, outra origem não derivada do ponto de partida do primeiro sistema.

Esse ponto é, contudo, monista quando, no interior dos limites de um hipersistema, não existe nenhum dado que seria por sua vez identificável como jurídico no sistema e externo ao sistema. Isso não impede nem a formação de normas erradas, nem a formação de uma descentralização ou de uma centralização setorial extrema, nem a formação de conflitos. O hipersistema simplesmente se fortaleceu em termos de complexidade interna. Pode-se lamentar e se perguntar se é possível corrigir esses desenvolvimentos para racionalizar as estruturas ou submetê-las a um modelo universal de valores, e mesmo que entendamos isso possível ou realizável sob circunstâncias dadas, isso não questiona o fato de que um sistema jurídico e *a fortiori* um hipersistema cada vez mais complexo possa ser ao mesmo tempo um sistema e amplamente irracional – como o Direito sempre foi.

O ideal da racionalidade é somente um ideal. Pode ser concebido de várias maneiras e constitui de qualquer modo uma exigência muito mais forte que aquele que permite garantir a ligação jurídica.

Título
Segunda edição: textos acrescidos em línguas estrangeiras

Capítulo 11
Legal Globalisation as a Municipal American Problem

SUMMARY: 1. The globalist conception of fragmented global adjudication – 2. Moderate monism against undifferentiated pluralist globalism – 3. A very short theory of adjudication as independent normative concretisation under constraints of argumentative justification – 4. Constitutional review vs. constitutional asymmetry: America's dilemma – 5. The American demise of legal scholarship and the mistaken battle against legal positivism.

ABSTRACT: This paper presents an outline of a theory of differentiated monism against various efforts to propagate legal globalism. It then exemplifies the erroneous path induced by globalism through an analysis of the American problem, i.e. the attempt to resolve the divergence between the legally conservative structure of American constitutional law (constitutional asymmetry) and societal political beliefs through speculative inventions of alternative constitutional worlds. Globalising such problematic strategies could only weaken legal scholarship without solving the political problems the United States are facing.

SINTESI: Il seguente saggio mostra i problemi e debolezze delle strategie inerenti nelle teorie di un diritto "globale" e propone di seguire invece una concezione di monismo differenziato. Queste premesse sono poi applicate al caso del problema Americano, vale a dire i vari tentativi di superare le strutture altamente conservatrice del diritto costituzionale americano con delle proposte speculative di mondi giuridici alternativi. La globalizzazione di queste errate strategie non potrà risolvere i problemi politici degli Stati Uniti, ma solo contribuire ad indebolire ancora di più la scienza giuridica.

11.1 The globalist conception of fragmented global adjudication

"Globalisation" is an indeterminate concept aiming at characterising recent developments and a general trend in all spheres of human activity whereby obstacles to interaction in space and time are progressively abolished and replaced by a comprehensive (global) network of immediate communication[1]. A concept is not a theory and even less an explicative theory. The commonly shared idea by most globalisation theorists, however, is that the concept of globalisation correctly describes what happened in the last decennia and continues to happen:

---

1 In sociology e.g. S. SASSEN, *A Sociology of Globalisation*, W. W. Norton New York 2007; in: Political science for instance U. Beck, *Was ist Globalisierung? Irrtümer des Globalismus – Antworten auf Globalisierung*, Frankfurt am Main Suhrkamp 1997; same author, *Macht und Gegenmacht im globalen Zeitalter*, Frankfurt am Main Suhrkamp 2002.

the world once fragmented by borders as well as physical and technical obstacles comes always closer together becoming a single – indeed global – village[2]. Such theories raise at least four types of questions: are they true; are they accurate, i.e. are they sufficiently explicative; is the evolution (if there is one in the sense the theories retain) gradual or qualitative, to which domains or ambits of reality do these conceptions apply? Let us admit for the sake of argument that globalisation is indeed covering many fields of transactions, where formerly existing obstacles were largely reduced. As a matter of nuance one shall, however, assume that it is an ongoing process and that one has to look with great care as to how far exactly it went with respect to previously prevailing circumstances.

Even so, "globalisation" remains a fuzzy concept, through which different disciplines and currents of thought consider the way in which the world changed in the last decades. These analyses mainly focus on the fact that interactions in the most different domains are faster, more intensive and complex, and that distances are less and less relevant. Most economic operations once requiring great efforts and long timelines, are now just achieved in a phone call or an exchange of electronic mail a few clicks. Where traveling needed careful preparation and a precisely organised schedule with a perfume of adventure, it has become an easy routine even for very remote and formerly inaccessible destinations. This is largely due to technical advancements, but also to legal developments. Nonetheless, this does by no means imply that law has become globalised in the way and meaning suggested by legal globalists.

The European Union integrated the former socialist states in an open unified market and, for many of the member states and some states external to the Union, border controls are abolished. Visa regulations have been softened among many countries previously trying to keep their frontiers closed. And these evolutions have obviously also an impact on the legal landscape as many new norms are introduced in order to facilitate the interactions, which the technical means allow to operate. In the same time, international law has undergone three important transformations. Instead of dealing exclusively with states as autonomous ("sovereign") entities, the legal universe is now populated with a web of international organisations as legal entities of second degree. These new subjects are sometimes given a dynamic legal structure with direct effect: they are able to produce their own legal norms without any intervention of the states who created them in the first place and some of these norms are directly targeting citizens of the several legal orders encompassed by the organisation. Second, such new supranational systems are sometimes able to enlarge their competences at the detriment of the states, which created them. Third, private

---

2   For a more nuance account, see M. LANG, "Globalization and its History", in: The Journal of Modern History, 78 (2006), p. 899-931.

actors may sometimes acquire legal powers equal to those of states and arbitrative jurisdictions may be given the competence to settle disputes outside the justice systems of the states involved. Fourth, more often than in the past, norms belonging to one legal order are applicable in another one with courts quoting and sometimes applying decisions and standards developed by judges pertaining to a different system. Fifth, both state legal orders and international treaties have facilitated transactions, which were formally under much stricter control.

These developments have induced theories of legal globalism, the idea that is, that legal systems have become porous and linked together in the same way as other domains of human activity, that borders between them are less important or even abolished, with events in one system having effects in another system[3]. In the same way as it became legally and physically easier to journey, to transfer goods or capital quicker from one point in space to another, legal norms seem to be less territorial and less bound to a particular legal system, but instead "global" without global being strictly speaking a new centralised legal order, rather an undetermined web of interacting standards.

Legal globalism is mainly committed to the idea that because state-bound legal systems have become porous and that hierarchical order has been replaced by a web of interacting standards[4], global law is by essence fragmented and plural[5]. Thus pluralist approaches to legal scholarship would be the best way to analyse law as it exists in it present shape.

Legal globalisation is thus mainly addressed in the domain of adjudication. This raises again a conceptual issue as the term "judge" may be used for many different things in different contexts.

Judging is one of the main targets of legal globalism. The idea is that states are loosing at least parts of their former "sovereignty" not simply to international and supranational "actors", but that the principal bearers of norm-setting power, i.e. the national parliaments (where such parliaments exist, that is in

---

3 Among the daily growing market in legal globalization writing, let us quote for instance. K. F. RÖHL, S. MAGEN, "Die Rolle des Rechts im Prozess der Globalisierung", in: Zeitschrift für Rechtssoziologie 17 (1996), pp. 1-57; Gunther TEUBNER (ed.), Global Law Without A State, Dartmouth 1997; M. DELMAS-MARTY, Trois défis pour un droit mondial, Paris Le Seuil 1998; S. CASSESE, Lo spazio giuridico globale, Roma Bari, Laterza 2003; T. LIECKWEG, Das Recht der Weltgesellschaft: systemtheoretische Perspektiven auf die Globalisierung des Rechts am Beispiel der Lex Mercatoria, Stuttgart, Lucius und Lucius 2003; J. SCHWARZE, Reinhard ZIMMERMANN (ed.), Globalisierung und Entstaatlichung des Rechts, (2 vols.), Tübingen Mohr Siebeck 2008.

4 M. DELMAS-MARTY, Le pluralisme ordonné, Seuil Paris 2006, J.-B. AUBY, La globalisation, le droit et l'État, LJDG Paris 2010 (2nd edition), p. 111.

5 This view has mainly been developed by G. TEUBNER, "Wandel der Rolle des Rechts in Zeiten der Globalisierung: Fragmentierung, Konstitutionalisierung und Vernetzung globaler Rechtsregime", in: J. MURAKAMI, H.-P. MARUTSCHKE, K. RIESENHUBER (ed.), Globalisierung und Recht: Beiträge Japans und Deutschlands zu einer internationalen Rechtsordnung im 21. Jahrhundert, De Gruyter, Berlin 2007, pp. 3-55, accessible under: <http://www.tokyo-jura-kongress2005.de/_documents/teubner_de.pdf>.

traditional constitutional democracies) are progressively replaced by judges. This idea unfolds in two distinct strains. On one hand, judges are committed to a "principled" view of law, that is they frame their decisions in terms of a higher level of abstraction, of considered conciliation of opposing requirements and long term stability, whereas parliamentary or executive norm-makers privilege short term detailed and concrete rulings, subject to frequent modification and technically baldy drafted wording. In this perspective, judges are the protagonists of "constitutionalism", itself considered to be the overcoming of the mere legislative state through the imposition of a "rigid" constitution[6]. On the other hand, judges are seen as protagonists of common, that is, again, global standards, shared in arguments and decision making techniques whereby "foreign precedents" are used as a basis of a more advanced, inclusive and better justified ruling[7]. Legal globalism is thus largely tied to the view the layers of law that matter are made by judges as exponents of higher law dialoguing unconstrained by borders of traditional statehood or of specifically formal requirements linked to a particular legal system.

Another, apparently unrelated aspect of legal globalism is the widespread idea that it mainly consists in the diffusion of American law and an American

---

6   This view has been famously theorized by G. ZAGREBELSKY, Il diritto mite, Enaudi Turin 1992.
7   This view, now mainly known as the theory of the dialogue of judges seems to have been invented by Bruno GENEVOIS, then general rapporteur on the case Cohn-Bendit, ruled by the State Council on 22 december 1978. As a sort of common manifesto see R. BADINTER, S. BREYER (eds.), Judges in Contemporary Democracy : An International Conversation, New York London, New York University Press 2004. The globalist theory has been propagated by M-A SLOUGHTER in various articles, among which, "Judicial Globalization", in: Virginia Journal of International Law 40 (2000), pp. 103 sqs. ; "A Global Community of Courts", Harvard Journal of International Law 44 (2003), 191 sqs. ; "A Typology of Transjudicial Communication", University of Richmond Law Review 29 (1994), pp. 99 sqs. The literature fills today whole libraries. Se also J. LIMBACH, "Globalization of Constitutional Law through Interaction of Judges", in: Verfassung und Recht in Übersee / Law and Politics in Africa, Asia and Latin America, 41 (2008), pp. 51-55. A more nuanced position is developed by O. DOYLE, "Constitutional cases, foreign law and theoretical authority", in: Global Constitutionalism, 5 (2016), pp 85-108.

conception of legal training and argument[8]. It is then considered that American legal academia is highly superior to its extra-American counterparts and that borders becoming less important, American law is by necessity spreading to other places. In fact, both conceptions are linked. American law, so the story goes, is superior in being mainly a matter of adjudication.

These conceptions are highly problematic. First they use a legally ideological conception of "global", an undetermined concept of "judge" and they establish, again, an ideological link between unrelated one certain vision of adjudication and legal globalism. This complex of flawed theories will here be termed the "American problem".

11.2 Moderate monism against undifferentiated pluralist globalism

Theories of legal globalism are in their very principle pluralistic[9], but the thesis that pluralism is presently the best approach is based on a circular argument.

If interactions become indeed more global, the question remains as to whether and to what extent it applies to law. Contrary to empirical findings concerning interactions generally, law is not a directly observable ambit of reality. It is an

---

8   This was already the claim advanced by M. SHAPIRO "The Globalization of Law", in: Indiana Journal of Global Legal Studies, Vol. 1, Symposium: The Globalization of Law, Politics, and Markets: Implications for Domestic Law Reform (1993), pp. 37-64: See also D. KELEMEN and E. C. SIBBITT, The Globalization of American Law, in: International Organization, 58 (2004), pp. 103-136. Most authors agree with similar claims in substance, although sometimes of different methodological assumptions: see David Levi-Faur, "The Political Economy of Legal Globalization: Juridification, Adversarial Legalism, and Responsive Regulation. A Comment", in: International Organization, 59 (2005), pp. 451-462. See also: Ch. THOMAS, A. ALEINIKOFF, W ALFORD, J. WEILER, "The Globalization of the American Law School", in: Proceedings of the Annual Meeting (American Society of International Law), 101 (2007), pp. 183-199; D. Daniel SOKOL, "Globalization of Law Firms: A Survey of the Literature and a Research Agenda for Further Study", in: Indiana Journal of Global Legal Studies, 14 (2007), pp. 5-28. There are of course also critical voices urging American Law to open up to foreign conceptions in order to overcome embarrassing situations, where the United States are far behind in the protection of human rights: D. WEISSBRODT, "Globalization of Constitutional Law and Civil Rights", in: Journal of Legal Education, 43, (1993), pp. 261-270.

9   Legal pluralism has been associated with legal globalism by M. DELMAS-MARTY, e.g. in: Le pluralisme ordonné, Seuil Paris 2006; it appears as candidly as vigorously in the writings of Paul Schiff BERMAN, "From Legal Pluralism to Global Legal Pluralism" (2014). GWU Law School Public Law Research Paper No. 2015-20; in Law, Society and Community Socio-Legal Essays in Honour of Roger Cotterrell, Richard Nobles & David Schiff, ed., Ashgate, 2014 ; GWU Law School Public Law Research Paper No. 2015-20; available at SSRN: <http://ssrn.com/abstract=2609369> or <http://dx.doi.org/10.2139/ssrn.2609369>; "The New Legal Pluralism". Annual Review of Law and Social Science, 5 (2009), pp. 225-242; "Global Legal Pluralism", in: Southern California Review, 80 (2007), p. 1155, 2007; "The Globalization of Jurisdiction", University of Pennsylvania Law Review, 151 (2002), pp. 311-529.

artificial normative construction and one can at best discern whether people assume that a certain normative structure exists and, assuming that one or another legal order exists indeed, how people behave with respect to these norms on the basis, that is, of an analysis of the substance of the norms in question. This leads to the three following questions: (1) has law itself followed the same evolution which one may possibly notice elsewhere?; (2) has law itself been a factor of the purportedly ongoing evolution?; (3) do those concerned by law effectively follow its prescriptions in the sense of a progressively tightening of space and time? The last problem concerns the empirical sphere and will not be treated here.

The normatively relevant questions are conceptual in the first place. What does it mean for a system of norms, which is not itself an object of attitudinal observation, to follow a common trend of globalisation and – or – to boost such developments through its prescriptions? The issue is then substantive, as we do have to identify the relevant elements legal globalisation. Those elements would be norms of positive law. Let us admit, one can proceed until this point and look for such relevant normative data. Legal scholarship tries do to this from an either structural or substantial point of view. Structurally, it is claimed that the distinction between different legal orders vanishes. Substantially, it is said that different legal orders are in fact more or less following the same road and share convergent contents.

As a matter of conceptual reflection, my claim is that legal globalism rests on a theoretical contradiction[10]. As a matter of alleged convergence and substantial identity, I shall sustain that one of the most prominent elements of purported legal globalisation is in fact not global, but a specifically American problem. And contrary to the idea, that legal systems are either by necessity becoming American or ought to follow the American model, my claim shall be that this would only amount to import a disturbing problem, not a solution.

These views suppose indeed a point of departure where legal systems are "sovereign" and a point of arrival where sovereignty is largely in demise. This belief results from a confusion between empirical impressions and legal analysis. All the changes mentioned in global studies can be more or less admitted, whether the descriptions are entirely accurate in detail is lastly an open question of empirical research.

Legal orders on the contrary have never been sovereign in the meaning these theories relay on. The conceptions of sovereignty, which seemed to be predominant until recently, rested on the political claim to freedom from any external

---

10 This point is developed in more detail in: O. PFERSMANN, "Contre le pluralisme mondialisationnaliste, pour un monisme juridique ouvert et différencié", in: M. SENN, B. WINIGER et al. (eds.) Recht und Globalisierung/Droit et mondialisation, Archiv für Rechts- und Sozialphilosophie – Beihefte (ARSP Beiheft) 121, 2010, pp. 131-144.

prescriptive standard. These views were, however, from the very beginning incompatible with the mere existence of international law, while international law was in fact accepted from the very beginning[11]. It is not an impossibility in itself to live outside international, but it would require not to engage into whatever legally ordered relation with another entity. Whereas the idea of sovereignty is considered to be mainly embodied in the Westphalian System, it is apparently forgotten that this – "Westphalian" – conception of international relations is based on treaties and that treaties are sets of norms binding states, at least in the first place. Hence if states are bound by a set of treaties, they cannot be sovereign in the meaning claimed by Bodin or Hobbes or later Carl Schmitt. Legally considered, legal systems are themselves part of a common legal universe, except if they stay effectively outside any legally ordered relation with other states. This view can be termed open or moderate monism, that is the idea that all legal orders belong contingently to just one common system. It can also be expressed by the formula that for whatever two legal norms, there is a direct or at least indirect legal relation between them – even though it may not be impossible that in certain exceptional cases no such relation exists – if, for instance an island remains isolated and without any relation to any outside entity. Contrary to the thesis of intrinsic fragmentation of the legal universe, moderate legal monism claims that one cannot absolutely exclude that certain systems exist strictly outside the common legal world; they deny, however, that this means a fragmentation within one common given legal universe as this would be a contradiction in itself.

Hence, the claim that law would have been concentrated in sovereign entities and is now scattered in a plurality of intertwined systems is begging the question: either international law existed before and then the present situation is simply a complex evolution within this one manifold structured system – which is precisely the view taken by moderate monism – or it did not exist, but in this case there have always been uncoordinated systems – which is the view ultimately to be defended by coherent pluralism – for whom it then becomes highly difficult to understand how they succeeded in building up anything like treaties, international organisations, a European Union, a conventional jurisdiction concerning human rights like the ECHR and so forth. For if pluralism considers these structures as unrelated entities, it would remain highly enigmatic how and why they rely on contracting parties or member states and, even if such difficulties could be overcome, these objects would only be conflicting factual powers for which any legal explanation would be lacking.

---

11   This problem has first been raised by H. KELSEN, Das Problem der Souveränität und die Theorie des Völkerrechts. Beitrag zu einer Reinen Rechtslehre, Tübingen 1928 (2nd edition).

Moderate monism is therefore also a better theory of more recent developments in law. The main problem consists in understanding incoherencies and conflicts of norms as normal aspects of the common legal universe and not as manifestations of an alleged fragmentation. The reasons are the following.

First, legal systems – and systems of systems – are not necessarily coherent or rational. The idea that law is intrinsically rational or logical is wishful thinking originating in Natural law theories. Of course, one prefers legal orders to be ideally rational, but whether and to what extent they concretely share this property is an open question of positive law. Second, it is precisely because law can comprehend conflicting provisions – and be, in this specific technical meaning irrational as it requires at the same time a set of actions, which cannot be simultaneously performed – that most developed legal systems did introduce mechanisms for resolving such situations. The progressive hierarchisation within and between legal orders allows to assign a different legal weight to each of the conflicting provisions and this, in turn, is the condition for procedures of review, endowing certain organs to strike down norms of lower rank violating requirements of higher rank. But it may also be that no such mechanism exists and in such a case it is again a question of how positive law structures the relative weight of its elements in order to know which prescription prevails on which other ones. How prevalence, annulment, suspension or amendment works, is a matter of positive law, which can only be correctly analysed if one supposes a that norms are linked within a common recursively organised set. In other words, only if something can be identified as a legal norm because it has been produced according to a set of procedures at such scopes, can it possibly be analysed as violating some higher standard and thus – if, again, there are legal mechanisms so conceived – modified in order to resolve the discrepancies.

At this point, judicial rulings are often quoted as setting new directions, apparently unrelated to a previously well-established legal conception. The famous Kadi[12] jurisprudence may illustrate the problem. In a first decision, the Tribunal of first instance of the European Union applies a decision of the UN Security Council to Mr Kadi as possibly involved in financing terrorism. This decision is considered a great step in forward as it introduces the prevalence of International law into UE law. But in a second decision, the Court of Justice of the European Union invokes principles of fair trial in UE law in order to make them prevail over UN law – again this is considered a landmark, this time in human rights. Both cases are substantially difficult to appreciate and structurally

---

12   Resolution 1267 (1999) UN Security; Council, EC Regulation 881/2002, Decision 21. September 2005 (Yusuf and Al Barakaat Foundation vs. Council, T-306/01 and Kadi vs. Council and Commission, T- 315/01) Court of First Instance; Final decision: European Court Reports 2008 I-06351 (Grand Chamber 3rd September 2008).

easy to understand. Whether concretely one set of norms had to prevail against another set is a difficult dogmatic question, but however one may argue, the decision could and had to be set by the jurisdictional organs empowered by UE law. One may disagree with one or the other solution, the validity of the final decision does not make one of the motives true or false, it just sets the case in the relevant legal context. The focus of theories of legal globalism on the function of judges highlights, however, the question of the legal nature of judging in the common legal universe.

11.3 A very short theory of adjudication as independent normative concretisation under constraints of argumentative justification

Jurisdictions seem to be the easiest thing to identify in law. They are not. Many things appear as judges and may possibly not be qualified as such. Many organs whom we rather easily identify as judges appear to do things, which we usually attributed to parliaments or more generally to legislators, especially since the introduction of constitutional review which is jurisdictional in operation and legislative in normative substance. However, sometimes judges with large organic attributions seem to go far beyond even these extensive competences. And although one probably considers that overstepping ones attributions creates legal problems, such considerations seem largely absent in the case of judicial rulings. It may be said, that certain decisions were "landmark"[13] or perhaps "controversial", that courts were activist or deferent, but such qualifications do not seem to instil doubts on the legal quality of jurisdictional pronouncements.

Such perplexities are quantitatively concentrated in certain legal orders.

---

13 "Landmark" is one of many expressions with which judicial decisions are characterised as "important" or, according to Webster's New World Law Dictionary, Wiley Publishing, Hoboken, New Jersey 2010, as "notable and often cited because it significantly changes, consolidates, updates, or effectively summarizes the law on a particular topic". It presupposes a legal system in which judicial decisions are considered to exercise such normative effects. The question as to whether such effects actually foreseen and organized by the system is, however, rarely if ever raised. "Landmark" and equivalent expressions remain largely non-legal characterisations of legal phenomena. See for instance: Gary R. HARTMAN, Roy M. MERSKY, Cindy L. TATE, Landmark Supreme Court Cases: The Most Influential Decisions of the Supreme Court of the United States Infobase Publishing, New York 2014.

My thesis is that the original structure of such problems leads to the United States and that instead of avoiding its effects in other legal orders, there is rather a tendency to import them, which characterises legal globalism.

At the beginning, there is of course a puzzle. In the original conception, mainly inherited from Montesquieu, judges are those who apply the law they have not made in particular litigation, whereas the legislator makes the law, which he does not apply. The distinction between the "executive" who is also due to apply the law without making it and the judiciary is not very clear from the beginning and sought to lie in the fact that judges settle cases and controversies, i.e. in a particular ambit of activity rather than in the relation to the law once set as a general rule.

Then came all the difficulties in maintaining the distinction against issues in which the legislator settles disputes, the executive settles cases through administrative procedure or emanates general rules through regulations, whereas judges may set general norms through precedent or, when so entitled, are administrating themselves or are administrated by other civil servants and finally came to be missioned to review general acts of regulation or even of statutory matters, where reviewing means possibly annulling general norms and thus be legislating. Furthermore, the case, which is settled, settles beforehand an indefinite lot of other cases and this is precisely the ambit of legislation.

If the traditional boundaries between so called "powers" is difficult to maintain, it is thus difficult to maintain a precise and comparatively relevant concept of "jurisdiction". Even though wearing robes and wigs – where they are still worn – might be different from wearing suits or dresses or t-shirts, this can hardly be the relevant criterion, considering that certain courts don't even wear anything like the traditional dress of what intuitively appears as the "judge". Wine-taster companies are wearing robes, whereas the members of the French State council or of the Constitutional Council are just in their regular attire. Dress codes are obviously purely contingent and nothing more than a symbolic instrument to highlight authority.

Many debates turn around confusions between conceptual and merely terminological issues. The French Constitutional Council is by some scholars said to be a "council" and thus not a court[14], whatever "council" may mean. Independent administrative authorities exist in many legal orders and may have attributions, which in other places are considered typical of jurisdictions. The Austrian legal system knew until the end of 2013 so called "collegial authorities with judicial aspect or element". In Austrian law, they were seen as administrative authorities, as "courts" answer stronger constitutive properties, in ECHR law, they were

---

14 This is for instance the opinion of E. ZOLLER, "Conclusions de synthèse", in: same author (ed.), Marbury v. Madison: 1803, 2003, Un dialogue franco-américain, Paris Dalloz, 2003.

considered as tribunals. In order to better comply with ECHR case law under article 6, Austria introduced for a time so called "independent administrative chambers in the federal states", which again were considered as tribunals and came closer to, but still were not courts in the constitutional meaning, before being finally replaced by "administrative courts in the federal states" as of 2014. But are those courts really courts?

The French and the Austrian examples show that judges are seen to be instantiated in traditional intuitive tokens, where the reference seems to be the "civil judge" in robe settling disputes between parties. Jurisdictions deciding questions of administrative law or worse, of constitutionality of statutes, of compatibility of national law with European norms, seem far remote from the original model. But is the traditional judge in a German kingdom of the early eighteenth century really a judge in the traditional meaning? Except that, perhaps, he may have settled disputes, we may be puzzled by his dependence on the whim of the king and his cabinet, a perplexity, which is also famously expressed by the scrivener in Shakespeare's Richard the Third in the Common Law world. And even where judges are considered legally independent, political science takes pains in showing us that they are in fact dependant on political and ideological biases, much more difficult to overcome than any direct instruction given by an external holder of authority. The point is that even the traditional image or proto-paradigm may be conceptually less evident than we usually think.

In order to capture the intuitive idea independently of particular institutional names, we have thus to condense stipulatively those properties, which we consider normatively to specify a certain distinctive type of norm-production, less with respect to the generality or individuality of the pronouncement than with the legal procedural conditions under which such decisions may be issued.

Let us thus admit that we consider as judges, whatever the lexical denomination, an authority, which does not act on its proper initiative, but on particular requests concerning particular legal issues, has formal independence in judging and reasoning, but also the obligation to decide impartially according to previously settled legally normative standards and to justify how it he reaches the conclusions expressed in its legally binding decision, i.e. norm concretising relatively higher sets of norms concerning the issue at stake.

This seems to be not simply an ideal, but a normative structure we find in all advanced legal orders or so I shall maintain for the sake of argument: what makes the difference between organic structures dubbed "judges" or "jurisdictions" is not the ambit, but the institutional status and the method of norm-production. But once this stated, it appears that the ambit of decision-making does indeed induce not only differences in the concrete profile but also, in combination with other structural elements, problems highlighting both the amphibological function of norm-production and the ideological function of legal scholarship. And this, I shall claim, is mainly due to an American problem, which is currently introduced in many other legal orders without any intelligible necessity.

Norm-production is amphibological in the sense that it is both the applicative concretisation of other previously set norms and thus possibly the violation of such standards. Judicial decisions share this property with other varieties of norm-making, but to a higher extent. This is the main point of departure from the classical and all-too-famous Montesquieu-maxim that the judiciary is the mouth of the law, understood as if the application to concrete cases were something totally transparent and deductively logical. As for any norm-making, judges decide within a more or less large ambit of choice ("discretion"), either explicitly afforded or implicitly provided through indeterminacy and vagueness of applicable provisions. Such ambits offer a variety of however always limited choices. That is, judges cannot legally create law without the legal competence to do so, contrary to a common topos in legal scholarship. For it judges could produce norms outside any previously stated authorisation to do so, they would not be judges but revolutionary agents attempting to create a new legal order from scratch. That may of course happen, i.e. it may happen that persons given the legal authority of judges in a given system act as revolutionary agents and create another system, but in this case stop being judges even though they may prevail themselves of their former quality in order to make discontinuity appear as if it were mere on-going continuity. Competence conferring norms delimit the ambit of validity; outside of competence, there is not "activism", but either mere fact or successful revolution.

We have thus to distinguish three cases: a decision may be legally wrong but valid and possibly correctable, for instance by appeal or review, it may be legally wrong and valid but not correctable because the ways of appeal are exhausted, or it may be wrong and non-valid because it fails to meet a necessary condition of norm-production in the relevant system. Institutional independence provides enhanced opportunities for norm-production outside the margins of choice less accessible to other organs.

11.4 Constitutional review vs. constitutional asymmetry: America's dilemma

And this is the point where it really starts to become interesting. Traditional judicial norm-making is kept in specific ambits of the legal system: tort, contract, trust, criminal sentencing, public tenders and so forth. Extending judicial norm-production to the review of primary legislation extends the problem of amphibology to the concretisation of constitutional norms through legally independent, but not necessarily impartial organs whose acts are set in last resort and are thus by hypothesis not reviewable by other jurisdictional organs. In other words, problematic decisions in the ambit of constitutional review cannot be corrected judicially, but only through constitutional amendment. This may happen or not happen, while the application of new amendments triggers the same problems as the previous situation, that is, if they are not correctly applied, the constitution has again to be amended and so forth. This is all relatively well known, but still offers infinite occasions of astonishment.

The United States system framed the question in a classical way stating that the Court had to apply a written constitution as a superior standard to primary legislation[15]. With important variants[16], this has since been common legacy of

---

15 This is the classical rationale for constitutional review elaborated in the American context of the War of Independence and the early Republic and famously theorized in the Federalist Papers (no. 78) : "No legislative act, therefore, contrary to the Constitution, can be valid.", and in: Marbury vs. Madison [5 U.S. 137 (1803)] concluding "Thus, the particular phraseology of the Constitution of the United States confirms and strengthens the principle, supposed to be essential to all written Constitutions, that a law repugnant to the Constitution is void, and that courts, as well as other departments, are bound by that instrument." (p. 5 U.S. 180). See, for the historical emergence of constitutional adjudication, G STOURZH, "Vom Widerstandsrecht zur Verfasungsgerichtsbarkeit : Zum Problem der Verfassungwidrigkeit im 18. Jahrhundert", in: (same author), Wege zur Grundrechtsdemokratie. Studien zur Begriffs- und Institutionengeschichte des liberalen Verfassungsstaates (Studien zu Politik und Verwaltung Bd. 29, Wien–Köln 1989), pp. 37-74. As to the English origins of the idea of a legally superior and binding standard see J. W. GOUGH, Fundamental Law in English Constitutional History, Oxford University Press 1955. For the recent discussion concerning the origins of judicial review, see J RAKOVE, "The Origins of Judicial Review: A Plea for New Contexts", Stanford Law Review 49 (1997), pp. 1030-41; S. B. PRAKASH, J. C. YOO, "The Origins of Judicial Review" in The University of Chicago Law Review, 70 (2003), pp. 887-982; D. EDLIN, Judges and unjust laws: common law constitutionalism and the foundations of judicial review. University of Michigan Press 2008. The wording and idea of "voidness" of legal provisions conflicting with norms of higher rank has in fact been first developed in natural law theories, before being concretely applied by James Coke in case of Dr. Bonham: "And it appears in our books, that in many cases the common law will controul acts of Parliament and sometimes adjudge them to be utterly void: for when an Act of Parliament is against common right or reason, or repugnant, or impossible to be performed, the common law will controul it and adjudge such Act to be void" (8 Co. Rep. 107a, 114a C.P. 1610). This conception still largely guides Hamilton in the Federalist and Marshal in Marbury. Until this day it makes it highly difficult for American lawyers to identify the legal destiny of unconstitutional norms and to resolve the fundamental dilemma it: if there are void they cannot be controlled, if they can be controlled, they are not void.

16 The main variants concern the organic structure: a general competence of all jurisdictions or an exclusive competence of a specialized (constitutional) court, procedure and legal consequences of a declaration of unconstitutionality (non-application in a particular case vs. definitive elimination from the legal system). The American system privileges the choice of very few cases considered to be highly relevant, leaving the destiny of the deficient norm undetermined, although becoming possibly a precedent; the European system framing a determined legal outcome although progressively modified in practice through the jurisprudential figure of "interpretation in conformity with the constitution" leaving legislation validly in the system, while modifying it´s meaning through jurisprudential considerations.

all legal orders having integrated one way or another of constitutional review. And it may be the reason why American constitutionalism is still considered as a model to be followed by younger constitutional orders all over the place.

This idyllic picture, largely promoted, with very few exceptions, by the most different and opposite schools of American legal scholarship, is, however, confronted with a fundamental difficulty. The American constitutional system integrates and develops the difference between ordinary and constitutionally formalised and thus qualified law-making. Constitutional law-making is structurally conservative or in other words it is technically a legal formalisation of conservatively isolating an ambit or normative elements. The American founding fathers were republicans, but certainly not democrats in a modern understanding. In their view, law making should be legally reserved to an elite, it should not trespass certain constitutive elements and constitution-making should be particularly difficult. All constitutions are conservative to a certain degree. The American constitution is one of the most conservatives ever: the procedure of amendment requires exceptionally high standards of qualified majority precisely in order to make it's modification the most difficult and rare. The French Constitution of 1791 followed the same conception with a different, but equally complicated procedure[17]: it was overthrown by a second revolution one year later[18].

But where European constitutions learned the lessons and adopted less conservative revision procedures in order to smoothen constitutional continuity, American constitutional conservatism survived until today and with it a permanent problem of questionable continuity.

One can rapidly recall significant factors: the original Constitution freezes the legality of slavery, it contains a indeterminate repartition of competences between federation and states, between the branches of government, concerning the precise competences of the judiciary (not including judicial review) and it contains a catalogue (the "Bill of Rights") of rights reflecting preoccupations of the founding gentry of the end of the eighteenth century. The slavery issue

---

17   The relevant provisions read as follows:
    "TITLE VII – OF THE REVISION OF CONSTITUTIONAL DECREES
    1. The National Constituent Assembly declares that the nation has the imprescriptible right to change its Constitution; nevertheless, considering that it is more in conformity with the national interest to use only the right of reforming, by the means provided in the Constitution itself, those articles which experience has proven unsatisfactory, decrees that it shall be effected by an Assembly of Revision in the following form.
    2. When three consecutive legislatures have expressed a uniform wish for the amendment of some constitutional article, there shall be occasion for the requested revision.
    3. Neither the ensuing legislature nor the one thereafter may propose the reform of any constitutional article.
    4. Of the three legislatures which successively may propose changes, the first two shall deal with such matters only during the last two months of their final session, and the third at the end of its first annual session, or at the beginning of the second.
        Their deliberations on said matters shall be subject to the same forms as legislative acts; but the decrees whereby they have expressed their wish shall not be subject to the sanction of the King.
    5. The fourth legislature, augmented by 249 members elected in the departments by doubling the ordinary number which each has furnished on the basis of its population, shall constitute the Assembly of Revision.
        Said 249 members shall be elected after the election of the representatives to the legislative body has been completed, and a separate procès-verbal thereof shall be made.
        The Assembly of Revision shall be composed of only one chamber.
    6. Members of the third legislature which has requested the amendment may not be elected to the Assembly of Revision.
    7. The members of the Assembly of Revision, after having pronounced in unison the oath to live free or to die, shall individually take oath to restrict themselves to making laws on the matters submitted to them by the uniform wish of the three preceding legislatures; to maintain, moreover, with all their power, the Constitution of the kingdom decreed by the National Constituent Assembly in the years 1789, 1790, and 1791, and to be faithful in all things to the nation, to the law, and to the King.
    8. The Assembly of Revision shall then be required to devote itself immediately to the matters submitted for its examination; as soon as its work is completed, the 249 members elected in augmentation shall retire, without power, under any circumstances, to participate in legislative acts."
18 By decree of the National Convention, dated 21st and 22nd September 1972 "The National Convention decrees unanimously that the monarchy is abolished in France". This National Convention had of course never been elected according to rules quoted in the previous note.

was not settled through consensual and smooth constitutional amendment first, but through a civil war and the following and still legally debated imposition of constitutional amendment on the defeated Confederate states[19], protracting, however, the indeterminacy of the previous Bill of rights, the clauses of the 14th Amendment written in a highly undetermined language.

The problems resulting are well known. Many legally sedimented situations were simply morally outrageous, at least according to moral standards presently largely shared in most constitutional democracies: racial segregation, the prohibition of racially mixed marriages[20], the prohibition of contraceptives for married couples[21], the prohibition of abortion[22], and so on and so forth.

To recall a famous example, the same Congress, which adopted the 14th Amendment, which basically provides a principle of equality among citizens, enacted a statute organising racial segregation in the District of Columbia[23].

And until the Warren and Burger Courts overturned these morally problematic situations, they were legally valid and enforced. They were not, however, overcome through constitutional amendment but through rulings of the Supreme Court[24]. Whereas the origin of constitutional adjudication is theorised as a solution to the problem of conflicts between higher – constitutional – law, resting on a super-majoritarian consensus and ordinary law, based on more contingent, thinner, parliamentary majorities, attributing the competence to control and possibly strike down unconstitutional norms to courts or to a specialised court (the European model), the extreme difficulty to change the constitutional requirements through a regular amendment procedure, drove the Court in the United States to becoming an organ of transforming the Constitution through rulings cloaked as applications of the foundational document. This evolution modified the question of constitutional adjudication into a problem of ideological opposition between liberal and conservative politics. American legal scholarship has lost any minimal epistemological consensus as to how

---

19 On this point, I follow Bruce Ackerman's detailed reconstruction in: B. ACKERMAN, We the People, Transformations (1998), pp. 99-252.
20 Ruled unconstitutional as late as late as 1967 (Loving v. Virginia 388 U.S. 1 (1967)).
21 Griswold v. Connecticut, 381 U.S. 479 (1965).
22 Roe v. Wade, 410 U.S. 113 (1973).
23 18 STAT., pt. 2, p. 33 (1873). For a very comprehensive account of the situation until and in the Fifties, see H. ODOM, "Constitutional Law-Segregation in Public Schools", in: Louisiana Law Review 15 (1954), pp. 204-216. It should be noted that the situation in Washington was complex as another statute of 1972 prohibited segregation in restaurants (Section 3, Act of the Legislative Assembly of the District of Columbia, June 20, 1872), but was considered to have been implicitly repealed through later regulations, the Court stating in that the 1973 had never been formally repealed and was thus still in force. This allowed ending segregation in private facilities in District of Columbia v. John R. Thompson Co., Inc., 346 U.S. 100 (1953).
24 Brown v. Board of Education of Topeka, 347 U.S. 483 for the states; Bolling v. Sharpe, 347 U.S. 497 (1954) for the District of Columbia.

the Constitution may be legally analysed. As a common scientific consensus wanes, constitutional debates become merely political and moral debates. At the same time, the only – ultra-minimal – consensus remaining both in practice and in scholarship concerns procedures and thus decision-making. It follows that, by law, the court may by majority, decide on constitutional issues. This, in turn, strengthens politicization – hence de-juridification – of constitutional argument[25].

Comparatively considered, we are confronted with constitutional asymmetry: because the Constitution cannot be amended for lack of qualified consensus, the Court cannot be sanctioned when going beyond its constitutional empowerment. The Court is strong and may choose to be active or deferent, conservative or liberal according to the American terminology, because the Constitution is supra-conservative.

We know a similar situation in European Law, where the distribution of competences between the Member-States and the Union is in the hands of the States, but precisely for this very reason, the Court of Justice is stronger than the States as long as they are unable to find a common ground for unanimity and the Court can rule in favour of the Union even though the States may clearly not have transferred certain competences to the supranational entity. But the European cases are rarely as emblematic as the American ones, as European Law expresses a post-war understanding of fundamental rights, democracy and rule of law, not a conception struggling with the anti-egalitarian views of the American eighteenth and nineteenth century.

One can understand the wish of those closer to liberal political conceptions to make their preferences – and they may be largely shared here even without saying as if they were what the Constitution positively requires. But obviously this is not the case. One can understand that the contrast between liberal urban views of social ethics and the supra-conservative Constitution amounts or has amounted to something very close to a moral scandal, to confronting a morally unacceptable regime. This is a strange and interesting paradox, as the American system seeks always to present itself as perfectly moral system. American legal scholars cannot even conceive that there could be a contrast, much less an outrageous contrast between Law and morality, even though the Constitution

---

[25] This assessment has of course to nuances when studying the details of American case-law. The point, though, is that American scholarship is predominantly focused on extra-legal appreciation of judicial review. For a very comprehensive account of a relevant period of Supreme Court jurisprudence, see for instance Thomas M. Keck "Party, Policy, or Duty: Why Does the Supreme Court Invalidate Federal Statutes?", The American Political Science Review, Vol. 101, No. 2 (May, 2007), pp. 321-338. The tendency seems to date back and is also linked to the progressive disciplinary shift from legal studies to political science of judicial decision making. See Glendon A. Schubert, "Behavioral Research in Public Law" in: American Political Science Review, 57 (1963), pp. 433-445.

sternly freezes moral conceptions with whom today less would identify than in the past century.

It is interesting to recall, again, the contrast between European countries and the United States. In most European countries, legislation de-penalised abortion and the constitutional courts ruled that the liberalisation was not unconstitutional[26]. In the United States, the Court invented a right to privacy which positively grounds a right to abortion, which would be, by all sympathy with Roe vs Wade, very difficult to find in the American Constitution however extensively interpreted.

11.5 The american demise of legal scholarship and the mistaken battle against legal positivism

The situation of constitutional asymmetry plus the sometimes extreme contrast between positive law and socially largely (but still not unanimously) shared conceptions, may explain the construction of alternative constitutional worlds. More generally, one can psychologically understand the fierce battle against positivism raging in the United States since the seventies. As it was clear that the courts were not sticking to elements positively traceable to the enacted text, the theory developed the idea that positivism must be false, because courts were

---

26 For a comprehensive overview, see Annuaire International de Justice Constitutionnelle IV (1988) Economica Paris, "Table ronde: L'interruption volontaire de grossesse dans les jurisprudences constitutionnelles européennes".

not following the text, but some moral standards of "principle"²⁷. The argument is of course totally absurd, as the only force of judicial rulings consists precisely in the fact that they are by law stronger than the norms superior in the order of production but inferior in derogatory force, which they possibly violate – but this would require a more subtle theory of positivism than was and is available in the English speaking literature.

Again, the comparative contrast explains many elements. In Europe, legal positivism was developed at the same time and by the same authors as constitutional review and legal democratic culture European stile²⁸. In America, positivism came to be associated with conservative views regarding constitutional

---

27 This is the way Ronald Dworkin famously introduced himself in the stage of legal and constitutional theory. As he clearly announces in his most programmatic article, which then became the opening chapter of his *Taking rights seriously*, "I want to make a general attack on positivism, and I shall use H. L. A. Hart's version as a target, when a particular target is needed. My strategy will be organized around the fact that when lawyers reason or dispute about legal rights and obligations, particularly in those hard cases when our problems with these concepts seem most acute, they make use of standards that do not function as rules, but operate differently as principles, policies, and other sorts of standards" ("The model of rules", in: The University of Chicago Law Review, 35, No. 1. (Autumn, 1967), pp. 14-46.p. 22). On the ontological level, he argues that "principles" exist not because they were enacted in the way Hart conceives of rules providing for the modification of the legal system, but because judges introduce them when dealing with "hard cases", wherefore law and "morals" (in his understanding) would be inextricably intertwined. This view rests on the sophism that a) that something exists because judges talk about it and that some such exists then outside the hierarchical pedigree. He simply forgets that the only reason for which judges can make rulings substantively parting with existing legislation is that rules confer this competence (power) upon them (in other words, it only works because the legal hierarchy which he purports to be rejecting is organised in such a manner). And he seems to believe that a decision on a particular case amounts to the creation of a general legal standard or even more strangely that judges would simply have discovered such a standard and restate it, which then remains an entirely magical operation. Dworkin successively replaces the analysis of concrete constitutional provisions with a "moral reading" (Freedom´s Law The Moral Reading of the American Constitution, Harvard University Press 1997). Again, the ontological sophism consists in constructing a concept of "law", which is in fact law PLUS morals – where morals are not exactly law. In any event, Dworkin's strategy aims at replacing the existing Constitution with his moral conception of what an ideal constitution ought to be.

28 As a general theory, legal positivism is obviously not tied to any particular constitutional design. Elaborating the first differentiated conception of the self-structuration of legal systems, it nonetheless decisively contributed to the framing of the first system of concentrated constitutional review with precise rules concerning the legal destiny of legislative or regulatory provisions declared unconstitutional (annulment as definitive elimination from the system) and the time limits within which requests could be introduced and unconstitutional norms loose their legal existence in the Austrian federal Constitution of 1920 (later theorised by Kelsen in "Wesen und Entwicklung der Staatsgerichtsbarkeit", in Verhandlungen der Deutschen Staatsrechtslehrer 1929, pp. 30-88). This allowed also to eliminate the conceptual ambiguity concerning "invalidity": an invalid norm is a contradiction in itself and cannot be annulled precisely because it doesn't exist, in order be declared unconstitutional and to be made invalid a norm has first to valid, even though bearing a deficiency with respect to its conformity with constitutional requirements. The idea that a norm could both fulfil the criteria of having been validly produced and nonetheless bearing a substantial deficiency remains difficult to accept for many legal scholars and shows the continued survival of natural law conceptions according to which a deficient law cannot be law.

requirements. This leads to the absurdity that a much stronger and rigorous theory is combatted by the more modern elements of society, whereas the morally strange political views are favouring, and I guess largely for this reason, conceptions more akin to European positivism. But it is absurd to judge theories, even legal theories, by there entirely contingent closeness to political ideologies.

One of the oldest strategies in modifying what the Constitution really means consists in making believe that it could be living[29] like adolescents who come in the course of time to certain maturity. But this conception obviously states against all evidence that norms are living beings. This is nothing but a vitalist regression, confusing the evolution of societal beliefs with the way legal norms are structuring legal evolution through specifically legal techniques, i.e. in constitutional matters through constitutional revision.

Another step consists in the invention of an unwritten or, more recently an "invisible" Constitution. Many years ago, I argued that a lot of creationist legal arguments (arguments that state judges are creating law out of nothing), are at best presupposing invisible provisions of the Constitutions and this, in my view, seemed to be tainted with such absurdity that showing it sufficed to reject any such conception[30]. I was not aware and present my bibliographical apologies, that one of Harvard's main constitutional law specialists, Laurence Tribe, already presented a whole book in which he alertly explains the elements of the invisible constitution as a matter of positive law, comparing it with the dark matter in astrophysics[31]. But again, the scope of such speculations consists only in providing a status of para-positive constitutional law to elements, which

---

29 The literature propagating a "living constitution" fills entire libraries. See e.g. for a historical account of the emergence of this conception, H. BELZ, A Living Constitution or Fundamental Law? American Constitutionalism in Historical Perspective. Rowman & Littlefield Washington 1998; S. K. Padover, J.W. Landynski, The Living U.S. Constitution, Meridian New York 1995. A wonderful flower of legal vitalims is to be found in D. A. STRAUSS, The living Constitution, Oxford University Press, 2010, p. 38: "The common law approach provides a far better understanding [than the "originalist" one, OP.] of what our constitutional law actually is". And the "common law" understanding consists, according to this author, in considering the text of the Constitution secondary with respect to practice, judicial or otherwise. The problem with such approaches consists mainly in the fact that they provide an inconsistent conception of the Constitution for which "constitution" seem to mean something like "effective practice", which would leave the normative meaning of the document "Constitution of the United States" without any legal relevance whatsoever. But then, why does effective practice (judicial decisions, statutes, amendments, executive orders, regulations etc.) quote this document as the ultimate justification of the most diverse legal enactments? Such justificatory argument may at times be problematic (and it often is), but it seems difficult to deny that it is an essential part of the legal practice. It so appears that the living constitution theories are, if following this conception, mainly selective reconstructions of the legal system without clearly explained and coherent criteria of how such selection has to be operated on a precisely defined methodological basis.
30 O. PFERSMANN, "The only constitution and its many enemies", in: Andras Sajo, Renata Uitz (éd.), Constitutional Topography: Values and Constitutions, Eleven International Publishing Utrecht 2010, pp. 45-68.
31 L. H. TRIBE, The Invisible Constitution, Oxford, Oxford University Press 2008.

exist only in the imagination of liberal lawyers (and again, I cannot but tell them my political sympathy, while sympathy does not amount to valid argument)[32].

Another element of this situation consists in the shift from explicit legal provisions to court opinions, a structure I have termed the paratopic paradox[33]. Opinions are not law if they are truly opinions, that is true or false propositions about law, justifying a certain outcome (the normative part of a decision). If they were law, they could not be true or false, and there would be no logical connection between them. However, the more the Constitution is deemed silent or all too visible or all too written, the more legal scholarship seeks the real Constitution in sayings contained in judicial opinions. Many law students would be unable to quote the Constitution, but can recite the main lines of great judgements by heart.

Another strategy deployed by Bruce Ackerman consists in claiming that art. V is not exclusive, i.e. that constitutional revision may be done through whatever appropriate political action[34].

And of course, this game can also go into the opposite direction. The conservative right having understood the technique of expansive reading of the Constitution, has since the eighties tried to combat the liberal Constitution through hiring conservative judges and conservative judges are those who sustain their moral and ideological view through a purportedly, in fact relatively more positivist (originalist, textualist etc.) reading of the Constitution. One can regret their positions; unfortunately those lawyers have sometimes a better (if sometimes equally strange) reading of the existing constitutional provisions. It may indeed be politically regrettable that a majority of Americans now sustains conservative if not chaotically conservative politics and that thus there no majority to modify the American Constitution where it leaves most space for highly conservative views as in matters of arms control or the death penalty. But

---

32 TRIBE thinks that all developments which have taken place under the American Constitution as acts pertaining to the present American legal system, are contained in the Constitution, which is therefore positively invisible for everything not directly deducible from the text, but ruled or enacted by an American legal authority. This confusion between legal acts within the system (even though possibly at the edge or as entirely deficient elements) with what constitutes the basic structural data of the system leads the author to identify this invisible continent with a large part of his (approvable) political preferences. In terms of legal scholarship, this view appears mainly to be a highly visible mistake.

33 O. PFERSMANN, "Contre la confusion logonomique" in: J.-P. DEROSIER (ed.), Mélanges Jean-Claude Colliard, Paris Dalloz 2014, pp. 29-39; same author "Die Auflösung der Normbegründung als Technik der extrasystematischen Systemänderung", in: K. GIESE, G. HOLZINGER, C. JABLONER (eds.), Festschrift für Harald Stolzlechner zum 65. Geburtstag, Verlag Österreich Wien 2013, pp. 487-508.

34 B. ACKERMAN states: "After two centuries of development, America's political identity is at war with the system of constitutional revision left by the Framers." In: The Holmes Lectures: The Living Constitution (2007). Faculty Scholarship Series. 116. <http://digitalcommons.law.yale.edu/fss_papers/116>.

as a matter of law, this is how American democracy was conceived of in terms of positive constitutional law. Inventing an "alternative Constitution" may be an interesting political device, but not an objective analysis of the legal system of the United States.

The problem lies thus in an asymmetric super-conservative structure of the American Constitution. There is no global solution to the American problem. If our American friends don't find a way to build a modern democracy, we express our deep sympathy, but this is for them to resolve and legal scholarship cannot change, at best explain, the American Constitution.

Non-American legal scholarship and adjudication is tempted to adopt similar strategies. It should not follow this street. To globalize the American problem is simply to weaken rigorous legal scholarship where it still exists or strives to develop. The ability to frame a legal system on the basis of a workable differentiated consensus cannot be replaced by alternative legal speculations – if not in order to further undermine the already extremely tenuous common ground for legal analysis.

Capítulo 12
Un programme de recherche ouvert, contesté, inachevé

« En même temps que des adhésions et des imitations, la Théorie pure du droit a suscité une résistance empreinte d'une passion presque sans exemple dans l'histoire de la science juridique, et que ne peuvent expliquer en aucune façon les divergences d'idées réellement en cause dans le débat [...] A la vérité, contrairement aux apparences, la lutte ne porte pas sur la place du droit dans l'ensemble des sciences et sur les conséquences qui en résultent ; elle porte sur les rapports du droit avec la politique [...] Telle est la raison de l'opposition, qui confine presque à la haine, que rencontre la Théorie pure du droit ; tel est l'arrière-plan de la lutte conduite contre elle par tous les moyens [...] »[1]. Quatre-vingt ans après leur parution, ces phrases célèbres résonnent toujours d'actualité lorsqu'on réfléchit à la place encore intempestive de la Théorie pure dans les disciplines juridiques. Et si la stricte séparation entre le droit comme objet d'investigation scientifique d'un côté et politique et morale comme données normatives ou factuelles externes de l'autre constitue sans doute l'un des griefs principaux adressés à cette démarche[2], les raisons du rejet parfois si violent du normativisme analytique qu'elle propose sont à la fois plus générales et plus diversifiées.

En dépit d'une histoire longue d'un siècle et de bouleversements politiques et juridiques ou radicaux comme d'évolutions scientifiques de la plus grande ampleur, le projet d'une Théorie pure du droit est demeuré marginal, mal compris et vivement attaqué. Le refus explicite et violent est passé, le rejet implicite du projet scientifique subsiste. Ce sont ses raisons qu'il s'agit d'élucider.

L'idée de contribuer à une meilleure intelligence de cette théorie part de deux prémisses dont l'une est parfaitement justifiée et intéressante, l'autre plutôt excessivement optimiste : (1) l'œuvre de Hans Kelsen constitue un potentiel qu'il convient d'évaluer au regard du droit positif contemporain et des malentendus qui ont marqué sa réception ; (2) cette œuvre se situerait au centre des débats juridiques actuels. L'intérêt scientifique de la première interrogation est indiscutable, l'intuition présidant à la seconde doit être révisée. La Théorie pure, où elle constitue encore un objet de débat, cristallise tout au plus le malaise des juristes par rapport à l'objet de leur discipline. Elle s'inscrit en effet en faux contre l'objectif d'autonomie disciplinaire et intra-disciplinaire qui anime les professions juridiques et constitue ainsi une blessure narcissique difficilement supportable. Et cela est lié au statut de l'œuvre et de l'auteur.

Hans Kelsen est en effet devenu un classique et l'est encore. Il n'est pas simple d'arriver à ce statut en matière juridique puisque le droit est en perpétuelle évolution. Offrir une synthèse qui aille au-delà du simple moment ne réussit

---

1   Hans Kelsen, Théorie pure du droit (trad. Charles Eisenmann), Paris Dalloz, p. viii-sq.
2   Cf. pour une attaque symptomatique et significative contre cette conception l'écrit programmatique du jeune Dieter Grimm, « Politische Wissenschaft als normative Wissenschaft », in: Juristen Zeitung, 20, (16 juillet 1965), pp. 434-440.

que si on a soi-même compris des propriétés générales d'un développement à long terme et si on arrive à en offrir une formulation accessible et ouverte sur de nouveaux horizons d'analyse. Après la crise des Lumières et à l'encontre des projets de fonder le droit à partir d'une réflexion philosophique rationnelle et universelle, l'œuvre de Savigny représente un tel moment[3] et fait du pourfendeur des codifications[4], de l'ennemi prussien du droit prussien, le fondateur du droit civil moderne dont il construit l'ossature conceptuelle ainsi que les rapports intrasystématiques et pour lequel il offre, avec sa théorie de l'interprétation, un instrument de connaissance qui demeure pour beaucoup, aujourd'hui encore, une référence constitutive[5]. Ses écrits disent peu de choses du droit alors en vigueur – sinon pour en contester la pertinence – et pourtant ils saisissent la nature du droit civil comme étant le droit en tant que tel, le reste n'étant que des épiphénomènes externes à ces données essentielles et échappant à un traitement proprement scientifique. La portée de la thèse de Savigny dépasse en cela de loin les frontières de la Prusse qui deviendra plus tard le noyau de l'Allemagne impériale. Elle consiste à affirmer que le droit est fondamentalement civil – en dépit de ce que cherchent à imposer les convulsions politiques révolutionnaires –, il est le résultat d'une longue évolution historique qu'il s'agit de déchiffrer et de se réapproprier par un travail encyclopédique et systématique – en dépit des vaines tentatives de vouloir opérer cette mission par un acte législatif. La synthèse de Savigny et des romanistes allemands est érudite, universitaire et normative au sens où elle cherche à imposer une certaine substance du droit par la voie de sa présentation académique.

Le projet de Kelsen correspond en ce sens à une révolution copernicienne vigoureusement rejetée par les juristes, même et justement par ceux auxquels ce dessein confère un avantage décisif par rapport à l'idée de Savigny. Pour lui en effet, le droit civil n'est, pas plus que toutes les autres données de ce qu'il conviendra désormais d'appeler le système ou l'ordre juridique qu'un sous-ensemble d'un système global qui est par nature public – en un sens également spécifique – et résulte de l'ensemble des actes valables à un moment donné[6]. Ce projet n'est dès lors accepté ni par les privatistes, ni par les publicistes, ni par les historiens, ni

---

3   Les travaux sur Savigny sont légions. Pour l'une des présentations les plus influentes on se reportera à la deuxième édition de la Privatrechtsgeschichte der Neuzeit, Göttingen 1967, Vandenhoeck & Ruprecht, de Franz Wieacker, pp. 348 sqs. (3ème édition posthume 2016). Cf. également Rudolf Gmür, Savigny und die Entwicklung der Rechtswissenschaft, Aschendorff Münster/Westfalen : 1962; Olivier Jouanjan, Une histoire de la pensée juridique en Allemagne, 1800-1918. Idéalisme et conceptualisme chez les juristes allemands du XIXe siècle, PUF 2005.
4   Friedrich Carl von Savigny, Vom Beruf unserer Zeit für Gesetzgebung und Rechtswissenschaft, Heidelberg, Mohr und Zimmer, 1814.
5   Friedrich Carl von Savigny, System des heutigen römischen Rechts, Berlin Veit, 1840, vol. 1, par. 32 sqs.
6   Hans Kelsen, Reine Rechtslehre, 2ème édition, Vienne 1960, p. 285 sqs.

même par la plupart des théoriciens, même s'il a pu avoir un certain impact pendant une certaine période et dans un contexte culturel particulier[7].

Si l'on réfléchit aujourd'hui, plus de cent ans après la publication qui signe l'acte de naissance de l'École de Vienne[8] de la théorie du droit et bientôt quatre-vingts ans après la première édition de la Théorie pure du droit[9], à la réception concrète de ses enseignements dans la doctrine juridique, il convient moins de s'interroger sur les débats concernant certains points spécifiques de la théorie que de partir de la question de savoir pourquoi la contribution de Kelsen et de son école demeure externe au travail concret du juriste, en dépit de nombreuses citations et d'une discussion théorique qui ne s'est jamais entièrement arrêtée, mais demeure, mis à part quelques effets de fascination, une affaire de spécialistes en Europe et s'est largement tarie dans le monde d'expression anglaise[10]. L'hypothèse développée ici est que le travail concret du juriste est structurellement lié à des objectifs opposés au projet d'une connaissance objective. Le travail du juriste est principalement orienté vers des objectifs concrets correspondants à des intérêts. Cela paraît évident lorsqu'il s'agit des parties d'un procès qui cherchent par hypothèse à gagner une cause. Leur travail argumentatif vise à la légitimer et à convaincre ceux qui sont chargés de trancher le conflit de se prononcer en leur sens. L'instance de décision n'est en général pas liée à l'intérêt d'une partie, mais elle est obligée de trouver une solution relativement satisfaisante pour chaque cas individuel. Tant le décideur que la partie recherchent des justifications pour des objectifs et non des explications objectives en dehors de tout engagement dans l'espèce. La doctrine quant à elle entend en premier lieu apporter une

---

7   On pense ici à la dogmatique publiciste autrichienne dont certains courants demeurent fortement influencés par des conceptions méthodologiques que l'École de Vienne n'a pas toujours inventé, mais a fortement contribué à synthétiser: rigueur analytique, interprétation historique encadrant une délimitation exacte des compétences respectives des organes, une argumentation juridique toujours fondée sur des textes et en considération de leur statut dans la hiérarchie des normes tant au regard du mode de production que de la prévalence, évitement d'un recours à des données non positivées et à des jurisprudences cherchant à modifier la règle applicable. Pour un exemple récent cf. Thomas Horvath, Klimaschutz und Kompetenzverteilung, Jan Sramek Wien 2014.

8   Hans Kelsen, Hauptprobleme der Staatsrechtslehre, entwickelt aus der Lehre vom Rechtssatze, Scientia, Aalen 1911.

9   Reine Rechtslehre, Deuticke Vienne 1936. Par la suite, nous utiliserons l'expression Théorie pure en italiques lorsque nous faisons référence à l'ouvrage Reine Rechtslehre, deuxième édition, Deuticke Vienne 1960 et "Théorie pure" lorsque nous nous référons à la théorie développée dans les textes de l'École de Vienne qui se réclament de cette appartenance.

10 Pour ne donner qu'un exemple récent et significatif : un ouvrage collectif à peine sorti de presse dans une prestigieuse maison d'édition et portant le titre ambitieux Rethinking Legal Scholarship. A Transatlantic Dialogue (Rob van Gestel, Hans-W. Micklitz, Edward L. Rubin, éds., Cambridge University Press 2017) ne mentionne Kelsen qu'une seule fois p. 344 (in : Edward Rubin : « From Coherence to Effectiveness. A Legal Methodology for the Modern World » (pp. 310-350), sans aucune discussion et une référence à la Théorie pure en note qui montre que l'auteur n'a jamais vraiment lu l'ouvrage. Inutile de dire qu'évidemment, de Merkl ou d'autres auteurs de l'École de Vienne il n'y a absolument aucune trace, alors que l'ouvrage s'affiche comme étant le résultat d'un « dialogue transatlantique ».

aide aux parties et aux décideurs plutôt qu'une explication distanciée et libre de jugements de valeur.

Le projet scientifique est radicalement opposé à toute forme d'engagement pour une cause. Mais pour cette raison même, il est engagé dans une démarche de découverte, de démonstration et de systématisation. Certains élèves de Kelsen ont à ce propos utilisé le terme de «positivisme critique»[11]. Ce concept dénote une démarche qui ne contente pas de recenser des données qui se présentent comme juridique, mais cherche à en déterminer le fondement et la conformité – dans le cadre du système analysé et selon les paramètres que le système lui-même livre à ce propos. Cela veut dire aussi que ces données ne sont pas légitimées ou délégitimées, justifiées ou critiquées d'un point de vue moral ou politique externe, car leur validité est simplement supposée pour les besoins d'une étude scientifique. Cette manière d'aborder le droit de manière à la fois entièrement détachée et rigoureusement critique à l'intérieur du système supposé valide ne correspond pas ou ne rencontre que marginalement le travail toujours engagé du juriste, même universitaire, en tout cas dans son profil moyen. En ce sens, Kelsen succombe à une illusion s'il pense qu'il ne fait que systématiser, structurer et rendre plus rigoureux ce que le juriste fait depuis toujours[12]. La perspective scientifique qu'il propage exige une distance par rapport à l'objet qui est structurellement incompatible avec le travail pratique.

Une rencontre entre les deux perspectives peut se dessiner à la marge dans des hypothèses particulières. Elle peut avoir naturellement avoir lieu, lorsqu'il n'y a pas d'opposition entre les intérêts et une telle situation peut naturellement toujours se produire. Le contraste entre les positions est structurel, mais nullement nécessaire. Mais s'il ne se présente pas forcément, il n'en demeure pas moins encouragé par la manière même dont est organisé le système: la hiérarchie des normes exige certes dans une certaine mesure – très variable selon les ordres juridiques considérés – la conformité des actes de rang inférieur, mais le fait justement en admettant une certaine distance entre validité et conformité. Une convergence peut se produire ensuite lorsque les objets se situent à un niveau élevé d'abstraction qui n'auraient á première vue que peu d'impact sur des espèces en cause. Mais on observe que c'est la controverse sur les principes

---

11 Par exemple Robert Walter, « Der kritische Rechtspositivismus und seine moralische Grundlage », in : Festschrift Bydlinski, Springer Wien New York 2001, 457 ; Clemens Jabloner, « Sein und Sollen. Die ‹Wahrheit› in den Rechtswissenschaften », in : Reinhard Neck, Wolfgang Kautek, Heinrich Schmidinger (éds.), Wahrheit in den Wissenschaften, Böhlau Wien, 2015, p. 141 ; Ulrich Klug, « Thesen zu einem kritischen Relativismus in der Rechtsphilosophie », in : Skeptische Rechtsphilosophie und humanes Strafrecht; vol. 1 Rechts- und staatsphilosophische Analysen und Positionen, Springer- Berlin New York, 2013, p. 5.

12 ‹La Théorie pure du droit› « [...] ne fait rendre conscient ce que tous les juristes font, la plupart du temps, de manière inconsciente dès lors qu'ils ne comprennent le droit que comme droit positif», Reine Rechtslehre (2ème édition) p. 209.

organisant tant la production normative que sa substance qui est justement la plus violente. Le débat sur les principes a ici, contrairement à l'hypothèse, l'incidence la plus directe, car il justifiera directement la neutralisation de données positives comme l'introduction de données externes au système. Un troisième facteur de convergence peut être culturel. Il est possible que, dans certains contextes historiques favorables, la qualité de l'argumentation se soit élevée à un niveau plus élevé, en se référant, par exemple, aux principes du droit public positif, ce qui exige toujours une certaine abstraction. Mais en même temps, c'est aussi le domaine le plus politique de l'ordre juridique et par conséquent l'avantage de l'abstraction est rapidement perdu.

La résistance des juristes est multiple. Elle a connu différentes phases et variantes. Constitutive du travail juridique concret, elle entend maintenir son fonctionnement traditionnel et son influence institutionnelle sur la constitution et la transmission du savoir. Elle concerne autant les apports structurels I) que le fonctionnement social du droit. II) Elle apparaît également sous la forme d'une théorie pratique des juristes III) qui privilégie le cas par rapport à la norme plus générale qui le commande.

12.1 Différenciation limitative

La Théorie pure se construit autour d'un ensemble de concepts permettant de saisir la spécificité des systèmes normatifs de type juridique. Elle formalise des distinctions fondamentales habituellement violées par la doctrine qu'il utile de rappeler rapidement. Ces distinctions s'articulent avec une démarche réductionniste et une théorie de la pacification contextuelle par la théorie du droit.

a] La question des distinctions fondamentales

Une distinction fondamentale est une différenciation conceptuelle et commandant une maxime méthodologique d'invalidité logique d'arguments reposant sur une confusion de données relevant des domaines ainsi distingués. La doctrine connaît naturellement et opère depuis toujours à l'aide de distinctions permettant d'organiser la matière juridique, mais elles présentent rarement cette propriété e leur validité est relative au système juridique considéré. La distinction entre les contrats réels et contrats consensuels est contingente. Les distinctions fondamentales articulées par la Théorie sont au contraire de nature théorique et méthodologique, car elles structurent ou plutôt devraient la démarche du juriste. La première et celle qui oriente tout le travail de restructuration entrepris par la Théorie pure est naturellement celle entre le domaine de la causalité et de l'observation empirique d'une part et de la normativité et l'imputation d'autre part. Elle est assurément celle qui a été le plus constamment et le plus vigoureusement remise en cause par les plus divers courants de pensées et elle est aussi celle qui demeure l'axe de partage entre les démarches normativistes et les autres conceptions, même positivistes, du droit. Elle permet et exige de traiter différemment les faits observés et les rapports entre eux, exprimés en termes de propositions descriptives vérifonctionnelles d'une part et les données normatives d'autre part, mais aussi de tracer une frontière stricte entre classes de normativité répondant à des paramètres de validité différents (droit, morale, jeux, grammaire etc.). Elle permet aussi de distinguer les énoncés décrivant des normes des énoncés formulant les normes ainsi décrites. Les théories jusnaturalistes ou néo-jusnaturalistes (moralistes), réalistes ou institutionnalistes n'acceptent pas cette distinction et se situent d'amblée dans non pas tellement et simplement dans une autre vision du droit, mais recherchent la compréhension d'un autre objet, quel que soit son nom le plus adéquat. La théorie de la distinction fondamentale entre être et devoir-être conteste qu'une telle construction soit possible d'une manière logiquement cohérente.

Une deuxième distinction fondamentale, spécifique à l'École de Vienne parmi d'éventuelles variantes du normativisme différencie entre validité et conformité de données normatives dans un système normatif dynamique. Un grand nombre de lecteurs de Kelsen n'ont guère prêté d'attention à ce partage pourtant constitutif. Une norme peut être valide, c'est à dire faire partie d'un système donné, en tant qu'elle a été produite selon les conditions nécessaires et suffisantes données dans l'ordre juridique en question sans pour autant être conforme à certaines exigences supplémentaires. Cette distinction est conceptuellement nécessaire, mais positivement contingente, car il dépend de la construction positive du système dans quelle mesure elle sera concrètement mise en œuvre. Si aucun système connu y renonce entièrement, elle peut être développée de façon très différente et avec une intensité plus ou moins développée selon les ordres considérés. Cette distinction est essentielle pour comprendre les mécanismes juridiques de contrôle. Elles supposent toutes qu'un acte ait acquis une modalité de validité afin de pouvoir être examiné quant au respect d'éventuelles exigences supplémentaires. Même lorsque le contrôle intervient a priori, sa construction suppose qu'un acte ait valablement une certaine étape dans la procédure de production (par exemple un votre parlementaire) sans quoi son analyse ne serait pas possible. Et pour la même raison, la validité ne peut pas faire l'objet d'un contrôle, car sans validité un objet prescriptif n'existe pas dans l'ordre juridique, une quelconque procédure ne pourra que constater ce fait, mais une telle constatation ne constitue pas un contrôle.

La première distinction (entre être et devoir-être) permet également de déduire celle entre interprétation et concrétisation[13], autrement dit entre l'acte d'identification de la signification d'un ensemble de signes (l'interprétation) et l'acte de production normative à un niveau inférieur de la hiérarchie des normes. Cette distinction est ignorée ou refusée par les courants réalistes, mais sans elle il est impossible de comprendre la différence qui existe entre la proposition « L'article 8 de la Déclaration des Droits de l'Homme et du Citoyen formule un principe de proportionnalité spécifique des peines par rapport aux délits » ; « 14. Considérant que l'article 8 de la Déclaration des droits de l'homme et du citoyen dispose notamment que : « La loi ne doit établir que des peines strictement et évidemment nécessaires » ; 15. Considérant que le principe ainsi énoncé ne concerne pas seulement les peines prononcées par les juridictions répressives mais s'étend à toute sanction ayant le caractère d'une punition même si le législateur a laissé le soin de la prononcer à une autorité de nature non judiciaire ; (considérant 14 et 15 de la décision 87-237 DC du 30 décembre 1987 du Conseil constitutionnel) et « L'article 92 de la loi de finances pour 1988 est déclaré contraire à la Constitution (article premier de ladite décision) ». Les deux premiers énoncés sont interprétatifs et n'ont pas de valeur normative, alors même que la deuxième émane d'un organe juridictionnel, le troisième est normatif et n'a aucune valeur explicative.

Cette distinction est négligée par la doctrine pour laquelle les considérants d'une décision juridictionnelle constituent des interprétations ayant des propriété confusément normatives et niée par les réalistes pour lesquels les seules véritables interprétations sont celles que produit « l'organe d'application » et que ces « interprétations authentiques » constituent des actes de volonté attribuant leur signification au texte (ici a l'art. 8 DDHC) et de production normative, niant ainsi que cet organe puisse se tromper ou faire pour quelque raison que ce soit sienne une compréhension fausse du texte en question.

Cette distinction est liée à celle, également fondamentale, entre justification explicative et norme. Lorsque le Conseil constitutionnel formule dans la décision mentionnée « 16. Considérant qu'en prescrivant que l'amende fiscale encourue en cas de divulgation du montant du revenu d'une personne en violation des dispositions de l'article L. 111 du Livre des procédures fiscales sera, en toute hypothèse, égale au montant des revenus divulgués, l'article 92 de la loi de finances pour 1988 édicte une sanction qui pourrait, dans nombre de cas, revêtir un caractère manifestement disproportionné ; » (considérant 16) le Conseil déduit implicitement des conséquences de son interprétation (considérants 14 et 15) en vue de justifier l'annulation à laquelle il va ensuite procéder. Une

---

13 Cf. Otto Pfersmann, « La distinction fondamentale de la théorie de l'interprétation et les raisons de son oubli », Fabula-LhT, n° 14, « Pourquoi l'interprétation ? », février 2015, URL : <http://www.fabula.org/lht/index.php?id=1492>.

justification, même formulée par un organe juridictionnel, n'est pas la norme ensuite produite au titre de ses compétences (l'annulation ou la déclaration de conformité). La confusion entre ces données constitue une erreur désastreuse entraînant des effets très problématiques à long terme[14].

Une dernière distinction qu'il convient de mentionner ici est celle entre concepts structurels et concepts substantiels. Les premiers réfèrent à des données normatives constitutives de tout ordre juridique (comme le fait d'être hiérarchisé), le second réfère à donnés contingentes du droit positif. La prévalence dérogatoire de la constitution dans le cadre d'un contrôle de constitutionnalité est un élément contingent et les concepts qui le dénomment sont substantiels. Le concept de destinataire est structurel, le concept de citoyen ou de national est substantiel et contingent. Il n'y a pas d'ordres juridiques sans destinataires, mais il peut y avoir des ordres juridiques sans citoyens ou nationaux.

Une confusion fréquente consiste dans la tentative de faire apparaître des données contingentes comme constitutives et par conséquent inébranlables : l'État n'est pas la seule variante possible d'un système juridique non global, la mariage entre personnes de sexe opposé n'est pas la seule variante d'un contrat fondant une communauté de vie entre plusieurs personnes (la restriction à la monogamie est certes d'ordre public dans les États occidentaux, mais ce n'est là aussi qu'une variante possible du droit positif).

Les distinctions fondamentales vont de pair avec la critique de faux dualismes, comme celui entre État et droit ou entre droit privé et droit public.

b) Réduire l'encombrement idéologique

La doctrine traditionnelle et les théories qui lui sont sous-jacentes multiplie les éléments indispensables à l'analyse juridique ; la Théorie pure cherche à les réduire en appliquant ses propres méthodes et concepts. On évoquera rapidement les deux exemples du globalisme et de la propriété.

1) L'absence de domaines spécifiques régis par des lois propres

Le projet normativiste est techniquement global. Cela veut dire qu'il entend couvrir l'ensemble de l'univers juridique et non un ordre juridique particulier ou un

---

14 Cf. en détail sur ce point Otto Pfersmann, « Die Auflösung der Normbegründung als Technik der extrasystematischen Systemänderung », in : Karim Giese, Gerhart Holzinger, Clemens Jabloner (éds.), Verwaltung im demokratischen Rechtsstaat. Festschrift für Harald Stolzlechner zum 65. Geburtstag, Verlag Österreich Wien 2013, pp. 487-508; du même auteur: « Contre la confusion logonomique » in : Jean-Philippe Derosier (dir.), Mélanges Jean-Claude Colliard, Paris Dalloz 2014, pp. 29-39.

sous-ensemble d'un ordre juridique. Le point de vue statique couvre n'importe quelle norme juridique donnée au moment, la perspective dynamique en livre la structure de validité en retraçant l'ordre de production.

Une telle conception est, dans les faits, inacceptable pour les juristes qui se réclament du droit privé ou du droit public ou d'un quelconque ordre juridique particulier et même la plupart des juristes qui se considèrent comme positivistes maintiennent une de ces conceptions. En d'autres termes, les moyens de présentation didactiques de « branches » du droit sont artificiellement considérés comme constitutifs d'univers distincts et incommunicables.

Les conceptions habituellement opposées au monisme radical invoquent une autonomie du droit public (il serait mu par ou donnerait une expression à l'intérêt général) ou du droit privé comme conséquence d'une autonomie de la personne ou de la liberté contractuelle ou du fait qu'il résulte de la rencontre entre personnes entre lesquelles il n'existe pas de subordination. En application de la distinction entre concepts structurels et contingents, on peut montrer qu'il ne s'agit justement pas de domaines intrinsèquement distincts, mais d'accentuations opérées par le droit positif.

Le globalisme juridique récemment développé en réponse à la globalisation économique et technologique fait semblant de découvrir un phénomène absolument nouveau. Il s'agit en fait d'un élément constitutif. Il n'existe qu'un seul univers juridique, c'est simplement la différenciation de sa configuration qui change[15].

12.2 Le réductionnisme conceptuel

Le normativisme est une théorie des structures normatives organisées en termes de dépendance de validité et termes de prévalence. Cela oblige à revoir et à reconstruire des architectures conçues en termes de domaines substantiels. Un exemple caractéristique est la définition de la propriété. Celle est en général conçue comme un rapport exclusif entre une personne – ou en ensemble de personnes – et une chose. Ainsi qu'en dispose le Code civil français, « La propriété est le droit de jouir et disposer des choses de la manière la plus absolue, pourvu qu'on n'en fasse pas un usage prohibé par les lois ou par les règlements. » (art. 544).

Il s'agit de la conception civiliste traditionnelle est traduite en termes de droit positif. On devrait donc penser qu'une théorie du droit positif prenne appui sur

---

15 Cf. sur ce point, Otto Pfersmann, « Contre le pluralisme mondialisationnaliste, pour un monisme juridique ouvert et différencié », in : Marcel Senn, Bénédict Winiger et al. (éds.) Recht und Globalisierung/ Droit et mondialisation, Archiv für Rechts – und Sozialphilosophie – Beihefte (ARSP Beiheft) 121, 2010, pp. 131-144.

de telles données. Or, ce que montre la Théorie pure c'est que la propriété, même entendue au sens des codifications civiles européennes, ne peut pas établir de lien normatif entre des personnes et des choses, mais uniquement entre des personnes ou plus exactement entre des destinataires de normes : la propriété est ainsi une autorisation exclusive (et non un lien) à utiliser certains objets dans certaines limites assortie d'une interdiction générale adressée aux autres destinataires de s'approprier ces mêmes objets[16].

L'exemple est instructif car il livre une indication relative à la théorie de l'interprétation. Les énoncés normatifs, c'est à dire les énoncés formulant des normes du droit positif ne sont pas toujours à prendre au pied de la lettre non pas en raison d'une flexibilité herméneutique, mais parce qu'ils doivent être retraduits en termes des structures dans lesquelles elles s'insèrent. Plus exactement, en vue de lire strictement les dispositions juridiques en tant que données normatives il faut distinguer texte et norme et reconstruire la norme à travers les éléments de significations des textes.

A l'inverse, la doctrine et les théories traditionnelles ou néo-traditionnelles cherchent à réorienter l'ontologie du droit dans le sens d'une place plus large pour elle-même comme pour le juge en dehors des habilitations conférées. C'est en sens que l'on peut comprendre l'attention ininterrompu pour l'inattendu et les lacunes. Dire que quelque chose « n'aurait pas été prévu » ou qu'une situation « ne fait l'objet d'une norme positive » constitue une confusion entre une maxime de psychologie élémentaire (« On ne peut tout prévoir » ; « on ne peut tout régler ») et la configuration des systèmes juridiques qui organise de manière contingente, mais toujours complète le statut déontique des actions possibles (psychologiquement prévues ou non). L'insistance sur l'imprévu et l'incomplet constitue une forme de résistance contre le normativisme, mais idéologiquement une stratégie d'amplification, effectivement non prévue par les normes en vigueur, des compétences juridictionnelles et, de façon plus sournoise encore de la doctrine elle-même qui n'a jamais digéré de ne pouvoir être au moins qu'une activité de connaissance et non une autorité politique discrète en raison de sa sagesse intrinsèque.

a) La pacification par le droit

La Théorie pure comprend aussi un volet, sans doute inattendu, de sociologie normative, fondée sur les données analytiques et descriptives. En cela, l'École de Vienne est sans doute beaucoup moins originale, car des conceptions comparables sont articulées dans les traditions philosophiques et doctrinales les plus diverses. Cet aspect acquiert toutefois une fonction spécifique dans la Théorie

---

16 Cf. Reine Rechtslehre, 2ème édition, p. 135 sqs.

pure. En effet, soumettre un domaine de l'action humaine à la normativité juridique en transforme la nature. Si les faits empiriques nous confrontent à des relations de pouvoir et des conflits parfois violents, le droit soumet les antagonismes dont il se saisit à des procédures et élimine ou réduit du moins la violence. Il s'ensuit, d'un point de vue politique qu'il est préférable de transformer des conflits en procédures plutôt que d'exalter les prétendues vertus du « politique ».

D'un point de vue de sociologie descriptive de la connaissance, le rapport est inverse : l'étude scientifique du droit se développera là où les conflits sont déjà au moins relativement pacifiés. Une raison externe de la résistance envers la Théorie pure est justement la présence ou l'exaltation de conflits politiques.

Les oppositions ici brièvement rappelées concernent principalement les débats théoriques proprement dit. La véritable résistance n'est toutefois pas tellement théorique, mais pratique et dans certains éléments, alimentée par des théories développées en marge de la pratique en son soutien.

12.2 Le fonctionnement social du droit

La conception de la Théorie pure est, paradoxalement, radicalement opposée au fonctionnement social du droit

Par cette expression, je désigne le cocktail de représentations métajuridiques que les juristes se font de leur objet. La reconstruction de ces deux éléments n'est avancée ici qu'à titre d'hypothèse, car la connaissance exacte de leur fonctionnement ne saurait résulter que d'une recherche empirique approfondie et comparée.

a] L'analyse statique des systèmes dynamiques

La première hypothèse est que les découvertes de la Théorie pure mettent en lumière des éléments objectifs du droit qui sont structurellement opposés aux intérêts des destinataires : les normes de rang supérieurs sont plus générales et abstraites et ne sont en général modifiables que par les mêmes procédures régissant leur production qui, en outre, deviennent plus difficiles à satisfaire plus on monte dans la hiérarchie. Pour le dire autrement, le droit est structurellement conservateur et les individus poursuivent leurs propres objectifs subjectifs. La convergence entre ces objectifs est au mieux contingente. Il n'est pas nécessaire de faire intervenir à ce point le fait que le droit soit sanctionné[17]. On admettra justement que les actes des destinataires ne donnent pas lieu à de telles mesures.

Rappelons brièvement la thèse fondamentale de Kelsen et de son école. L'objet appelé droit est un ensemble de normes présentant des propriétés constitutives qui le distingue d'autres univers normatifs (nature dynamique, efficacité globale, sanction), son contenu ne peut être déduit ni de données empiriques, ni de données relevant de considérations normatives d'une autre nature. La mission scientifique du juriste consiste dans la description de ces ensembles avec le degré le plus élevé de précision et d'objectivité et à l'exclusion de tout élément hétérogène.

Kelsen entendait s'insérer dans un mouvement général de « scientisation » des domaines « humains » ou relevant de « l'esprit »[18]. Le terme allemand Geisteswissenschaft ‹science de l'esprit› qu'utilise Kelsen[19] est problématique et ne se comprend que contextuellement comme opposé aux sciences de la nature

---

[17] La question de la place de la sanction dans la Théorie pure a été et constitue toujours l'occasion d'un vaste malentendu, notamment parce que Herbert Hart critique Kelsen sur ce point dans une perspective positiviste. Pour Hart, la fonction du droit consiste surtout dans le fait de rendre des structures complexes d'action possibles et non dans l'interdiction et la répression. Kelsen aurait généralisé indûment l'élément répressif en en faisant une donnée constitutive de toute disposition juridique. L'argument de Hart est erroné pour plusieurs raisons. Premièrement, Kelsen ne nie pas, mais fait au contraire apparaître le statut spécifique de la norme d'habilitation. En deuxième lieu, Kelsen ne prétend nullement que toute disposition serait répressive, mais que le législateur utilise fréquemment une technique de formulation qui lui permet de faire l'économie de la mention du comportement obligatoire ou recherché. Troisièmement et surtout, Kelsen n'entend pas la sanction en un sens psychologique (comme Hart), mais comme le fait qu'en cas de non-respect d'une obligation il soit en dernier lieu obligatoire d'imposer un acte de contrainte. La sanction ainsi entendue est une donnée normative et la question de savoir si et dans quelle mesure elle intervient effectivement est purement empirique : un ordre très répressif peut être très peu efficace et vice versa un ordre très peu répressif peut être hautement efficace si les destinataires s'y prêtent. Enfin, la présence ou l'absence de ces normes est en effet constitutive des systèmes considérés comme juridiques. Sur tous ces points, cf. Otto Pfersmann, « Pour une typologie modale de classes de validité normative », in : Jean-Luc Petit (sld.), La querelle des normes – Hommage à Georg Henrik von Wright, Cahiers de philosophie politique et juridique de l'Université de Caen, no. 27 (1995), p. 69-113.

[18] « Scientisation » serait la traduction littérale de „Verwissenschaftlichung", le devenir scientifique d'une discipline. Dans la doctrine de langue allemande, on considère généralement qu'un tel phénomène serait intervenu avec la réception du droit romain à fin du moyen âge (cf. Wieacker, op. cit.) et à nouveau avec l'École historique au début du dix-neuvième siècle. Pour l'École de Vienne, il s'agit encore de variantes d'une conception certes systématique, mais fondamentalement politique de la doctrine.

[19] Hans Kelsen, Reine Rechtslehre, première édition, Deuticke Vienne 1934, p. iii. Cette préface sera republiée au début de la seconde édition. Afin de souligner le statut particulier de cette science, Kelsen écrit „Geistes-Wissenschaft".

dans le cadre de la querelle méthodologique de la fin du dix-neuvième siècle[20]. Il s'agit d'une autre façon de dire que cette science ne sera pas naturelle, mais aura pour objet certaines entités idéales et leurs expressions. En ce sens, il est significatif que Kelsen ne parle pas de sciences sociales qui sont, justement, des sciences empiriques. En quoi consiste alors exactement cet objet non-naturel et comment il est susceptible d'être néanmoins analysé de manière scientifique constitue l'une des questions que Kelsen se posera tout au long de son parcours. Il considère la définition sommaire qu'il s'agit d'actes visant à imposer des obligations ou à conférer des autorisations comme étant suffisamment plausible au regard de nos intuitions. Ce qui compte, en effet, c'est que l'on saisisse en tant que telles les normes posées et rien d'autre, car cette tâche, contrairement à l'opinion commune, est déjà suffisamment difficile[21]. Développe aussi, grâce aux travaux de Merkl et de Verdross, l'idée que le droit n'est pas simplement un ensemble de données de même nature, essentiellement composé de « lois » et dont il conviendrait de distinguer « l'application »[22]. Et ce n'est pas non plus un objet immobile ; en tant qu'il est hiérarchiquement structuré, il est aussi temporellement évolutif[23]. Il faut savoir décrire en quoi il consiste à un certain moment, mais le droit évolue dans le temps selon des règles par lui-même instituées. Il existe en d'autres termes une « dynamique du droit » parce que le droit est, dans son principe même un système normatif dynamique, c'est à dire

---

20 Wilhelm Dilthey qui articule programmatiquement l'opposition entre l'action de comprendre constitutive des "sciences de l'esprit" et celle d'expliquer, caractéristique des sciences de la nature in : Einleitung in die Geisteswissenschaften. Versuch einer Grundlegung für das Studium der Gesellschaft und der Geschichte, Leipzig, Duncker & Humblot. 1883. Pour Dilthey, ces sciences ont l'homme pour objet sans qu'il soit distingué entre son aspect naturel et spirituel. Il range parmi celles-ci l'ensemble de ce que la terminologie française retient comme étant les « sciences de l'homme et de la société », (« Das Ganze der Wissenschaften, welche die geschichtlich-gesellschaftliche Wirklichkeit zu ihrem Gegenstande haben, wird in diesem Werke unter dem Namen der Geisteswissenschaften zusammengefaßt. », p. 5) ; Kelsen au contraire insiste sur l'aspect strictement mental et non-factuel du droit.
21 Il est toujours étonnant de voir le terme « descriptif » utilisé comme une insulte ou pour le moins un reproche dans la littérature juridique française.
22 La difficulté que rencontre la doctrine française à admettre que la normativité juridique s´étende au-delà et en-deçà de la loi est caractéristique des conceptions pour lesquelles seule une prescription générale peut être légitimement considérée comme norme. Elle trouve son expression classique et sans doute aussi la plus articulée in : Raymond Carré de Malberg, Confrontation de la théorie de la formation du droit par degré avec les institutions et les idées consacrées par le droit positif français relativement à sa formation, Paris Sirey 1933, passim et en particulier pp. 30-34 ; 85-94 ; 153-167.
23 Cf. Otto Pfersmann, « La production des normes : production normative et hiérarchie des normes », in : Michel Troper, Dominique Chagnollaud (sld.) Traité international de droit constitutionnel, vol. 2, Dalloz 2012, pp. 483-528 ainsi que : « Temporalité et conditionnalité des systèmes juridiques » in : Revue de la Recherche Juridique, vol. XIX (1994), pp. 221-243. Nouvelle publication in : Jean-François Kervégan (dir.), Crise et pensée de la crise en droit. Weimar, sa république et ses juristes, ENS Éditions Lyon 2002, p. 55-86 ; cf. également : « Il quadro strutturale della temporalità degli ordinamenti normativi giuridici », in : Pietro Perlingeri (sld.), Diritto intertemporale e rapporti civilistici, Edizioni scientifiche italiane 2013, pp. 259-282.

« organisant – selon la célèbre formule – sa propre création »[24] et destruction. Cela veut cependant dire que la façon dont se présente la dynamique ne peut être identifiée que sous l'angle statique, c'est à dire à un certain moment de référence : la constitution organise la production législative et le contrôle de conformité de cette production au moment de référence t, le code de procédure civile détermine la production des actes juridictionnels de ce domaine au moment de référence etc. L'appréciation de la conformité des actes produits ensuite au moment ti sera analysé d'un point de vue statique par rapport à ce nouveau point de référence où d'autres éléments pourraient également avoir été modifiés par rapport à t. Parce que le droit organise sa propre modification, celle-ci n'est possible que selon les règles la concernant. Elles confèrent une habilitation (combinée parfois avec une obligation) qui est par là-même délimitée. Ce qui n'est pas fait selon cette règle sort de son champ et ne constitue pas – toutes choses égales par ailleurs – un changement juridiquement valide. Le droit est un système normatif dont la dynamique est pré-ordonnée.

Cependant, et justement parce les normes ne disent rien de la réalité causale, la pratique sociale du droit suit des parcours qui cherchent constamment à s'éloigner de la règle. Les intérêts présidant à la production normative générale et à ceux œuvrant lors de la production d'actes individuels sont fréquemment antagonistes. Il s'agit d'une perspective de participant ou de ce que l'on peut qualifier de homo juridico-practicus. Alors que le jurislateur entend réguler un certain domaine dans son ensemble de telle façon que les mêmes circonstances impliquent les mêmes conséquences en termes d'obligations, d'interdictions ou d'autorisations, celle ou celui qui produit un acte individuel ou en fait la demande cherche par hypothèse à promouvoir ses propres intérêts ou ce qu'il ou elle considère comme l'action la plus appropriée au regard des circonstances de l'espèce. Si la règle y correspond, on s'appuiera dessus, mais si elle n'y correspond pas, on cherchera à la contourner. Les raisons peuvent être multiples et l'hypothèse n'entend guère se référer uniquement à l'égoïste, au cynique ou au gangster[25], elle englobe tout aussi bien l'idéaliste et le moraliste qui considère la règle comme injuste ou simplement inadaptée à une situation « nouvelle » ou « difficile ». Ni l'avocat, ni le juge, ni l'agent administratif n'ont un intérêt nécessaire à suivre la règle telle qu'elle est posée et telle qu'elle devrait être analysée d'un point de vue statique. La particularisation et la concrétisation sont opérées dans une perspective que l'on peut qualifier de subjectivisme applicatif. Et telle est d'ailleurs plus généralement la finalité de toute production normative d'un

---

24 Déjà : Reine Rechtslehre, première édition (op. cit.), p. 74.
25 La perspective du méchant est justement l'hypothèse de départ du réalisme américain telle que l'expose Oliver Wendell Holmes Jr., "The Path of the Law", in : Harvard Law Review 10 (1897) pp. 457-478.

degré inférieur : le législateur ne veut pas être lié par la constitution, l'organe réglementaire ne veut pas être lié par la loi et ainsi de suite, et même l'État membre ne veut pas être lié par le droit européen ou l'État par le droit international. Même l'application concrète d'un contrat cherche fréquemment à s'en éloigner. Pour la Théorie pure, il s'agit là d'actes plus ou moins fautifs s'ils entrent encore dans l'habilitation conférée, juridiquement nuls s'ils en sortent. Et d'un point de vue strictement juridique, la question sera alors celle de l'application des règles relatives au contrôle de tels actes fautifs, ces règles étant à identifier à leur tour au moment de référence t, mais donnant lieu à une production normative à un moment différent, t2 ou t3 ou tn.

b] La difficulté de la neutralité dans l'analyse du général

La pratique juridique tend par conséquent à contourner et à s'éloigner du droit – relativement plus général et abstrait – posé, en vue de promouvoir des intérêts – relativement – particuliers au regard du degré de la norme applicable. D'un point de vue juridique, un tel développement entre parfaitement dans la dynamique prévue aussi longtemps que l'on demeure dans le cadre du calcul des défauts. Cela devient au contraire très problématique lorsque l'on se situe à sa limite et plus encore lorsqu'on la franchit sans que cela apparaisse clairement. Il en résulte une tension permanente qui expose le système à de fortes fragilités, car à partir d'un certain degré d'éloignement des actes par rapport aux règles posées, il deviendra difficile de maintenir la fiction que le système se serait simplement développé selon les règles de sa propre dynamique.

D'un point de vue – hypothétiquement et abstraitement – sociologique, les métiers du droit ne peuvent qu'adopter une position ambiguë, sinon hostile par rapport au point de vue strictement juridique que cherche à promouvoir la Théorie pure. La dynamique sociale de la pratique juridique va dans le sens d'un éloignement constant au regard de la règle et s'intéresse à des théories – sit venia verbo – qui appuient ces démarches. Si l'objectif du positiviste normativiste consiste à protéger le droit contre les juristes[26], c'est à dire contre la pratique qui cherche à s'en éloigner, l'objectif des juristes est au contraire celui de se prémunir contre la conception statique de la dynamique strictement entendue. La recherche d'un appui argumentatif dans les propositions d'une théorie normativiste ne peut alors être que parfaitement contingente. Sa fréquence constitue un test de la volonté des juristes d'appliquer le droit. Le résultat – toujours sous

---

26 Je dois la paternité de cette expression à Clemens Jabloner. J'en ai fait le titre d'une conférence (Come proteggere il diritto dai giuristi) non encore publiée, mais accessible en streaming.

réserve d'études empiriques sérieuses sur le sujet – sera, on peut l'imaginer, assez décevant.

A cet endroit, le point théoriquement intéressant peut être formulé de la manière suivante : si la pratique effective s'éloigne de la règle qui la détermine normativement et si la pratique se matérialise néanmoins sous forme de normes (relativement plus) concrètes et particulières, ne conviendrait-il pas de décrire exactement ces développements comme étant, justement, le droit positif ? La réponse à cette objection qui alimente des courants théoriques alternatifs – principalement réalistes – consiste dans le rappel du fait que s'écarter d'une règle peut être une option parfaitement possible si elle est juridiquement organisée, c'est à dire s'il existe une habilitation préalable de modifier le cadre applicable à travers une opération de concrétisation. Ce qui n'est en revanche pas concevable, c'est qu'une norme d'habilitation autorise à faire autre chose que ce qu'elle autorise. En outre, et parce que la production d'une norme exige toujours au préalable l'existence d'une norme d'habilitation, le concept même de « pratique » est problématique s'il est utilisé en vue de faire apparaître certains actes juridiquement non fondés comme juridiquement fondés.

C'est cependant exactement à cet endroit que les théories courantes ou simplement plus proches de la pratique cherchent à rendre plausible sinon inévitable la formation de droit à la fois externes aux voies prévues et néanmoins interne au système. Les conceptions assez généralement admises de « droit jurisprudentiel » en constituent les plus exemples les plus répandus[27]. Elles sont contradictoires : ou bien elles sont contraintes d'admettre que le juge est allé au-delà de ses compétences ou que le fait jurisprudentiel constitue en tant que tel du droit. La théorie normativiste met simplement ces données en lumière.

On comprend alors que même certains juristes, parfois lecteurs assidus de Kelsen, cherchent à substituer une démarche « empirique » à l'analyse des normes. En d'autres termes, la résistance non théorique des juristes à l'application d'une théorie du droit visant une amélioration de sa qualité scientifique est invoquée comme prétexte en vue d'analyser le droit comme un simple phénomène

---

[27] Ainsi pour Fritz Ossenbühl, « La légitimité du droit jurisprudentiel ‹Richterrecht› est en principe incontestée. Le droit jurisprudentiel concrétisant la loi ou comblant des lacunes est inclus dans la fonction étatique « juridiction » dans sa conception traditionnelle ». Cet auteur concède toutefois qu'il « restera un problème éternel de savoir où se situent les limites du droit jurisprudentiel admissible », mais arrive à la conclusion que « les juridictions se saisissent à titre subsidiaire de compétences lorsque le législateur parlementaire échouent » (in : Josef Isensee, Paul Kirchhof (éds.), Handbuch des Staatsrechts der Bundesrepublik Deutschland, vol. V, 3ème édition, Heidelberg C.F. Müller 2007, p. 161. Pour la France, la théorie implicite droit jurisprudentiel comme forme complémentaire autonome de production normative est analysée dans Otto Pfersmann, « Relativité de l'autonomie ontologique, confirmation de l'autonomie disciplinaire institutionnelle, paradoxe de l'hétéronomie épistémologique », in : Bertrand Mathieu (dir.), 1958-2008. Cinquantième anniversaire de la Constitution française, Paris Dalloz 2008, pp. 527-544.

empirique d'utilisation d'énoncés prescriptifs dans des relations de pouvoir. Les différentes tentatives de « réalisme » juridique constituent en ce sens des variantes du rejet des thèses fondamentales de l'École de Vienne et de son projet scientifique au nom d'un projet scientifique alternatif dont l'objet n'est cependant pas le droit (ni un quelconque système normatif) tel qu'il est conçu par la Théorie pure[28].

12.3 La théorie pratique des juristes (TPJ)

J'appelle « théorie pratique des juristes » l'ensemble des conceptions métajuridiques qui guident le travail concret des juristes. Ces conceptions sont multiples, diverses, souvent confuses et rarement exprimées en tant que telles, encore plus rarement articulées et systématisées. Cela les rend particulièrement difficiles à saisir, alors qu'elles sont indirectement déterminantes pour la démarche du praticien. La reconstitution de ces enseignements constituerait un important projet de recherche appelant de nombreuses précautions. On ne peut pour le moment, là aussi, qu'avancer quelques hypothèses principales quant au fonctionnement de ces croyances. Elles se manifestent principalement sous la forme, d'une part, de la théorie de la primauté du cas et de l'exigence de l'adaptation à l'espèce, et d'autre part de la théorie de la flexibilité herméneutique La théorie de la primauté du cas (a) dit que la solution du problème posé ressort des données mêmes de l'espèce et peut être déduite des faits constitutifs dont l'étude devrait guider la recherche de la solution.

La théorie de la flexibilité herméneutique (b) affirme que l'interprétation des textes doit être guidée par la recherche de la solution adéquate. Les deux thèses sont complémentaires et visent à élargir – en dehors des règles pertinentes, mais

---

28 Les réalismes juridiques constituent une famille de théories exigeant naturellement une classification approfondie. Les réalismes américains s'opposent au droit dans les livres, c'est à dire les règles abstraites et générales, mais sans référence à une théorie scientifique de l'analyse de ces normes. Certes, l'École de Harvard proposait un tel modèle sous l'impulsion de Langdell et le mouvement réaliste américain est souvent vu comme une réaction contre la place que cet enseignant y attribuait aux « principes », mais son idée fondatrice consistait dans la substitution de l'analyse casuistique à l'étude des textes généraux et des ouvrages qui cherchaient à en donner une présentation systématique et didactique et constitue ainsi une simple étape vers le réalisme. Certaines variantes ont par la suite adhéré à une conception scientifique empirique, sociologique, psychologique ou économiste. Le réalisme scandinave est rigoureusement empirique et s'appuie sur des éléments de théorie des sciences empiriques et de philosophie du langage. Les réalismes français et italiens constituent les variantes les plus curieuses de cette démarche au sens où elles insistent à la fois sur le caractère normatif et systémique du droit, souvent en référence et dans les termes mêmes de Kelsen, et sur sa nature strictement empirique ou factuelle.

sous la supervision du commentateur savant qui peut ainsi demeurer dans le jeu de la production normative – au maximum le pouvoir discrétionnaire du juge ainsi que la fonction de proposition de l'avocat.

a] **La primauté du cas**

La théorie de la primauté du cas affirme que chaque espèce exige une solution résidant dans les données du cas lui-même. Cette conception existe sous une multitude de variantes admettant plus ou moins d'intégration dans un contexte régi par des normes relativement plus générales, mais partant toutes de l'idée que l'espèce commande elle-même son dénouement. La perspective de l'homo juridico-practicus ou du participant relève par hypothèse du subjectivisme applicatif. Qu'il soit décideur, demandeur ou défendeur, le praticien est confronté à l'exigence de résoudre des cas particuliers et de chercher la solution qui lui paraît la plus adéquate, la personne concernée par une procédure par celle d'obtenir une décision favorable. Une telle perspective située est par hypothèse constitutive de la démarche de ceux que l'on qualifie d'acteurs dans un Cette conception est non seulement parfaitement compréhensible, elle constitue le fondement explicatif des comportements pratiques. En même et pour les mêmes raisons, elle est entièrement incompatible avec une analyse juridique de ces situations. Juridiquement, le praticien, comme n'importe quel destinataire, est obligé de surmonter son point de vue et de se situer dans la perspective objective du système. Cela n'exclut nullement la prise en compte de démarches subjectives, mais uniquement et pour autant qu'elles découlent des données objectives du système, par exemple en laissant une certaine marge discrétionnaire.

La thèse selon laquelle ce serait le « cas » lui-même qui dicterait la norme et non l'inverse est entièrement incompatible avec toute variante de normativisme pour lequel le problème de la solution du cas concret n'est envisageable que dans le cadre des normes relativement plus générales qui régissent le domaine concerné. Toute question applicative se pose en termes de normes relativement plus générales et abstraites. La première démarche du normativiste consiste par conséquent dans l'identification des normes qui pourraient éventuellement régir la question posée. Celle de l'adhérent de la théorie de la primauté du cas recherche au contraire les intuitions axiologiques – extra-juridiques – véhiculées par la confrontation avec les données de l'espèce. Une telle démarche fait également appel à des normes, mais non à celles du système ou alors de manière simplement contingente. Elle demande au contraire comment le système devrait s'adapter à des exigences normatives extra-systématiques.

Une telle conception pose plusieurs problèmes. En premier lieu, elle relève d'une vision naturaliste puisqu'elle fait émerger la norme de données factuelles.

En deuxième lieu, elle est proprement inconcevable en termes juridiques, même si l'on essayait de lui donner un fondement en droit positif. Car un système qui habiliterait les juridictions – ou d'autres organes – à rendre toute décision « qui lui paraîtrait le mieux correspondre aux données de l'espèce » ou « en opportunité » comporterait toujours des normes générales et abstraites régissant les compétences de ces organes ainsi que les procédures auxquelles ils seraient soumis en vue de produire des normes valides. En troisième lieu, et pour cette raison même, il n'existe aucun ordre qui aurait cherché à positiver cette conception. Les systèmes dits de common law connaissent au contraire des règles générales très détaillées en dépit desquelles les juridictions élaborent des principes différents et ces principes constituent à leur tour des règles générales pour les décisions juridictionnelles futures. En quatrième lieu, même si l'on pouvait surmonter la difficulté du naturalisme, la production normative à travers le cas demeurerait mystérieuse puisque la décision concernant le cas lui-même n'a par hypothèse qu'une portée limitée à l'espèce et que l'extension à d'autres cas, si elle devait avoir lieu, n'est pas organisée et si elle l'était – par exemple s'il est dit que d'autres organes sont liés par la décision – il n'est pas clair quels éléments d'une décision seraient exactement dotées d'une telle force, elle n'est pas déterminée, et le mécanisme non plus. En dépit de ces difficultés, le naturalisme casuistique anime de plus en plus en largement l'élaboration et la transmission du savoir juridique. Cinquièmement, si le cas créait une norme générale, le prochain cas serait soumis à cette norme, ce qui serait en contradiction avec l'hypothèse. En effet, les systèmes admettant des précédents sont contraints à limiter la perspective normo-génétique du cas à la première occurrence, souvent difficile aussi à identifier qu'il l'est de savoir quand un nouveau constitue une instance d'application. Sixièmement, l'idée même que le cas puisse commander le résultat demeure énigmatique, car, en dehors de nos appréciations subjectives, il n'implique aucune issue particulière à moins de supposer justement l'existence d'une norme générale que cette conception refuse.

Cette conception est rarement théorisée en tant que telle et demeure à l'état latent dans les textes qui la prennent pour point de départ. Elle sous-tend les publications de jurisprudence commentée. Les « Grandes décisions », les « Grands arrêts », les « Grands avis » ou les « Grandes délibérations » suggèrent que les cas présentés sont grands sans que les critères de cette grandeur soient précisés ou simplement rendus intelligibles. Ce qui assure apparemment leur taille à ces décisions n'est pas tellement la rigueur du raisonnement qui n'est qu'une propriété formelle, indépendante tant de la substance que des effets concrets que ces jugements sont sensés engendrer. Le fil qui relie les cas colligés consiste au contraire dans une valeur ajoutée de changement excédant le cadre de départ. En langage idéologique, ces configurations sont souvent qualifiées « d'avancées », atténuant ainsi le fait que le juge a rendu une décision inattendue, problématique au regard des conditions juridiques applicables et positivement accueillie en vertu de raisons normatives extra-juridiques, c'est à dire morales et politiques. Afin de canaliser ces effets, les commentaires cherchent à formuler cet élément comme une donnée intra-juridique posant un principe général et abstrait que même un législateur n'aurait pu formuler en ces termes. La littérature casuistique légitime autant qu'elle promeut un mode de développement proprement juridictionnel – et de ce fait paradoxal – du droit, indépendant des normes de production de normes et insaisissable à partir d'elles.

La réflexion et l'enseignement juridique à partir du cas s'est développée parallèlement aux États-Unis et en France vers la fin du dix-neuvième siècle. Il serait par conséquent erroné d'y voir une ligne de partage entre le droit de tradition continentale-européenne et anglo-américaine.

Si cette conception est rendue explicite[29], elle l'est en général de manière indirecte, par exemple dans le cadre d'une réflexion sur la « développement créatif du droit »[30] ou sur le rôle du juge ou sur l'interprétation. Elle a connu une nouvelle et remarquable diffusion dans le sillage des travaux de Ronald Dworkin qui a systématiquement opposé les cas « difficiles »[31] à l'application des « règles », mais les théories de Dworkin ne constituent que la réactivation, parfois sophistiquée, de conceptions courantes et anciennes.

Les cas produits ou invoqués par Dworkin font généralement appel à nos intuitions morales, c'est à dire à la manière dont nous envisagerions la solution en dehors de contraintes externes à notre conscience comme le sont justement celles du droit positif. Le schéma du raisonnement est le suivant: parce qu'il est moralement difficilement acceptable qu'un testament soit maintenu en vigueur alors qu'il bénéficie au meurtrier du testateur, parce qu'il est moralement difficilement acceptable que la responsabilité civile d'un constructeur automobile soit limitée à la seule garantie du matériel défectueux – par exemple le volant

---

29   Cf. par exemple pour un concentré de la pensée juridictionnaliste : Plaßmann, Die Logik in der Rechtsfindung, Die Justiz 1963, p. 327.
30   La doctrine, plus exactement la théorie pratique des juristes allemands a développé un concept très difficilement traduisible en français : Rechtsfortbildung. Ce terme suggère un développement à la fois interne au système et au-delà du strict respect des normes encadrant la production juridique. La littérature est abondante et tourne en général autour de cette impossible synthèse entre la continuité interne qui assure la légalité et la créativité extrajuridique qui confère la plus-value en termes légitimité morale. Pour un regard critique, cf. Bernd Rüthers, Die heimliche Revolution. Vom Rechtsstaat zum Richterstaat. Mohr Siebeck Tübingen 2016 (2ème édition).
31   La théorie des cas difficiles est d'abord exposée dans l'article programmatique « The model of rules » (35 University of Chicago Law Review, vol. 35 (1967), pp. 14-45, puis détaillé in : « Hard Cases », in : Harvard Law Review, vol. 88, (1975), pp. 1057-1109 avant d'être repris dans Taking Rights Seriously, Harvard University Press 1977, le livre qui en dépit d'une multitude de publications subséquentes est demeuré le fond de sa pensée et la source d'inspiration du renouveau de la théorie de la primauté du cas.

d'une voiture –, indépendamment du dommage effectif causé par son usage – la destruction intégrale du véhicule et des dommages causés aux personnes[32] ou parce qu'il est moralement requis que la responsabilité d'une maison pharmaceutique pour des dommages causés par ses médicamentes réponde aux dommages causés –, et parce que le juge a rendu une décision allant dans ce sens en dehors des règles applicables, le droit en tant qu'exercice interprétatif et d'intégrité est la façon dont le juge résout les cas « difficile ». Cette théorie porte simplement à l'extrême le refus d'admettre l'existence de normes générales préalablement établies[33].

La conception de la primauté de l'espèce se nourrit traditionnellement de confusions relatives aux théories du « droit naturel » ou de ses équivalents conceptuels comme le « droit sur-positif » ou « sur-légal ». Elle a connu son plus important développement en Allemagne en réaction à l'opportunisme des juridictions pendant la période nazie qui a fait naître l'idée que le juge devrait, dans certains cas, appliquer un droit au-dessus du droit et à l'inverse refuser

---

32   Ces cas (Riggs v. Palmer, 115 N.Y. 506 (1889) et Henningsen v. Bloomfield Motors, Inc., 32 N.J. 358, 161 A.2d 69 (N.J. 1960)) sont invoqués comme preuve du fait que les principes seraient à l'œuvre dans la solution de « cas difficiles » in : « The model of rules » (cf. note précédente) pp. 29sqs.

33   L'astuce consiste dans l'introduction d'une distinction entre « règles » et « principes » (« Model of rules », op. cit.). Selon Dworkin, les principes (au sens où il utilise ce terme) existeraient dans l'ordre juridique sans avoir été produits et seraient susceptibles de combinaisons pondérées entre éléments contradictoires, alors que les règles (à nouveau au sens que retient cet auteur) ne supporteraient pas de contradiction de sorte qu'en cas de conflit l'une ou l'autre perdrait sa validité. Cette construction est problématique à plusieurs titres : (1) si la distinction entre règles et principes était interne au système juridique, la nature des principes serait difficilement compréhensible puisqu'ils seraient à la fois internes et externes au système puisque leur existence découlerait de la seule activité des juges. (2) Et si les principes existaient parce que les juges les appliquent, il y aurait bien une « source » à savoir la décision juridictionnelle qui à son tour n'existe que parce que les règles de procédure lui confèrent ce statut. (3) En outre, l'invocation d'une donnée par un juge ne constitue pas en tant que telle une preuve de l'existence de l'objet invoqué, sauf à envisager l'hypothèse absurde que le verbe du juge serait thaumaturge.

d'appliquer un droit injuste[34]. Cette conception est naturellement non seulement incompatible avec le positivisme normativiste, mais elle repose surtout sur une confusion. Le normativisme ne légitime aucun ordre normatif et ne dit strictement rien sur ce qu'un juge – ou un autre destinataire de normes juridiques – doit effectivement faire en son âme et conscience, mais seulement ce qui est obligatoire, permis ou interdit à l'intérieur d'un certain système de sorte qu'il n'est même pas possible de le critiquer si on ne l'a pas préalablement identifié et analysé. L'illusion fondamentale consiste ici dans l'idée qu'il pourrait y avoir un droit qui serait en tant que tel et intrinsèquement juste et qui comporterait en lui-même le correctif de toute forme d'injustice, soit en ajoutant les éléments vraiment justes qui manqueraient en apparence, soit en éliminant les éléments injustes qui sembleraient être présents. Le droit serait naturellement parfait et imparfait seulement lorsqu'il est vu de l'extérieur, c'est à dire comme simple droit positif. Étant donné que les conceptions de ce qui est intrinsèquement juste sont fort divergentes, affirmer une telle conception se traduit directement par la revendication d'une compétence de décision positive soustraite aux contraintes de normes plus générales et abstraites, mais ayant si possible les mêmes effets, sinon des effets supérieurs à ces dernières. Dans le contexte d'un système où les lois sont adoptées par un organe représentatif ou par référendum, il s'agit d'une position idéologique anti-démocratique. En vue d'éviter une telle impression, la position de la primauté du cas est souvent présentée comme découlant de la juste attitude du juge, elle-même éventuellement considérée comme résultant d'exigences de « justice ». Elle est très clairement résumée dans l'étonnante formule de Werner Maihofer : « Nous méprisons le juge qui décide contre sa propre

---

34 Selon la trop célèbre formule de Gustav Radbruch (« Fünf Minuten Rechtsphilosophie », in : Rhein-Neckar-Zeitung du 12.9.1945, cité d'après le même in : Erik Wolf, Hans-Peter Schneider, Rechtsphilosophie, 8ème édition, Stuttgart 1973, pp. 327 sqs. et, du même auteur : « Gesetzliches Unrecht und übergesetzliches Recht », in : Süddeutsche Juristenzeitschrift (5) 1946, pp. 105-108) ; le positivisme aurait privé les juristes de défense contre les aberrations criminelles du droit nazi. Cette idée a non seulement été défendue par beaucoup de juristes, mais a été appliquée par les juridictions et en particulier la Cour constitutionnelle fédérale. Robert Alexy s'est appuyé sur cette jurisprudence en vue d'établir un pont entre sa réception des théories de Dworkin et ses vues relatives à la correction du droit injuste par le juge. L'un des protagonistes les plus ardents de la thèse de Radbruch, le juge Hermann Weinkauff, premier président de la Cour fédérale de 1950 à 1960 et directeur de l'ouvrage collectif Die deutsche Justiz und der Nationalsozialismus. Teil I, Stuttgart, Deutsche Verlagsanstalt 1968, a lui-même été un juge tout à fait opportuniste sous le régime nazi, puis véhément opposant contre les mesures excluant les anciens membres de la Gestapo ou leurs veuves du bénéfice d'une pension de fonctionnaire. Rendant une décision contraire à celle de la Cour constitutionnelle fédérale, la Cour fédérale fit plier cette dernière dans un sens favorable aux anciens membres du parti. La théorie de Radbruch et plus généralement la version jusnaturaliste de la thèse de la primauté du cas peut, il fallait s'y attendre, servir n'importe quelle cause parce qu'elle repose sur un critère indéterminé de la justice qu'elle cherche à faire apparaître comme un élément interne à un droit supérieur alors qu'il s'agit simplement des visions extrajuridiques (moralement bonnes ou mauvaises) des personnes en charges d'habilitations de production normative.

conviction et nous le révérons lorsque sa fidélité au droit ne se laisse pas entraîner dans l'erreur par des lois si mauvaises ou même fausses, par des lois injustes ou même immorales »[35].

L'argument de la primauté du cas se décline souvent aussi comme l'exigence de répondre à une situation nouvelle et non prévue par le législateur. Aux États-Unis, elle se présente sous le titre de la Constitution vivante que le juge doit actualiser afin de ne pas être soumis aux conceptions « des morts d'il y a deux siècles »[36]. Le concept est plus que problématique puisqu'une constitution n'est justement pas un être biologique vivant, mais une création artificielle qui n'a de ressource en vue d'assurer son changement que des règles à cet effet. La déclarer « vivante » veut simplement dire qu'il ne faut pas respecter la Constitution en vigueur parce qu'elle n'a pas été modifiée selon les souhaits de promoteurs de cette théorie et qu'il convient non seulement d'agir selon ces souhaits, mais aussi de présenter ces actes extraconstitutionnels comme intra-constitutionnels.

---

35 Werner Maihofer, « Die Bindung des Richters an Gesetz und Recht », in : Annales Universitatis Saraviensis, 1960, p. 20. Citation originale: « Wir verachten den Richter, der gegen seine Überzeugung entscheidet, und wir verehren ihn, wenn er sich in seiner Rechtstreue durch noch so schlechte oder gar falsche, durch noch so ungerechte oder gar unsittliche Gesetze nicht beirren läßt. » Werner Maihofer, ardent défenseur du jusnaturalisme, peu connu aujourd'hui, a été professeur de philosophie du droit et de droit pénal à Sarrebruck et à Bielefeld, mais aussi homme politique et ministre dans plusieurs gouvernements de 1972 à 1978. Ministre fédéral de l'intérieur, il dut démissionner parce qu'il avait approuvé la mise illégale sur écoute de Klaus Traube, scientifique et manager opposé à l'utilisation de l'énergie nucléaire que l'on soupçonnait – à tort – d'être un agent de la Fraction Armée Rouge.

36 Cette expression relevant d'un vitalisme conceptuel, semble avoir été introduite par Howard Lee McBain (1927). The Living constitution, a consideration of the realities and legends of our fundamental law, New York The Workers education Bureau Press 1927. Elle a connu une grande fortune avec la jurisprudence de la Cour Warren. Parmi les défenseurs actuels de cette conception on pourra surtout mentionner Bruce Ackerman, par exemple : « The Holmes Lectures: The Living Constitution », in : Harvard Law Review, vol. 120 (2007), pp. 1737-1812 ou Jack Balkin dans de nombreuses contributions, dont par exemple : « Alive and Kicking: Why no one truly believes in a dead Constitution ». August 29, 2005 <http://www.slate.com/id/2125226/>; ou encore David A. Strauss, The living Constitution, Oxford University Press, 2010. Pour une histoire de cette évolution : Herman Belz, A Living Constitution or Fundamental Law. American Constitutionalism in Historical Perspective, Boston, Rowman and Littlefield 1998. La position opposée réclame la stricte application de la Constitution historique « originaire ». Elle a notamment été défendue par le juge Antonin Scalia, A Matter of Interpretation. Federal Courts and the Law, with Commentary by Amy Gutmann, Gordon Wood, Laurence Tribe, Mary Ann Glendon, Ronald Dworkin, Princeton University Press 1997. L'opposition entre ces conceptions se présente aujourd'hui comme un choix entre des positions politiques de droite et de gauche, progressiste ou conservatrice alors qu'il s'agit d'une question de méthode et du fait que le droit est une technique conservatrice en tant qu'il permet de stabiliser non seulement certains comportements à travers des normes, mais aussi le changement de ces normes par les normes de modification de normes. La politisation des questions de méthode constitue ce que l'on peut appeler « le problème américain ». On ne peut se contenter de regretter l'exportation globale d'une telle confusion tout à fait désastreuse pour une étude objective du droit en vigueur ainsi que pour toute politique visant à changer ce droit en accord avec les procédures juridiques démocratiquement prévues. Cf sur ce point, Otto Pfersmann, « Legal Globalisation as a Municipal American Problem », in : Annuario di Diritto Comparato 2017, pp. 475-498.

Dans toutes les variantes, partir du cas plutôt que de la norme constitue une contradiction et vise une modification des compétences au profit d'organes non spécifiquement habilités.

Cette théorie est contradictoire puisque le cas, aussi compréhensif soit son examen, ne comporte en tant que tel aucun élément dirigeant sa solution dans un sens ou un autre, sauf à supposer une norme plus générale (interne ou externe au système), ce qui est justement contraire à l'hypothèse, mais oblige le défenseur de cette conception à présenter ses vues comme si cette norme n'était qu'une donnée factuelle. Elle constitue un argument visant à modifier les compétences préalablement établies puisqu'il s'agit d'attribuer – en général à un organe juridictionnel – une habilitation alternative[37], toujours encore plus étendue que celle dont il bénéficie sous les normes en vigueur et de présenter une telle habilitation extra-juridique comme intra-juridique.

b] La flexibilité herméneutique

La thèse de la flexibilité herméneutique vise à donner une assise positive à l'écart par rapport à la norme. Elle vise à établir le caractère juridiquement correct d'une règle alternative n'ayant aucun fondement dans les normes existantes.

La théorie pure du droit ne traite l'interprétation que sous un l'angle spécifique de la production normative et a ainsi contribué à entretenir un malentendu qu'elle entendait en principe éclaircir et dont elle cherchait à réduire l'impact. Le chapitre que Kelsen consacre à ce sujet introduit une distinction entre « interprétation doctrinale » et « interprétation authentique ». La première consiste dans l'analyse de la signification des formulations de norme opérée par la doctrine, la seconde dans les énonciations applicatives ayant une portée normative dans

---

37 L'idée, introduite par Kelsen, d'une compétence d'édicter une « disposition alternative » (Reine Rechtslehre, 2ème édition, p. 271sqs.) par rapport à celle prévue par les normes de rang supérieur selon le rapport de production a ainsi donné lieu à de nombreux malentendus. Les défenseurs du réalisme juridique ont notamment soutenu que Kelsen aurait adopté leur point de vue en admettant que le juge pouvait rendre n'importe quelle décision qui, en dernier ressort, acquérait la force de la chose jugée et s'imposerait ainsi en tant que signification véritable du texte législatif ou constitutionnel (Cf. sur cette question : Otto Pfersmann, « Contre le néo-réalisme. Pour un débat sur l'interprétation », in : Revue Française de Droit Constitutionnel no. 50, (2002), pp. 279-334, no. 52, (2002), pp. 789-836). Le problème est justement celui de savoir dans quelle mesure une telle faculté alternative est effectivement conférée. Elle l'est au bénéfice du législateur en l'absence d'organe de contrôle de constitutionnalité et l'est à un tel organe si une forme de justice constitutionnelle est prévue (Reine Rechtslehre, op. cit., p. 277). Mais cela ne veut pas dire que n'importe quelle décision sera valide. Au-delà de la limite de l'habilitation, il n'y a simplement pas de norme valide ou, pour le formuler dans les termes même de la Théorie pure : « Les organes chargées de l'application des lois ne peuvent raisonnablement être habilités à appliquer en tant que loi tout ce qui se présente subjectivement comme telle. Un minimum de compétence de contrôle doit leur être laissée. » (Reine Rechtslehre, op. cit., p. 276). Or ce qui détermine objectivement si un acte linguistique prescriptif qui se donne subjectivement comme norme du système est objectivement un tel acte est la norme qui énonce et par là-même délimite l'habilitation de production normative.

le cadre de la concrétisation organique. L'argument vise à montrer que l'interprétation doctrinale n'a aucun effet normatif, mais aussi que l'interprétation authentique n'a ni d'effet ni de valeur proprement cognitifs.

Kelsen lui-même a progressivement radicalisé sa position. Comme l'a bien montré Stanley Paulson, elle se dirige d'abord contre le psychologisme des publicistes allemands, avant de combattre plus clairement la théorie de la « solution unique » implicite dans la doctrine civiliste. On lui doit ici la sensibilisation à la question de l'indétermination des formulations de normes et de la pluralité des significations qu'elles engendrent. La tâche de l'interprétation doctrinale est alors l'identification des solutions possibles, même de celles qui seraient les plus éloignées de la supposée volonté des auteurs de la norme. A partir des années soixante, la position de Kelsen s'embrouille. S'il maintient, dans la deuxième édition de la Théorie pure comme auparavant dans le Droit des Nations Unies, que l'ensemble des solutions possibles constituait aussi une limite de l'interprétation authentique, il admet dans quelques rares écrits que celle-ci pouvait aussi être différente des solutions possibles et néanmoins seule juridiquement valide.

Le mérite de la réflexion de Kelsen consiste dans la distinction la validité d'une norme produite en concrétisant et en particularisant une norme de rang supérieur selon le rapport de production d'une part et l'analyse de la signification d'une formulation de norme d'autre part. Mais telle qu'elle est développée, elle entraîne aussi une confusion puisque ces deux opérations, pourtant fondamentalement différentes, sont qualifiées toutes les deux par le terme « interprétation » ce qui suggère que tant l'une que l'autre aurait une qualité explicative, alors que, justement, « l'interprétation authentique » – plus exactement ce que Kelsen appelle ainsi – ne fournit aucun élément explicatif. Il est par conséquent préférable d'utiliser une terminologie conceptuellement plus claire afin d'éviter cette ambiguïté en appelant « l'interprétation doctrinale » interprétation explicative et « l'interprétation authentique » concrétisation particularisante.

La distinction entre concrétisation et interprétation a aussi le mérite de faire apparaître que les questions traitées sous le titre de « l'interprétation » dans la doctrine traditionnelle sont en fait des questions relevant de la hiérarchie des normes, c'est à dire de la manière dont un ordre juridique organise la production normative et délimite ainsi ce qui fait partie du système de ce qui se situe en dehors. La Théorie pure montre enfin, et c'était sans doute l'apport qu'elle considérait comme principal, que la plupart des formulations de normes sont polysémiques et en ce sens indéterminées et qu'elles ne faisaient au mieux que délimiter des ensembles plus ou moins larges de solutions possibles.

La théorie pratique des juristes se situent à l'opposé de ces conceptions. Tant l'intérêt de l'avocat que celui du juge ou de l'organe administratif ne consiste guère dans la démonstration d'une indétermination permettant une multitude d'issues juridiquement équivalentes, mais au contraire dans la capacité de faire apparaître une et une seule certaine solution comme la seule vraiment valable. On comprend aisément que des théories visant à donner un fondement philosophique à ce point de vue trouveront un bien plus grand écho chez les praticiens que celles qui insistent sur l'indétermination et le pouvoir discrétionnaire qui en découle. Mais elles se heurtent alors justement au fait que là où les solutions sont relativement délimitées, elles ne correspondent pas toujours, loin de là, aux intérêts poursuivis en pratique, justement parce que les techniques explicatives les plus plausibles restreignent les choix ainsi que les justifications afférentes. Le conflit des conceptions se présente alors de la façon suivante : la description objectives des solutions admissibles ouvre un certain espace de possibles alors que l'intérêt subjectif en cherche à la fois un autre et la justification d'une certaine solution comme si elle découlait directement et exclusivement de la norme plus générale. Il s'agit d'une démarche en deux étapes entièrement opposées, mais que la théorie pratique entend présenter comme une unité indissociable. Le premier pas est assuré par le recours à la théorie des « méthodes de l'interprétation » qui ne sont ni des méthodes ni ne relèvent de l'interprétation. Une méthode vise la solution ordonnée et argumentée d'un problème selon une procédure préalablement établie. En matière d'interprétation, une méthode aurait pour objet l'explication de la signification des énoncés pertinents. Ici, il s'agit au contraire de s'en éloigner le plus possible et d'obtenir ainsi un espace de production normative complémentaire et alternatif par rapport à celui que la norme générale concède. Si l'on admet par exemple que l'interprétation consiste à rechercher le « but » ou la « fonction » la nécessité de « combler des lacunes » ou de procéder par « analogie » ou au contraire par « réduction téléologique », on cherche justement à s'écarter de la signification, même largement entendue, des textes. Si l'on recherche ensuite la « meilleure solution au regard des données de l'espèce », on opère au contraire une restriction tout aussi peu justifiée.

Il convient naturellement de tempérer ces observations en raison de la fréquente présence d'habilitations alternatives explicitement prévues dans les textes (comme dans les célèbres dispositions des codes civils autrichien, suisse ou italien). Ces règles se présentent comme relatives à « l'interprétation » et renforcent ainsi la confusion conceptuelle et idéologique relative à l'opération explicative, mais le pluralisme interprétatif de la théorie pratique cherche à s'affranchir précisément du fait que ces dispositions sont à leur tour des données susceptibles d'être interprétées au sens strict en vue de délimiter l'espace exact de l'habilitation conférée.

La démarche de la théorie pratique apparaît ainsi comme paradoxale dans sa construction et radicalement opposée au projet scientifique dans son objectif. Cette situation est sans doute unique parmi les disciplines universitaires. Le

« droit » comme discipline peut jusqu'ici difficilement renoncer au statut de Haute Faculté. Ce statut a été maintenu aux Etats-Unis qui ont importé la structure de l'enseignement supérieur telle qu'elle existait en Europe avant la Révolution française et les réformes qu'il a connu au début et au cours du dix-neuvième siècle. Les études de cette matière ne sont accessible qu'après l'obtention d'un premier diplôme. Il est significatif que cette conception d'une Ecole de droit ne dispensant pas une science, mais un savoir « pratique » soit maintenant progressivement réimportée en Europe. Elle est structurellement incompatible avec le projet scientifique comme avec la synthèse entre démocratie constitutionnelle et Etat de droit. Ce projet suppose en effet une concrétisation rigoureuse et rigoureusement contrôlée de normes produites selon les méthodes constitutionnellement prévues et non une production normative parallèle, diffusément exercée à travers les instrument proposés par la théorie pratique des juristes.

Épilogue

Le contraste structurel entre la pratique du droit et les conceptions qui la motivent d'une part et le droit comme donnée objective et externe aux intérêts des parties fait apparaître les difficultés que rencontre le développement d'une discipline qui cherche à se défaire d'une perspective participante. La Théorie pure du droit se situe radicalement du côté de l'observateur. Le paradoxe consiste sans doute ici dans le fait qu'elle se soit presque exclusivement concentrée sur l'ontologie de son objet et n'ait considéré l'épistémologie que comme un produit dérivé. C'est dans cette direction qu'il conviendra de diriger les efforts.

Sobre o autor

Otto Pfersmann é Doutor em Direito e em Filosofia pela Universidade de Viena. Doutor Honoris Causa pela Universidade de Trieste. Professor e Diretor da Escola de Altos Estudos em Ciências Sociais (EHESS). Professor Catedrático da Université Paris 1 Panthéon-Sorbonne, onde também exerce as funções de: Presidente do Comitê de Direito Constitucional Comparado e Teoria do Direito; Diretor do Mestrado em Direito Público Comparado; Diretor do Doutorado em Direito Comparado. Professor Convidado nas seguintes instituições: Universidade Jean Molin Lyon III (França), Université d'Aix Marseille III (França), Universidade de Siena (Itália), Università degli Studi Suor Orsola Benincasa (Nápoles, Itália), Universidade de Tel Aviv (Israel), Universidade de Haifa (Israel), Universidade de Trieste (Itália), Universidade de Breascia (Itália), Universidade Central Europeia (Budapeste, Hungria), Cardozo Law School (Nova Iorque, Estados Unidos), Universidade Saint Louis (Bruxelas, Bélgica), Universidade de Fribourg (Suíça), Universidade de Salzburg (Áustria) e Universidade de Ferrara (Itália).

Impressão: xxxxxxxxxxx